中共中央党校（国家行政学院）教材

马克思恩格斯列宁著作选编导读

中共中央党校（国家行政学院）教务部　编

中共中央党校出版社

图书在版编目（CIP）数据

马克思恩格斯列宁著作选编导读/中共中央党校（国家行政学院）教务部编．--北京：中共中央党校出版社，2022.3（2025.2重印）

ISBN 978-7-5035-7190-9

Ⅰ．①马…　Ⅱ．①中…　Ⅲ．①马列著作-学习参考资料　Ⅳ．①A5

中国版本图书馆 CIP 数据核字（2021）第 206502 号

马克思恩格斯列宁著作选编导读

责任编辑	王新焕
责任印制	陈梦楠
责任校对	李素英
出版发行	中共中央党校出版社
地　址	北京市海淀区长春桥路 6 号
电　话	（010）68922815（总编室）　　　（010）68922233（发行部）
传　真	（010）68922814
经　销	全国新华书店
印　刷	中煤（北京）印务有限公司
开　本	787 毫米×1092 毫米　1/16
字　数	290 千字
印　张	19.75
版　次	2022 年 3 月第 1 版　　2025 年 2 月第 9 次印刷
定　价	68.00 元

微 信 ID：中共中央党校出版社　　　邮　　箱：zydxcbs2018@163.com

修 订 说 明

《马列著作选编》和《马列著作选编导读》自 2012 年出版以来，为校内主体班次马克思主义经典著作教学发挥了重要支撑作用，是中央党校的基本教材之一。根据教学的需要，2020 年我们对《马列著作选编》进行修订，更名为《马克思恩格斯列宁著作选编》并印发学员阅提意见。2021 年我们对《马列著作选编导读》2012 年版作了修订，形成本书。

本次修订集中在两个方面：一是坚持以习近平总书记关于加强马克思主义经典著作学习的重要论述为指导，结合党员领导干部学原著的实际需要，增加了一些篇目；二是《马克思恩格斯列宁著作选编导读》立足新时代学习马克思主义经典著作的新要求，对每篇著作的写作背景、基本内容和主要观点、理论价值和现实意义作全面、完整概述。

本次修订工作是在中共中央党校（国家行政学院）副校（院）长谢春涛同志的领导下，由中共中央党校（国家行政学院）马克思主义学院牵头完成的。参加修订工作的同志有：张占斌、牛先锋、韩庆祥、刘海涛、秦刚、周为民、贾建芳、何建华、辛鸣、侯才、边立新、陈冬生、王彦民、王中汝、邱耕田、宋福范、李俊伟、李海青、李宏伟、王虎学、王莉、张严、唐爱军、赵培、崔丽华、刘莹珠、王慧。在修订过程中，校（院）教学学术委员会成员对书稿提出修改意见。参加本书修订组织和服务工作的同志有：教务部主任王成志，副主任王刚、贾建芳、罗明琦，教材处卓翔、陈滨、密珊、王丽娜、李贵贺。

中共中央党校（国家行政学院）教务部

二〇二二年二月

目　　录

人的解放与无产阶级的历史使命

——读马克思《〈黑格尔法哲学批判〉导言》

《〈黑格尔法哲学批判〉导言》是马克思思想转变时期的一篇重要文献。法国著名哲学家奥古斯特·科尔纽曾指出，马克思发表在《德法年鉴》上的两篇文章即《〈黑格尔法哲学批判〉导言》（本文中简称《导言》）和《论犹太人问题》"是唯一具有不朽价值的一部分"①。列宁指出，这两篇文章的发表标志着马克思思想的"两个转变"即从唯心主义向唯物主义、从革命民主主义向共产主义的"转变在这里已彻底完成"。② 在《论犹太人问题》中，马克思提出并论证了政治解放和人的解放，但是，对人的解放的现实力量和现实途径以及无产阶级的历史使命并没有论及，这构成了《导言》的主要任务。

一、写作背景

《导言》大约写于 1843 年 10 月中至 12 月中，是马克思到巴黎之后完成的第一篇论文，公开发表于 1844 年 2 月出版的《德法年鉴》创刊号上（第一、二期合刊）。

从马克思写作《导言》的时代背景来看，这一时期正值欧洲资本主义经济的迅速发展时期。就当时的三个主要文明国家而言，英国、法国已成功完成资产阶级革命并率先进入了资本主义发展阶段，确立了资本主义制度。与此形成鲜明对照，马克思的故乡德国在经济、政治领域远远落后。德国尽管没有处在时代的"焦点"，但仍占据着思想领域的制高点，黑格尔系统阐述的德国国家哲学和法哲学在世界上依旧影响深远。因此，德国

---

① 〔法〕奥古斯特·科尔纽：《马克思恩格斯传》第 1 卷，刘丕坤、王以铸、杨静远译，生活·读书·新知三联书店 1980 年版，第 560 页。

② 《列宁全集》第 21 卷，人民出版社 1959 年版，第 59 页。

要实现真正的革命进而跻身时代的前列，就必须彻底地批判德国的现存制度以及维护这一制度的德国国家哲学和法哲学，从某种意义上说，对黑格尔法哲学的批判构成了德国革命的重要突破口。

从马克思本人思想发展的背景来看，这一时期正值马克思思想转变阶段。马克思在大学时代受青年黑格尔思想影响，认为世界历史的主导原则和基本力量是自我意识，即批判的、思维的个人，这具有一定的唯心主义倾向。但马克思大学毕业后的现实遭遇，特别是他在任《莱茵报》主编期间的现实斗争为其思想转变提供了一个很好的契机。众所周知，《莱茵报》时期马克思遇到了对物质利益发表意见的"难事"和"苦恼的疑问"，这促使他对当时信奉的黑格尔的国家和法的学说产生了怀疑，又促使他去关注并研究物质利益在社会历史发展中的作用和地位，也促使他开始由唯心主义向唯物主义转变，而《导言》正是这一转变彻底完成的标志性成果。

二、主要思想

总体而言，马克思首先从唯物主义和无神论的立场出发，揭示了宗教的社会根源和本质，并指出在完成了对宗教的批判以后应当集中而彻底地批判德国的现存制度以及维护这一制度的德国的国家哲学和法哲学。更为重要的是，在深入思考"德国向何处去"这一时代课题时，马克思阐明了革命理论同革命实践相统一的思想，鲜明地提出了人的解放的思想，并在人的解放的意义上首次阐述了无产阶级的历史地位和历史使命。

（一）宗教批判：其他一切批判的前提

马克思在《导言》中开门见山地指出："就德国来说，对宗教的批判基本上已经结束；而对宗教的批判是其他一切批判的前提。"① 客观地讲，马克思在此充分肯定了施特劳斯、费尔巴哈等人在宗教批判领域所取得的成就，同时又明确指出了"反宗教的批判"的局限性。费尔巴哈只看到了人们的宗教异化、思想异化，却没有看到人们在现实生活中，即在市民社

---

① 《马克思恩格斯文集》第1卷，人民出版社2009年版，第3页。

会和政治中的异化。在费尔巴哈看来，是人创造了宗教，而不是宗教创造了人，因而对作为人的本质的异化的宗教的批判就应该归结为把人的本质归还给人。这本无可厚非，问题是，费尔巴哈把人的本质仅仅看成一种内在的、无声的、抽象的类的统一性，而没有认识到人的社会性、历史性。因此，费尔巴哈还没有科学解答人的本质问题，也还远没有触及宗教的社会根源，即造成人的本质异化的苦难尘世、社会、国家。正如马克思所说："人不是抽象的蛰居于世界之外的存在物。人就是人的世界，就是国家，社会。"① 在此基础上，马克思进一步深刻地揭示了宗教的社会根源及其本质，他指出，宗教是"颠倒的世界"所产生的一种"颠倒的世界意识"②，"宗教里的苦难既是现实的苦难的表现，又是对这种现实的苦难的抗议。宗教是被压迫生灵的叹息，是无情世界的情感，正像它是无精神活力的制度的精神一样。宗教是人民的鸦片"③。马克思进而论述了对宗教的批判与对现实世界的批判之间的关系，阐明了"对宗教的批判就是对苦难尘世——宗教是它的神圣光环——的批判的胚芽"④。

马克思从宗教批判入手但却并没有止于宗教批判，而是进一步把批判从彼岸世界引向了此岸世界。正如马克思所说："真理的彼岸世界消逝以后，历史的任务就是确立此岸世界的真理。人的自我异化的神圣形象被揭穿以后，揭露具有非神圣形象的自我异化，就成了为历史服务的哲学的迫切任务。于是，对天国的批判变成对尘世的批判，对宗教的批判变成对法的批判，对神学的批判变成对政治的批判。"⑤ 在这里，马克思已从对天国的宗教的批判走向了对尘世、法和政治的批判。但就当时的实际状况而言，德国正在"犯时代上的错误"。在英国和法国行将完结的事物，在德国才刚刚开始；英国和法国在理论上加以批判和反对的腐朽的制度，在德国却被大加追捧。一言以蔽之，"那里，正在解决的问题；这里，矛盾才被提出"。因此，马克思把对宗教的批判最终引向了对德国现存制度和现

① 《马克思恩格斯文集》第1卷，人民出版社2009年版，第3页。
② 《马克思恩格斯文集》第1卷，人民出版社2009年版，第3页。
③ 《马克思恩格斯文集》第1卷，人民出版社2009年版，第4页。
④ 《马克思恩格斯文集》第1卷，人民出版社2009年版，第4页。
⑤ 《马克思恩格斯文集》第1卷，人民出版社2009年版，第4页。

实生活本身的批判。马克思旗帜鲜明地指出："向德国制度开火！一定要开火！这种制度虽然低于历史水平，低于任何批判，但依然是批判的对象，正像一个低于做人的水平的罪犯，依然是刽子手的对象一样。"① 而且，"一旦现代的政治社会现实本身受到批判，即批判一旦提高到真正的人的问题，批判就超出了德国现状"②。

马克思正是从真正的人的问题的高度出发，指出废除作为人民幻想的幸福的宗教，就是要求实现人民的现实的幸福。"对宗教的批判最后归结为人是人的最高本质这样一个学说，从而也归结为这样的绝对命令：必须推翻使人成为被侮辱、被奴役、被遗弃和被蔑视的东西的一切关系"③。由此可见，人要实现自己的本质，使自己成为真正的人，就不能停留在天国的宗教营造的虚幻世界和虚幻幸福之中，而必须通过批判现存的使人不成为人的制度，批判把人不当作人的法和国家，寻求人在现实世界中的现实的幸福。在马克思看来，要实现人民的现实的幸福，就必须废除作为人民幻想的幸福的宗教。应该说，马克思在这里天才地把握住了德国理论活动的中心——宗教批判，并强调指出，对宗教的批判就是其他一切批判的前提。诚然，不反对宗教就不能很好地改造这不合理的苦难世界，但是，如果仅仅停留于反宗教的斗争，同样不能很好地改造这不合理的苦难世界。因此，更为重要的是，要抛弃关于人民处境的幻觉，就必须抛弃那需要幻觉的处境，也就是说，只有从根本上消灭产生宗教的世俗基础和苦难世界，才能最终彻底消灭宗教。

（二）彻底的理论：人的解放的"精神武器"

事实上，当天国的宗教为苦难的尘世涂上的神圣灵光被抹去之后，对宗教的批判必然合乎逻辑地进入对它所赖以产生的世俗基础的批判，问题在于如何对现实进行批判。

马克思特别指出，对现实特别是德国现实的批判必须避免两种错误倾

---

① 《马克思恩格斯文集》第 1 卷，人民出版社 2009 年版，第 6 页。
② 《马克思恩格斯文集》第 1 卷，人民出版社 2009 年版，第 8 页。
③ 《马克思恩格斯文集》第 1 卷，人民出版社 2009 年版，第 11 页。

向：一种来自"实践政治派"。他们要求否定哲学，但却天真地以为"只要背对着哲学，并且扭过头去对哲学嘟囔几句陈腐的话，对哲学的否定就实现了"①。他们企图通过直接的行动来影响和改变现实，却不懂得只有在现实中实现哲学，才能消灭哲学。另一种来自"理论政治派"。他们仅仅认为"目前的斗争只是哲学同德国世界的批判性斗争"②，而"没有想到迄今为止的哲学本身就属于这个世界"③。他们错误地以为，"不消灭哲学，就能够使哲学成为现实"④。

在这里，马克思明确反对并坚决驳斥了"实践政治派"和"理论政治派"人为割裂理论与实践、哲学与现实的错误倾向和错误做法。着眼于"德国式的现代问题"，马克思明确指出："德国的法哲学和国家哲学是唯一与正式的当代现实保持在同等水平上的德国历史。因此，德国人民必须把自己这种梦想的历史一并归入自己的现存制度，不仅批判这种现存制度，而且同时还要批判这种制度的抽象继续。他们的未来既不能局限于对他们现实的国家和法的制度的直接否定，也不能局限于他们观念上的国家和法的制度的直接实现，因为他们观念上的制度就具有对他们现实的制度的直接否定，而他们观念上的制度的直接实现，他们在观察邻近各国的生活的时候几乎已经经历过了。"⑤ 从某种意义上说，对以黑格尔为代表的思辨的法哲学的批判就是对德国现实制度的批判，因为理论的解放在德国也有特殊的实践意义，也就是说，这种批判必将为人的解放作好理论上的准备。

值得注意的是，马克思还力图把哲学批判的理论成果交由实践检验。马克思说："对思辨的法哲学的批判既然是对德国迄今为止政治意识形式的坚决反抗，它就不会专注于自身，而会专注于课题，这种课题只有一个解决办法：实践。"⑥ 那么，德国究竟能否实现有原则高度的实践呢？马

---

① 《马克思恩格斯文集》第1卷，人民出版社2009年版，第10页。
② 《马克思恩格斯文集》第1卷，人民出版社2009年版，第10页。
③ 《马克思恩格斯文集》第1卷，人民出版社2009年版，第10页。
④ 《马克思恩格斯文集》第1卷，人民出版社2009年版，第10页。
⑤ 《马克思恩格斯文集》第1卷，人民出版社2009年版，第9页。
⑥ 《马克思恩格斯文集》第1卷，人民出版社2009年版，第11页。

克思对此作了肯定的回答，并进一步指出：“批判的武器当然不能代替武器的批判，物质力量只能用物质力量来摧毁；但是理论一经掌握群众，也会变成物质力量。理论只要说服人，就能掌握群众；而理论只要彻底，就能说服人。所谓彻底，就是抓住事物的根本。”① 很显然，马克思既强调物质武器的不可替代性，也非常重视精神武器的重要作用。这表明，不仅要用武器的批判、物质的力量来摧毁旧的制度，而且要善于用先进的、彻底的理论武装群众，让理论变成群众手中的武器，从而实现人的解放。

在马克思看来，对现实的批判既不能盲目地进行，也不能停留在空洞的口号上，它需要一定的物质条件的保证，同样也离不开彻底的、先进的理论的指导。在强调物质武器批判的重要性的同时，马克思又特别强调先进理论在人的解放中的重要作用：“光是思想力求成为现实是不够的，现实本身应当力求趋向思想。”② 人的解放离不开彻底的理论的指导，而彻底的理论能够有助于人的解放，原因就在于“理论在一个国家实现的程度，总是取决于理论满足这个国家的需要的程度”③，因为“彻底的革命只能是彻底需要的革命”④。革命需要理论的指导，理论一经掌握群众，就会变成物质力量，成为人的解放的“精神武器”。

（三）无产阶级：人的解放的“物质力量”

德国的解放和人类的解放需要一个先进的、能够掌握和运用先进理论的阶级。通过对黑格尔法哲学的批判与对“德国向何处去”这一时代课题的深深思索，马克思找到了人的解放的“头脑”和“精神武器”，现在的问题就是要找到实现人的解放的“心脏”和“物质力量”。在马克思看来，德国的任何一个特殊阶级都没有也无法承担起实现人类解放的历史使命。在这时，马克思注意到了刚刚独立登上世界政治舞台的无产阶级。

马克思分析了无产阶级的特殊社会地位并首次提出无产阶级担负着解放全人类的历史使命。马克思指出，德国解放的实际可能性“就在于形成

① 《马克思恩格斯文集》第1卷，人民出版社2009年版，第11页。
② 《马克思恩格斯文集》第1卷，人民出版社2009年版，第13页。
③ 《马克思恩格斯文集》第1卷，人民出版社2009年版，第12页。
④ 《马克思恩格斯文集》第1卷，人民出版社2009年版，第12页。

一个被戴上彻底的锁链的阶级，一个并非市民社会阶级的市民社会阶级，形成一个表明一切等级解体的等级……最后，在于形成一个若不从其他一切社会领域解放出来从而解放其他一切社会领域就不能解放自己的领域，总之，形成这样一个领域，它表明人的完全丧失，并因而只有通过人的完全回复才能回复自己本身。社会解体的这个结果，就是无产阶级这个特殊等级"①。显然，无产阶级不解放全人类，就不能解放自己。在这里，一个普遍处在社会最底层，被奴役、被剥削，原来只是被有教养的阶级同情、怜悯的阶级，被马克思赋予了如此崇高的历史地位和历史使命。

　　马克思接着分析了德国无产阶级的形成并指出无产阶级的地位决定他们必须把消灭私有制作为自己的重要任务。无产阶级是通过兴起的工业运动而形成起来的，伴随着社会急剧解体，特别是中间等级分化和破产，一部分人不得不跨入无产阶级的行列。在马克思看来，只有人数最多、最贫穷、最无权、最坚决的无产阶级才能承担起实现人类解放的历史使命。无产阶级的人权完全丧失，要想完全恢复，就只有联合起来彻底革命，彻底消灭一切束缚人的社会制度，消灭一切奴役制，消灭一切剥削人的私有生产关系，因而才能解放德国，解放全人类。事实上，无产阶级自身的解放、社会的解放以及全人类的解放是一致的。马克思指出："无产阶级宣告迄今为止的世界制度的解体，只不过是揭示自己本身的存在的秘密，因为它就是这个世界制度的实际解体。无产阶级要求否定私有财产，只不过是把社会已经提升为无产阶级的原则的东西，把未经无产阶级的协助就已作为社会的否定结果而体现在它身上的东西提升为社会的原则。"②

　　马克思还指出，无产阶级要想完成解放全人类的历史使命，还必须掌握哲学这一精神武器，同样，哲学只有在无产阶级的革命实践中才能成为变革现实的精神武器。诚如马克思所言："哲学不消灭无产阶级，就不能成为现实；无产阶级不把哲学变成现实，就不可能消灭自身。"③ 在这里，马克思已深刻认识到，改变社会现状、推翻旧体制的革命的实践力量只能

---

①　《马克思恩格斯文集》第 1 卷，人民出版社 2009 年版，第 16—17 页。

②　《马克思恩格斯文集》第 1 卷，人民出版社 2009 年版，第 17 页。

③　《马克思恩格斯文集》第 1 卷，人民出版社 2009 年版，第 18 页。

是无产阶级。他进一步指出，无产阶级所担负的人的解放事业，它的"头脑是哲学，它的心脏是无产阶级"①。马克思满怀信心地指出："哲学把无产阶级当做自己的物质武器，同样，无产阶级也把哲学当做自己的精神武器；思想的闪电一旦彻底击中这块素朴的人民园地，德国人就会解放成为人。"②

三、学习意义

《导言》虽然篇幅不长，但内容丰富、思想深刻，人们所熟知的许多格言式的著名论断都出自这篇《导言》。在一定意义上，《导言》可以看作马克思向资本主义社会发起挑战的宣言书。正如麦克莱伦所说："这篇文章的效果好像是一篇宣言，它那犀利而教条式的言辞使人们回想起了1848年的《共产党宣言》。"③ 我们今天学习、研读《导言》仍具有重要的理论和实践意义。

从理论意义上讲，一方面，有助于深化对马克思思想形成、发展历程的认识。《导言》是马克思思想转变过程中的一块里程碑，如果把这篇著作放在整个马克思主义发展史中来看，我们就能够更加清楚地看到马克思思想转变的真实轨迹，真正了解青年马克思的"苦恼的疑问"及其对重重"难题"的破解。可以说，正是多灾多难的现实生活以及劳苦大众的现实生存境遇深深地触动了马克思的思想神经，进而，人的解放成为马克思终其一生探索的主题。另一方面，有助于增强理论创新的自觉性和主动性。《导言》指出，先进的理论是人的解放的"头脑"和"精神武器"，人的解放必须以先进的理论为指导。可见，马克思主义的创始人从一开始就很重视理论武器的作用。当然，中国共产党人也历来重视理论创新，自觉把马克思主义的基本原理同中国的革命、改革和建设实践相结合，不断推动马克思主义中国化时代化大众化，进行理论创新和理论创造，形成了一系列

　　① 《马克思恩格斯文集》第 1 卷，人民出版社 2009 年版，第 18 页。
　　② 《马克思恩格斯文集》第 1 卷，人民出版社 2009 年版，第 17—18 页。
　　③ 〔英〕戴维·麦克莱伦：《马克思主义以前的马克思》，和飞、周庆华、于忠涛等译，河北教育出版社 1990 年版，第 152 页。

中国化的马克思主义。可以说，自觉进行马克思主义理论创新，主动用科学的彻底的先进的理论武装人民，这已成为我们党取得革命、改革和建设成就的一条基本经验。

从现实意义上讲，一方面，有助于深化对"中国问题"的认识。马克思主义理论不是教条而是行动的指南。在《导言》中，马克思面对的是"德国向何处去"这一时代课题，他着眼于德国，又放眼于人类世界文明，为破解"德国式的现代问题"找到了实际出路和现实途径。这无疑有助于我们更加深刻地认识"中国问题"，实际上，如何在中国这块土地上不断破解"中国问题"、坚定不移地走"中国道路"，仍然是我们面临的时代课题。另一方面，有助于坚定马克思主义的根本立场。马克思主义是人民的理论，是为广大人民群众立言的学说，是无产阶级实现人类解放的指导思想。我们必须认识到，人民才是真正的英雄，人民群众是历史的创造者，我们的革命、建设和改革事业都离不开广大人民群众的积极参与，我们的各项行动应代表最广大人民群众的根本利益，改革发展的成果应由最广大人民群众所共享。人的解放是马克思主义的最高命题，也是中国特色社会主义建设实践的根本价值取向。新时代，必须始终坚持人民立场，坚持人民至上，坚持以人民为中心的发展思想，才能最终实现人的解放和人的自由全面发展。

（王虎学）

异化劳动与人的解放

——读马克思《1844 年经济学哲学手稿》

马克思的《1844 年经济学哲学手稿》是马克思主义形成起点的一部代表性著作，对理解马克思主义的立场、观点和方法，对理解我们今天所讲的以人为本，具有重要意义。《1844 年经济学哲学手稿》是一部比较难读的著作，我们应按照邓小平所讲的"学马列要精、要管用"的总体思路来学习这部著作。

一、关于手稿的总体情况

学习《1844 年经济学哲学手稿》，首先要把它置于当时的历史背景之中，这样才有真实感。马克思主义经典作家的每一部著作都是为解决问题而写的，这些问题蕴含于当时的历史背景中，为解决这些问题，马克思采用了一些分析方法。《1844 年经济学哲学手稿》比较抽象、晦涩、难懂，我们应透过抽象、晦涩、难懂的词句来把握其中的内在逻辑。因而，学习《1844 年经济学哲学手稿》，首先要弄清楚其"背景—问题—方法—逻辑"。只有这样，我们才能全面、准确和深入地把握其精神实质。

（一）写作背景

《1844 年经济学哲学手稿》是马克思流寓巴黎时于 1844 年 4—8 月写成的，又称《巴黎手稿》。1932 年由苏联马克思恩格斯列宁研究院以德文公开出版，1957 年中文版公开出版。

要了解《1844 年经济学哲学手稿》的写作背景，首先要搞清楚 1843 年马克思在《德法年鉴》上发表的两篇文章（即《论犹太人问题》和《〈黑格尔法哲学批判〉导言》）的基本内容。这两篇文章的基本内容是通过宗教批判和政治批判，探讨宗教解放、政治解放和人的解放的关系。在这两篇文章中，马克思指出，宗教本是人为其精神解脱而创造出来的，结果却是人受宗教奴役；宗教之所以对人产生奴役，是因为当时德国的现存制度利用宗教奴役人。于是，马克思便由宗教批判走向政治批判，指出德国的国家哲学和法哲学本质上是维护德国现存制度的，而德国现存制度的根本原则是"不把人当人看"。为什么德国的现存制度不把人当人看？马克思在此之前曾得出这样一个初步认识，即市民社会决定国家，理解政治国家的秘密在市民社会。由此，马克思为弄清德国现存制度为什么不把人当人看，便进一步由政治批判走向对现实世界的批判。由关注彼岸世界转向面向现实人的生活世界的此岸世界，开始集中研究经济问题，力求从这种研究中寻求人被政治奴役的根源，这是马克思写作《1844 年经济学哲学手稿》的第一个背景。

马克思写作《1844 年经济学哲学手稿》的第二个背景，就是通过研究经济学进而理解资本主义市民社会，从中寻求决定社会历史发展的根源，以解答当时他面临的"物质利益"等"苦恼的问题"。马克思在大学本是学法律的，后改学哲学。马克思大学毕业后从书房走向社会，任《莱茵报》主编，这使他有更多机会接触和了解现实生活。在这一时期，有三个重要事件引起马克思的深刻思考：一是德国普通民众没有言论出版自由；二是德国普鲁士政府对农民的剥削；三是摩塞尔河地区农民的悲惨处境。在对这三个重要事件思考的过程中，马克思初步感觉到：在其中起决定作用的不是思想观念，也不是国家和法的原则，而是人们之间的物质利益。这使马克思遇到了对物质利益发表意见的"难事"：马克思当时信奉黑格尔哲学，也曾认为人的思想观念以及国家和法的原则决定社会生活，但他在社会实践生活中发现，物质利益同思想观念及法的原则相比更有力量，当物质利益同思想观念及法的原则发生冲突的时候，总是物质利益占上风。是相信思想观念，还是相信物质利益？在对这一问题进行苦苦思索的时候，马克思受到恩格斯《政治经济学批判大纲》及蒲鲁东经济学研究的影响，以求从经济学研究中寻求答案。于是，马克思就集中去研究经济学与经济问题，写作《1844 年经济学哲学手稿》。

（二）解决的问题

上述背景决定了《1844 年经济学哲学手稿》所解决的问题。这就是：分析资本主义私有财产条件下工人阶级的异化劳动和实现工人阶级的解放。这一问题可分解为两个论题：一是批判资本主义社会中工人阶级的劳动异化状况并追求工人阶级的解放和人的全面发展；二是分析造成工人阶级劳动异化的根源、后果并寻求解决之道。进入 19 世纪 40 年代以后，西方资本主义社会积累了较为雄厚的物质财富，但资本主义工业化的消极后果也逐渐暴露出来。马克思当时意识到，资本主义社会为了改善人自身的物质条件而发明科学技术，发展工业，结果却使工人成了机器的一个零件；工人在劳动过程中创造物质财富，然而他们却成了生产物质财富的奴隶；西方资本主义社会发展起来了巨大的生产力，但社会物质财富的增长却以工人阶级的被奴役为代价。这种情境引起了马克思对工人阶级生存处境和发展命运的思考。《1844 年经济学哲学手稿》关注的一个论题，就是批判资本主义社会中工人阶级的异化劳动境况，使工人从异化劳动中解放出来并获得全面发展。马克思试图通过这方面的阐述，揭示资本主义社会的种种矛盾和弊端及其革命的必要性。为了实现工人阶级的解放，就必须揭示造成工人阶级劳动异化的根源以及实现工人阶级解放的条件和方式。由此，集中研究实现工人阶级解放与人的全面发展的条件和方式，是《1844 年经济学哲学手稿》关注的另一个论题。这一论题是前一个论题的引申。

（三）分析方法

《1844 年经济学哲学手稿》采用什么方法来分析解决上述问题？有两种方法：

一是明显占主导的人本主义方法。人文主义、人道主义和人本主义都是与"人"相关的，而且都是以对"人"的关怀作为存在的前提、根据的。人文主义主要是从文化或思想意识领域批判宗教神学，进而从一般原则上确立人的地位、价值和尊严，它在实质上是一种注重"人"的发现的思想文化运动，兴盛于文艺复兴时期。人道主义是从政治或世俗领域对人文主义精神的延伸和发挥，它要求在现实社会中反对封建统治等现实奴役，进而具体要求在政治及现实社会中实现人的自由、平等和博爱；它在实质上是注重人性发展的一种社会思潮，兴盛于 18 世纪。人本主义则主要是从哲学或思维领域论证和阐发人文主义、人道主义之核心精神，它不仅从哲学上强调以人为本，而且从哲学上揭示人道主义的思维框架，即"理想的类本质（肯定）——理想本质的丧失（否定）——理想人性的复归（否定之否定）"；它在实质上是从理想人性出发来揭示人的类本质与个人现实存在的矛盾，进而确立人的世界中的主体地位的一种哲学思维方式；它真正开始于 19 世纪费尔巴哈的人本主义新哲学。在《1844 年经济学哲学手稿》中，马克思分析论证问题的思维方式和框架主要是人本主义。此时的马克思认为，人本学是国民经济学的秘密，劳动是资本的秘密，社会的人是货币的秘密。

二是隐蔽的、辅助的方法，即从基本经济事实出发来谈论问题的方法。在《1844 年经济学哲学手稿》中，马克思不仅从"基本经济事实"出发来描述资本主义社会中工人的劳动状况及其性质，而且力求从经济学角度揭示异化和私有财产的相互作用关系。这种方法在《1844 年经济学哲学手稿》中不占主导地位。

（四）内在逻辑

就《1844 年经济学哲学手稿》文本而言，其术语新旧参差，内容庞杂，其基本精神似乎很难被概括。但是，只要反复阅读《1844 年经济学哲学手稿》，就会发现这部手稿具有内在的逻辑线索和严整的基本结构，而各部分的内容则有机地服从于这个逻辑结构。

简要说就是：重述、评论、发挥资产阶级国民经济学的核心内容（工资、利润、地租）——从人本主义哲学（人的类本质）上批判国民经济学"只见物不见人"——关注资本主义社会的基本经济事实（异化劳动）——运用人本主义哲学分析框架考察异化劳动的四种形式及其对"人"的奴役——分析私有财产与异化劳动的关系——建立人本主义经济学——运用人本主义论证共产主义——阐发、论证黑格尔的否定辩证法与人本主义思维方式的一致性。其中最核心的内容是：以人的类本质为核心的人本主义哲学批判；以异化劳动为核心的政治经济学批判；以扬弃自我异化为核心的共产主义批判；基于人本主义哲学而对黑格尔的一般辩证法的辩证扬弃。

二、"异化劳动和私有财产"部分的基本思想

《1844年经济学哲学手稿》由一篇序言和三个未完成的手稿组成。《马克思恩格斯列宁著作选编》节选了第一手稿中的"异化劳动和私有财产"和第三手稿中的"私有财产和共产主义"部分。

"异化劳动和私有财产"是第一手稿中的一部分。其核心思想是：运用哲学人本主义方法提出异化劳动理论；运用异化劳动理论批判国民经济学"只见物不见人"，分析资本主义社会的基本经济事实，揭露资本主义社会的根本矛盾和弊端，揭示工人被奴役的秘密，破除私有财产永恒性的神话；论述工人解放的任务和内容，以及工人解放与全人类解放的关系。

第一，马克思通过重述、评论、发挥资产阶级国民经济学的核心内容（工资、利润、地租），来揭示国民经济学中蕴含着的资本主义社会的"四种根本矛盾"或四种根本弊端。[①] 即：理论上劳动的全部产品属于工人，实际上工人只得到"繁衍工人"所必需的部分；理论上工人应在劳动中发挥其本质力量，实际上工人却在劳动中备受折磨；理论上工人应从事自由自主的劳动，实际上劳动仅成为维持工人肉体生存的手段；理论上工人的劳动及其产品生产并支撑着资本家，实际上工人却唯资本家的命是从。

第二，马克思把这四种根本矛盾概括为资本主义社会存在着一种基本的"经济事实"："工人生产的财富越多，他的产品的力量和数量越大，他就越贫穷。工人创造的商品越多，他就越变成廉价的商品。物的世界的增

---

① 国民经济学，是指当时德国人对被英国人和法国人称作政治经济学的资产阶级政治经济学采用的概念。德国人认为政治经济学是一门系统地研究国家应该采取哪些措施和手段来管理、影响、限制和安排工业、商业和手工业，从而使人民获得最大福利的科学。因此，政治经济学也被等同于国家学。

值同人的世界的贬值成正比。"①

第三，马克思运用人本主义哲学方法评判这一基本经济事实，提出了"异化劳动"概念；或用"异化劳动"概念对这一基本经济事实作了进一步的哲学概括和提升。在马克思看来，国民经济学只从经济事实出发，仅看到工资能使工人得到生存，没有看到工人通常拿的工资是同牲畜般的存在状态相适应的最低工资，工资的提高会引起工人的过度劳动，缩短工人寿命；仅看到资本的增值，没有看到资本对人的劳动的统治和奴役；仅看到分工提高劳动生产力、增加社会财富，没有看到它使工人变为机器并片面发展；仅看到劳动对工人谋生和增进社会财富的经济价值，没有看到劳动使工人越来越依附于资本家。用我们今天的话来说，就是国民经济学只见物不见人，对人漠不关心，不把工人当人看，人是微不足道的，而产品则是一切。②

第四，马克思从逻辑上进一步分析异化劳动，提出了异化劳动理论。

异化，是德国古典哲学经常使用的一个概念，指的是一个主体派生出来的东西，作为不依赖于主体的力量，同主体相对立。异化劳动指的是人的劳动作为与人相对立的、异己的独立力量，不依赖于人而存在。

马克思首先深入揭示了资本主义私有制条件下异化劳动的四种基本形式。一是劳动产品的异化，亦即物的异化。工人生产的劳动产品作为一种不依赖于生产者且奴役生产者的异己力量，同劳动相对立。工人生产的产品越多，他越受自己的产品的统治；他创造的价值越多，他自己越没有价值。劳动为富人生产了奇迹般的东西，但为工人生产了赤贫。二是人的生产活动本身的异化，亦即自我异化。异化不仅表现在劳动结果上，而且表现在生产活动本身中。这就是，人在劳动中不是自由地发挥其能力，而是使自己受折磨和摧残；不是感到幸福，而是感到不幸；不是属于自己，而是属于别人。三是人的类本质同人相异化。它把本质上推进人的发展的自由自主的类活动仅仅变成维持个人肉体生存的一种手段，人的生产活动失去了自由自觉的性质。四是个人同他人相异化。正是异化的劳动产品和异

---

① 《马克思恩格斯全集》第 3 卷，人民出版社 2002 年版，第 267 页。
② 参见《马克思恩格斯文集》第 1 卷，人民出版社 2009 年版，第 116、123、124、139 页。

化的生产活动，才生产出在工人之外存在的且与工人相对立并主宰工人的资本家。从对异化劳动这四种形式的分析可以看出，以私有财产为基础的国民经济学具有"敌视人的性质"，它在承认劳动、承认人的假象下面，却对劳动和人进行了彻底否定。显然，这一哲学人本主义立场是马克思进行政治经济学批判的一个重要出发点。

从马克思的论述中可进一步揭示四种异化形式之间的逻辑关系。这实际上是由结果求原因、由现象求本质、由物到人的关系：劳动产品的异化属于物的异化，是结果和现象；劳动产品的异化是由生产活动本身的异化造成的，因为劳动过程、劳动目的和劳动成果都属于资本家而不属于工人，劳动产品自然也就会成为奴役生产者的异己力量而与劳动者相对立；当我们谈到劳动时，也就直接关系到人本身，生产活动本身的异化也就意味着本属于人的生命活动的自由自主劳动却变成了维持工人肉体生存的手段，这就是人的类本质同人相异化；前面三种异化的直接结果就是资本家同工人相异化，即工人生产出产品并支撑着资本家，而资本家反过来剥削工人。显然，生产活动本身异化是原因和根源，劳动产品的异化、人的类本质同人相异化和个人同他人相异化是生产活动异化的结果；从劳动产品异化即物的异化经过生产活动的异化，马克思揭示出了人的类本质同人相异化和个人同他人相异化，即人的异化。

接着，马克思又进一步分析了异化劳动与私有财产的关系。国民经济学认为私有财产是产生异化劳动的根源，而在《1844年经济学哲学手稿》中，马克思则认为异化劳动是产生私有财产的根源，在私有财产发展到最高阶段时，二者就变成了相互作用的关系。如何理解？在马克思看来，是工人备受折磨和摧残的奴隶般的劳动以及不受工人自身支配的劳动产品即异化劳动，生产并支撑着资本家以及资本家的私有财产，没有工人及其备受折磨的劳动和不受工人自身支配的劳动产品即异化劳动，就没有资本家及其私有财产，在这里，异化劳动是产生私有财产的原因。因而，要消灭私有财产，首先必须消灭异化劳动；而当资本家拥有了更多的私有财产以后，他为了维护私有财产的主宰和统治地位以及雇佣劳动关系，必然会进一步强化和固化劳动异化。在这里，是私有财产产生并固化了劳动异化。

因为这种私有财产意味着资本家占有、拥有着资本，这种占有和拥有必然造成资本与劳动、土地的分离，以及劳动者同生产资料的分离；这种分离的实质就是资本占有、统治劳动和土地；这种占有和统治的直接结果，就是工人的生产劳动异化、劳动产品的异化以及资本家同工人的异化。因而，要消灭异化劳动，也必须消灭私有财产。

通过分析异化劳动与私有财产的关系，我们可以发现马克思异化劳动理论的实质。这就是：揭露国民经济学为什么把私有财产看作异化劳动产生的原因，其秘密在于它力图维护私有财产存在的永恒性，因为只有维护私有财产的永恒性，资本家才"能"具有并维护其统治工人劳动的所谓合理性；因而，异化劳动理论又揭示的是工人被奴役的秘密，分析的是资本占有劳动这一资本主义社会的"总问题"；不仅如此，异化劳动理论还揭示了资本主义社会存在的根本矛盾和根本弊端，它是为分析资本主义社会的矛盾和弊端提供的一种基本框架，即从物质财富占有状况、劳动状况、人和人的关系状况、阶级关系状况这四个基本方面，来分析资本主义社会的矛盾和弊端。

通过对异化劳动与私有财产之间关系的分析我们可以看出，马克思试图把人本主义引入经济学，对经济学的基本范畴进行人本主义理解，以建立一种人本主义经济学。这些范畴主要是"分工""需要""劳动""资本""私有财产""财富"等。在马克思看来，"分工"虽然是减少经济成本、提高经济效率和增进社会财富的有用手段，但却使人的能力片面发展；"需要"虽然推动生产，但私有制却把工人的需要归结为维持最必需、最悲惨的肉体生存的需要；"劳动"虽然直接创造财富，但私有制却使工人在劳动过程中备受折磨和摧残；国民经济学只关心"资本"的增值，马克思却看到资本占有、统治着工人的劳动；国民经济学只从私有财产出发，马克思则力求说明私有财产如何使人变得愚蠢和片面，认为对私有财产的扬弃就是人的彻底解放；国民经济学只看到物质财富，而马克思则看到人的才能是更为重要的财富。

第五，马克思论述工人解放的任务和内容以及工人解放与全人类解放的关系。马克思通过对异化劳动的详尽分析，得出这样一个重要认识：

"从异化劳动对私有财产的关系可以进一步得出这样的结论：社会从私有财产等等解放出来、从奴役制解放出来，是通过工人解放这种政治形式来表现的，这并不是因为这里涉及的仅仅是工人的解放，而是因为工人的解放还包含普遍的人的解放；其所以如此，是因为整个的人类奴役制就包含在工人对生产的关系中"①。这一结论表明：工人解放是使整个社会摆脱资本主义私有制、奴役制的必由之路，而这同时也是无产阶级革命的根本任务和实际内容；工人解放是普遍的人的解放的政治形式，而这就意味着工人阶级只有解放自身，才能最终解放全人类。

马克思的异化劳动理论与费尔巴哈的人本主义思想有一定联系，但又有本质区别：在《1844年经济学哲学手稿》中，马克思把人既理解为"类"、自然的人，又理解为从事生产劳动的人、社会的人，而费尔巴哈把人仅仅理解为撇开历史进程的抽象的、孤立的个体；马克思把人的本质理解为"自由自觉的活动"，理解为一定社会关系下的劳动即生产活动，而费尔巴哈却注重从自然属性上理解人的本质，把人的本质理解为"类"，理解为一种内在的、无声的、把许多个人自然地联系起来的普遍性；马克思从私有财产入手来理解人的本质（自我）异化，而费尔巴哈却认为人的本质异化主要发生在人的内心深处的意识领域；马克思认为要通过整个革命运动消灭私有财产来消灭异化劳动，而费尔巴哈却认为只有通过"爱"才能拯救人类。

三、"私有财产和共产主义"部分的基本思想

这是第三手稿中的一部分。基本思想主要有：批判"粗陋"共产主义所主张的私有财产的普遍化和平均化；对共产主义主要作人本主义理解；主要运用哲学人本主义论证通过整个革命运动实行共产主义的应当性和必要性；强调人的解放就是人在主体（感觉和特性）和客体（对象如自然界和工业）两个方面的解放。这里，我们应关注马克思关于工人阶级的劳动支撑着资本主义社会发展的思想所蕴含的以人为本的因素，以及对我们今

---

① 《马克思恩格斯全集》第3卷，人民出版社2002年版，第278页。

天坚持以人为本的执政理念所具有的启示意义。马克思对共产主义的理解是与对人的理解相关的，而对人的理解又是与人本主义联系在一起的。

（一）马克思首先批判了"粗陋"（或最初形式）的共产主义

"粗陋"的共产主义反对私有财产的资本家占有，主张私有财产的普遍化和平均化，换言之，它只是用普遍的私有财产即均分私有财产来反对个别的私有财产，企图使人人都成为私有者。但由于它既没有真正看到私有财产是靠工人阶级的异化劳动支撑起来的，也没有真正看到私有财产的存在是以牺牲工人阶级为代价的，它所主张的私有财产普遍化和平均化之实质，就是用普遍的占有取代私有制，而不是最终消灭私有制。因而，它既没有真正触及资本主义社会的根本弊端及其根源，更是对财富的一种贪财欲。

（二）对共产主义的人本主义理解

马克思指出："共产主义是私有财产即人的自我异化的积极的扬弃，因而是通过人并且为了人而对人的本质的真正占有；因此，它是人向自身、向社会的即合乎人性的人的复归，这种复归是完全的，自觉的和在以往发展的全部财富的范围内生成的。这种共产主义，作为完成了的自然主义＝人道主义，而作为完成了的人道主义＝自然主义，它是人和自然界之间、人和人之间的矛盾的真正解决，是存在和本质、对象化和自我确证、自由和必然、个体和类之间的斗争的真正解决。它是历史之谜的解答，而且知道自己就是这种解答。"① 如何理解这段论述的基本思想？有四个基本要点：第一，人是类存在物。在马克思看来，人是自然存在物；人作为自然存在物，是有其内在需要的，人的需要使人成为能动性存在物；这种能动性需要借助人之外的对象来表现，这又使人成为对象性存在物；人作为对象性存在物，意味着他要通过生产活动而与外部对象发生感性的、对象性关系，并表现自己的内在本质力量，而与动物相区别的人的生产活动应当是自由自主的，人的自由自主的生产劳动是人的类特性。第二，在资

---

① 《马克思恩格斯全集》第3卷，人民出版社2002年版，第297页。

本主义社会，由于人的劳动产品、劳动过程、劳动对象和由劳动支撑的资本家同人相异化，由于私有财产对劳动的统治，因此，人不是在对象化实践和对象中肯定自己，而是丧失和否定自己，人的生产劳动失去自由自主性质。在这里，对象化变成了人的自我异化。从这里可以看到整个革命运动的经验基础和理论基础。第三，共产主义要通过革命最终消灭私有财产，因而共产主义是人的自我异化的积极扬弃，是通过人并且为了人而对人的自由自觉活动的真正占有，亦即是在继承以往全部财富基础上实现人的解放和人的全面发展的一个现实的、必然的环节。这种扬弃不仅彻底保存了以往发展的全部丰富的成果（包括以雄厚的物质财富作基础），而且将会实现人自身的自由全面发展与自然发展、社会发展的有机统一，实现人与自然、人与人、个体发展与人类发展之间的和谐发展。在共产主义社会，人是在其对象化活动中肯定自己，人既是一个具有自主个性的独立的人，又是一个全面发展的完整的人。当然，共产主义本身并不是人的发展的目标。第四，人的自我产生是一个过程，这一过程就是人的自我异化和扬弃自我异化的过程，是人的一切感觉和特性以及内在本质力量的彻底解放的过程。这一解放包括两个基本方面：一是人在主体上的解放。即使人的肉体的和精神的感觉同人的需要和享受失去利己主义性质，代之以充分展示人的内在本质力量。二是人在客体上的解放。即使对象失去纯粹的有用性，代之以使对象（如工业和自然界）成为展示进而实现、确证人的生命和内在本质力量的对象。在这一解放过程中，人不仅通过思维，而且以全部感觉在对象世界中肯定自己，同时，人还以其内在本质力量而感觉到对象的意义。正如马克思所表达的：任何一个对象对人的意义，既取决于对象的性质，又以人的感觉所及的程度即感知能力为限。这里所谓的"工业"，不是一般意义上的工业，而是指人与自然界之间的"现实的、历史的关系"。由上不难看出，尽管马克思对共产主义的理解还具有费尔巴哈人本主义的痕迹，但在对人、人的本质、人的本质异化和消灭人的本质异化的途径的理解上却与费尔巴哈人本主义有原则分歧，并包含着超越和发展费尔巴哈人本主义的基本根据。因而，马克思在这里的共产主义理论具有科学的因素，但还不属于科学的共产主义理论。

（三）对实现共产主义必要性的哲学人本主义论证

早期马克思对共产主义虽然注重经济学的论证，但基点是用人本主义对共产主义作哲学论证，即论证实行共产主义的应当性和必要性；晚年马克思则注重运用历史唯物主义对共产主义作哲学—经济学的论证，即论证实现共产主义的历史必然性。在《1844 年经济学哲学手稿》中，马克思在批判"粗陋"的共产主义的同时，第一次从经济上表述他对共产主义的见解："劳动和资本的这种对立一达到极限，就必然成为全部私有财产关系的顶点、最高阶段和灭亡。"① 历史的全部运动就"是这种共产主义的现实的产生活动即它的经验存在的诞生活动"②。然而，马克思更多的是对共产主义作哲学论证，这主要体现在他极力阐明扬弃异化劳动的必要性和私有财产的历史暂时性，指出异化劳动使人被奴役，失去人作为人的尊严和价值，而共产主义是私有财产即人的自我异化的积极扬弃，是人性的自由全面发展。其论证方式和逻辑是个体的感性存在与人的类本质的矛盾：人在活动上本应具有自由自觉的类本质，这是人在类本质上的一种理想状态；然而，在现实的资本主义社会，个人的感性的存在方式具体表现为其自由自觉本质的丧失；人必须在新的基础上重新并全面占有（或复归）这种自由自觉的本质，为了重新并全面占有（或复归）人的这种自由自觉的类本质，就必须通过整个革命运动以消灭私有财产，进而实现共产主义。在这里，马克思一方面在理论上把共产主义提高到哲学的高度并使之同政治经济学的批判结合起来；另一方面把共产主义理解为现实历史的发展过程，从而提出了根本性的实践要求，这种实践要求已经区别于费尔巴哈的哲学直观和"爱的宗教"。

结　语

《1844 年经济学哲学手稿》具有重要的国际影响，所引发的争论旷日

---

① 《马克思恩格斯全集》第 42 卷，人民出版社 1979 年版，第 106 页。
② 《马克思恩格斯全集》第 42 卷，人民出版社 1979 年版，第 120 页。

持久。1932 年公开问世后，它在世界范围内引起了哲学、政治学、经济学、美学、文艺学等诸多领域的众多学者的关注和讨论。关于《1844 年经济学哲学手稿》的历史地位和哲学性质，中外学者的争论可归结为两种截然相反的代表性观点："顶峰论"与"不成熟论"。争论的焦点是青年马克思思想与人道主义的关系。大多数西方学者认为，马克思主义实质上是真正的人道主义，青年马克思的《1844 年经济学哲学手稿》主张人道主义，是真正的马克思思想的体现，是"概括了马克思的全部精神的唯一文献"，是马克思思想的顶峰；苏联、东欧和中国的部分学者则认为，马克思主义的精髓是唯物史观、科学社会主义，《1844 年经济学哲学手稿》是一部不成熟的著作，所蕴含的青年马克思人道主义观带有非常浓厚的费尔巴哈人本主义的非科学的痕迹。由此便引发了关于"青年马克思"与"老年马克思"的关系、马克思早期著作与晚期著作何者能够代表马克思主义等一系列争论。鉴于中外学者对《1844 年经济学哲学手稿》的争论较多，因而对其作出正确的评价显得尤为重要。究竟如何看待《1844 年经济学哲学手稿》的历史地位和哲学性质？客观地讲，上述两种倾向都具有一定片面性。我们应运用发展的"整体性"来正确评价《1844 年经济学哲学手稿》。《1844 年经济学哲学手稿》既包含了马克思主义科学理论体系的胚胎和萌芽，又不可避免地带有旧思想的痕迹和影响。《1844 年经济学哲学手稿》主要从人本主义出发来考察工人阶级的异化劳动，还没有真正从社会历史发展中的根本因素或劳动的经济关系出发来说明社会历史，因而还不够成熟。但是，在《1844 年经济学哲学手稿》中，马克思通过对资产阶级国民经济学的研究和对市民社会的初步解剖，既深化了他在此之前关于到市民社会中去寻找理解人类历史发展的钥匙的思想，又在对异化劳动的研究中发现了人的需要、分工、物质生产劳动、经济关系对解释社会历史的重要性，以及改造现存世界的必要性，这为向马克思主义新世界观的转变找到了有效途径。因此可以说，《1844 年经济学哲学手稿》是马克思开始真正转向研究现实人的生活世界并产生马克思主义新世界观萌芽的第一部手稿，是马克思主义新世界观形成的真正起点；在本质上，它既属于马克思主义形成起点上的代表性著作，也是马克思最集中考察工人阶级的生存处境、发展命运以及人的解放的关于"人"的学说的一部代表性著作，还是以"异化劳动"为纽带而集科学因素与价值因素、经济分析与人道主义关怀，以及哲学、经济学和共产主义学说等马克思主义各种萌芽要素于一体的具有整体性的第一部著作，因而可以把它看作马克思主义科学世界观的完整体系创立的一个开端。

（韩庆祥）

新世界观萌芽的重要文献

——读马克思《关于费尔巴哈的提纲》

马克思的《关于费尔巴哈的提纲》（本文中简称《提纲》），在批判改造了黑格尔哲学和费尔巴哈哲学的基础上，概括地阐述了实践的观点，确立了马克思主义的实践观，彰显了实践观点在马克思主义哲学中的重要地位，表明了马克思主义哲学和德国古典哲学的本质区别。马克思的这部经典著作在马克思主义哲学发展史上具有特殊的地位，马克思在这部著作中阐述的基本观点具有重要的现实意义。

一、写作背景

西方传统哲学特别是德国古典哲学，是马克思哲学思想的直接理论来源。因此，批判改造德国古典哲学，尤其是黑格尔和费尔巴哈的哲学，是马克思在创立自己哲学过程中的重要环节。

大学期间的马克思，还处在黑格尔唯心主义哲学的影响之下。大学毕业之后，马克思担任《莱茵报》的撰稿人，并成为《莱茵报》的记者、编辑、主编。在《莱茵报》期间，马克思投身火热的社会生活，接触到一系列的现实问题，发现了黑格尔唯心主义哲学同现实生活的矛盾。于是，他对黑格尔的哲学产生了怀疑，并开始清算自己的哲学信仰。在 1843 年和 1844 年，马克思在费尔巴哈唯物主义的影响下，写下了《黑格尔法哲学批判》《1844 年经济学哲学手稿》，与恩格斯一起合写了《神圣家族》，集中批判了黑格尔哲学，同黑格尔的唯心主义彻底决裂。

在批判黑格尔哲学的过程中，马克思吸收了费尔巴哈的哲学成果，并对费尔巴哈的哲学成就和作用给予了充分的肯定和较高的评价，使得他的哲学思想一度带有费尔巴哈哲学的痕迹。这在《1844 年经济学哲学手稿》和《神圣家族》中可以看得出来。随着马克思对现实问题研究的进一步深化，以及马克思在批判黑格尔哲学中对其辩证法思想的发现，费尔巴哈哲学的局限性便日益明显地暴露出来。因此，对实现从旧唯物主义向新唯物主义转变的马克思来说，批判费尔巴哈哲学的局限性，进一步清理德国古典哲学遗产，就是一项重要的任务。于是，马克思于 1845 年春天，写下了《关于费尔巴哈的提纲》，开始了对费尔巴哈哲学的批判，并阐述了自己新唯物主义的基本观点。之后，马克思在他和恩格斯合著的《德意志意识形态》中，进一步阐发了《关于费尔巴哈的提纲》中的思想。

《关于费尔巴哈的提纲》是马克思供自己进一步研究用的提纲，根本没有打算付印。直到 1888 年，恩格斯在整理马克思的旧笔记本时，发现了这个《提纲》，并把它作为《路德维希·费尔巴哈和德国古典哲学的终结》一书的附录发表。恩格斯对马克思的《关于费尔巴哈的提纲》给予高度评价，认为《提纲》"作为包含着新世界观的天才萌芽的第一个文件，是非常宝贵的"①。

任何一部著作都不可能是孤立的。马克思在《关于费尔巴哈的提纲》中所阐述的许多新思想，不是突然形成的。马克思《关于费尔巴哈的提纲》同其前后的著作有着不可分割的联系。可以说，此前的著作，已经蕴藏着《关于费尔巴哈的提纲》中的一些思想。事实上，"马克思在 1844 年就已经研究了《提纲》中再次概括的新观点的基本要素，并在《1844 年经济学哲学手稿》中预示了《提纲》的各个根本要点"②。此后的著作，特别是《德意志意识形态》，则是《提纲》思想的扩展和深化。因此，我们研究马克思《关于费尔巴哈的提纲》，必须同研究马克思的其他著作结合起来，只有这样，才能体现马克思哲学思想的科学性和历史感。

《关于费尔巴哈的提纲》是马克思哲学思想的纲领性文献，是马克思确立其新唯物主义思想的宣言。尽管《提纲》文字不多，但马克思在这部著作中所确立的实践观点，既超越了唯心主义的局限性，也超越了旧唯物主义的局限性。

---

① 《马克思恩格斯选集》第 4 卷，人民出版社 1995 年版，第 213 页。
② 〔南斯拉夫〕普雷德腊格·弗兰尼茨基：《马克思主义史》第 1 卷，李嘉恩、韩宗等译，人民出版社 1986 年版，第 133 页。

二、对西方传统哲学的批判改造

马克思通过对传统哲学的批判，超越了旧哲学的局限性，明确了自己哲学思想的定位，实现了从传统哲学向现代哲学的转变。

马克思把自己的哲学称为"新唯物主义"或"实践活动的唯物主义"。这种唯物主义既不同于唯心主义，也不同于旧唯物主义。或者说，马克思的哲学不同于传统哲学。他在批判改造传统哲学的基础上，超越了传统哲学的局限性。马克思的哲学实现了对传统哲学的革命变革，开辟了现代哲学的发展道路。因而，我们必须在全部西方哲学的发展中来理解马克思的哲学批判，即马克思所批判的不仅仅是黑格尔和费尔巴哈的哲学，而是整个西方传统哲学；同样，他不仅对旧哲学进行批判，而且同时对自己的哲学思想进行定位。

马克思指出："从前的一切唯物主义（包括费尔巴哈的唯物主义）的主要缺点是：对对象、现实、感性，只是从客体的或者直观的形式去理解，而不是把它们当作感性的人的活动，当作实践去理解，不是从主体方面去理解。因此，和唯物主义相反，能动的方面却被唯心主义抽象地发展了，当然，唯心主义是不知道现实的、感性的活动本身的。费尔巴哈想要研究跟思想客体确实不同的感性客体：但是他没有把人的活动本身理解为对象性的活动。因此，他在《基督教的本质》中仅仅把理论的活动看作是真正人的活动，而对于实践则只是从它的卑污的犹太人的表现形式去理解和确定。因此，他不了解'革命的'、'实践批判的'活动的意义。"①

包括古代哲学和近代哲学在内的西方传统哲学，总体上说，都没有从根本上脱离抽象的本体论。当然，在西方哲学的演变过程中，特别是近代哲学，出现了对传统本体论的批判，蕴藏着摆脱抽象本体论的思想。西方古代哲学，总体上是抽象本体论哲学。到了中世纪，这种哲学让位于神学。近代哲学是在同神学的斗争中产生的，其主要贡献是对经院哲学的批

---

① 《马克思恩格斯选集》第 1 卷，人民出版社 1995 年版，第 54 页。

判。然而，近代哲学并没有完全摆脱追求某种绝对的抽象本体的经院哲学的思维方式。在 17 世纪，集中表现为以笛卡儿为代表的抽象本体论哲学，即作为唯物主义的物质和作为唯心主义的精神的绝对对立，唯物主义和唯心主义分别以物质和精神作为自己哲学的本体而反对另一个本体。这种对立在近代哲学的发展中又曲折地表现为经验论和唯理论的斗争。随着经验论和唯理论的论争以及经验论的分化，18 世纪法国唯物主义出现了。法国唯物主义的诞生，在一定程度上导致了 17 世纪抽象本体论的衰落。"17世纪的形而上学的衰败可以说是由 18 世纪唯物主义理论的影响造成的，这正如同这种理论运动本身是由当时法国生活的实践性质所促成的一样。这种生活趋向于直接的现实，趋向于尘世的享乐和尘世的利益，趋向于尘世的世界。"① 法国的唯物主义，不仅反对神学，而且反对与神学相联系的抽象本体论。"和它那反神学、反形而上学的唯物主义实践相适应的，必然是反神学、反形而上学的唯物主义理论。"② 在这种情况下，17 世纪的形而上学本体论，不仅在理论上变得枯燥乏味，而且在实践上已经威信扫地。法国的唯物主义，不满足于唯物主义和唯心主义的简单对立，提出了物质与精神的关系问题，关注客观事物和人的思想之间的相互作用。当然，由于历史的和思维方式的局限性，法国唯物主义哲学家最终陷入了思想和环境的"二律背反"，他们没有也不可能解决需要确立辩证思维才有可能解决的问题。这种状况，在休谟的经验主义怀疑论之后，康德哲学以另外一种形式表现出来，即人的理性在企图认识世界本体时，同样会导致理性"二律背反"。

为了解决理性"二律背反"的问题，此后的德国哲学家作了不懈的努力。作为德国古典哲学集大成的黑格尔哲学，以理性本体的方式，在唯心主义的立场上，似乎"圆满"地解决了康德的理性"二律背反"问题。严格地说，黑格尔的哲学并没有真正解决这个问题。但不可否认的是，他又为解决这个问题提供了一种科学方法，或者说提供了一种足可借鉴的思路。正因为如此，马克思才说："被法国启蒙运动特别是 18 世纪的法国唯

---

① 《马克思恩格斯全集》第 2 卷，人民出版社 1957 年版，第 161 页。
② 《马克思恩格斯全集》第 2 卷，人民出版社 1957 年版，第 161 页。

物主义所击败的 17 世纪的形而上学，在德国哲学中，特别是在 19 世纪的德国思辨哲学中，曾有过胜利的和富有内容的复辟。"① 这就是说，黑格尔哲学以抽象的精神本体论的方式，确立了绝对精神的统治地位，这是对 17 世纪的抽象本体论的复辟。所谓富有内容，就是黑格尔在其庞大的唯心主义体系中，包含有深刻的辩证法思想。尽管黑格尔哲学没有科学地解决康德的"二律背反"问题，但黑格尔哲学的贡献在于提出了解决问题的一种思路。正如恩格斯所说的那样："哲学在黑格尔那里完成了。一方面，因为他在自己的体系中以最宏伟的方式概括了哲学的全部发展；另一方面，因为他（虽然是不自觉地）给我们指出了一条走出这些体系的迷宫而达到真正地切实地认识世界的道路。"② 黑格尔的唯心主义哲学，使抽象本体论发展到了顶峰；但黑格尔辩证思维方式的确立，又为抽象本体论的解体打开了一个缺口。

　　费尔巴哈哲学既是对黑格尔哲学的批判，同时也是对以往抽象本体论哲学的批判。费尔巴哈反对把自己的哲学称为唯物主义，而是称之为人本主义。尽管费尔巴哈的哲学本质上是唯物主义的，但是，费尔巴哈的唯物主义的确又不同于以往的唯物主义，特别是不同于 17 世纪的唯物主义。因为，费尔巴哈的哲学不仅反对唯心主义，而且反对 17 世纪的唯物主义。"在黑格尔天才地把 17 世纪的形而上学同后来的一切形而上学及德国唯心主义结合起来并建立了一个形而上学的包罗万象的王国之后，对思辨的形而上学和一切形而上学的进攻，就像在 18 世纪那样，又跟对神学的进攻再次配合起来。这种形而上学将永远屈服于现在为思辨本身的活动所完善化并和人道主义相吻合的唯物主义。"③ 在黑格尔的哲学以唯心主义的形式代替了传统本体论之后，费尔巴哈对黑格尔思辨哲学的批判，同时也是对一切抽象本体论的批判。这种批判，和 18 世纪法国唯物主义对 17 世纪抽象本体论的批判一样，具有同等重要的意义。对此，马克思给予高度赞扬。他认为，费尔巴哈的哲学既不同于唯心主义，也不同于以往的唯物主

---

①　《马克思恩格斯全集》第 2 卷，人民出版社 1957 年版，第 159 页。

②　《马克思恩格斯选集》第 4 卷，人民出版社 1995 年版，第 220 页。

③　《马克思恩格斯全集》第 2 卷，人民出版社 1957 年版，第 159—160 页。

义。"唯灵论和唯物主义过去在各方面的对立已经在斗争中消除，并为费尔巴哈永远克服"①。马克思还强调，"彻底的自然主义或人道主义，既不同于唯心主义，也不同于唯物主义，同时又是把这二者结合的真理"②。这是马克思对费尔巴哈的过分赞誉，也是对自己哲学的一种渴望。事实上，费尔巴哈没有真正克服两种本体论的对立，也没有从根本上克服传统本体论的局限性。当然，不可否认的是，费尔巴哈对传统本体论的批判，特别是对黑格尔绝对精神本体论的批判，是对传统本体论的一次重创，他的历史功绩是不可磨灭的。正是在这个意义上说，费尔巴哈是从传统哲学走向现代哲学的桥梁和中介。问题在于，费尔巴哈没有超越包括黑格尔哲学在内的传统本体论。"费尔巴哈不满意抽象的思维而喜欢直观；但是他把感性不是看作实践的、人的感性的活动。"③ 费尔巴哈反对绝对本体，主张以感性的人代替抽象的思维。然而，他所说的感性的人是纯粹的自然人，是脱离了社会实践活动的抽象的人。其结果是，费尔巴哈以其抽象的人代替了黑格尔的抽象思维，把传统的本体论转变为抽象的人的本体论，这是以一种局限性替代了另一种局限性。

马克思继费尔巴哈之后对传统本体论进行了彻底的批判。这种批判，导致了传统本体论的解体，开辟了现代哲学发展的崭新道路。马克思的哲学，继承了包括 18 世纪法国唯物主义和 19 世纪德国古典哲学在内的传统哲学思想的优秀成果，同时又超越了传统哲学的抽象本体论，建立了崭新的哲学形态——实践哲学。这种哲学是对旧唯物主义和唯心主义局限性的超越，是对传统哲学抽象本体论的超越，也是本体论的变革和转换。因此，马克思的哲学，是不同于一切传统哲学的现代哲学，是以人的实践活动为基础的哲学。马克思所说的人，是从事社会实践活动的人；马克思所说的实践，是现实的人的实践。实践的观点是贯穿于马克思主义哲学全部理论的基本观点。

---

① 《马克思恩格斯全集》第 2 卷，人民出版社 1957 年版，第 120 页。
② 《马克思恩格斯全集》第 42 卷，人民出版社 1979 年版，第 167 页。
③ 《马克思恩格斯选集》第 1 卷，人民出版社 1995 年版，第 56 页。

三、主要内容

马克思《关于费尔巴哈的提纲》共有十一条，可以概括为以下五个方面。

（一）人的实践活动引起了世界存在方式的变化 （第一、五条）

在马克思看来，人的实践活动引起了世界存在方式的变化。尽管黑格尔看到了人的能动性，但他把人的能动性归结为抽象的理性，最终否认了现实的人的能动性。费尔巴哈用感性代替了理性，用自然代替了思维。但是，费尔巴哈把人的感性仅仅理解为人的感性直观，而不是人的感性活动；他所说的人是脱离社会实践活动的纯粹自然的人，是一种想象的、抽象的人。"他还从来没有看到现实存在着的、活动的人，而是停留于抽象的'人'……他从来没有把感性世界理解为构成这一世界的个人的全部活生生的感性活动"①。与黑格尔、费尔巴哈不同，马克思是从现实的人的感性活动出发，把感性"看作实践的、人的感性的活动"，对现实世界从主体方面去理解，"当作感性的人的活动，当作实践去理解"。② 马克思认为，我们绝不能从想象的人出发，我们的出发点是"从事实际活动的人"③。正是人的实践活动，使自然界的存在方式发生了极其深刻的变化，自在自然转变为人化自然。我们之所以要在实践的意义上、在感性活动的意义上理解现实世界，是因为我们"周围的感性世界决不是某种开天辟地以来就直接存在的、始终如一的东西，而是工业和社会状况的产物，是历史的产物，是世世代代活动的结果……这种活动、这种连续不断的感性劳动和创造、这种生产，正是整个现存的感性世界的基础"④。

只要我们不是从抽象的和想象的人出发，而是从现实的人和人的实践

---

① 《马克思恩格斯选集》第1卷，人民出版社1995年版，第78页。
② 《马克思恩格斯选集》第1卷，人民出版社1995年版，第56、54页。
③ 《马克思恩格斯选集》第1卷，人民出版社1995年版，第73页。
④ 《马克思恩格斯选集》第1卷，人民出版社1995年版，第76—77页。

活动出发，就会发现，"整个所谓世界历史不外是人通过人的劳动而诞生的过程，是自然界对人说来的生成过程。……所以，关于某种异己的存在物、关于凌驾于自然界和人之上的存在物的问题……在实践上已经成为不可能的了"①，即"被抽象地孤立地理解的、被固定为与人分离的自然界，对人说来也是无"②。旧唯物主义和唯心主义作为抽象本体论，本质上都在追求某种与人的实践活动相分离的异己存在物。离开了人的活动，无论是抽象的物质还是抽象的精神都失去了其现实意义。马克思主义哲学把人的实践活动，以及人和世界的关系作为自己的研究对象。正是在这个意义上，马克思说："我们仅仅知道一门唯一的科学，即历史科学。历史可以从两方面来考察，可以把它划分为自然史和人类史。但这两方面是不可分割的；只要有人存在，自然史和人类史就彼此相互制约。"③

（二）人的实践活动是人与环境关系的基础
（第三条）

18 世纪的法国唯物主义，意识到了人的思想和环境的关系问题。法国唯物主义哲学家从感觉经验出发，提出"人是环境的产物"。但他们又认为，这种环境是由人的思想支配的，从而主张"意见支配世界"，最终陷入了思想和环境的"二律背反"。应当说，"人是环境的产物"和"意见支配世界"这两个命题，已经包含着相互作用的思想。但是由于总体上的形而上学思维方式的支配，即传统本体论的思维方式占统治地位，法国唯物主义者不可能理解人和环境之间关系的实践基础。事实上，"环境的改变和人的活动或自我改变的一致，只能被看作是并合理地理解为革命的实践"④。一方面，环境是由人来改变的；另一方面，人也受环境的影响和制约。这就是环境与人的相互作用及其辩证的发展过程。实现这个过程的唯一正确的途径就是人的实践活动。

人和外部世界的关系问题，是在人的实践活动中形成的。人的实践活

---

① 《马克思恩格斯全集》第 42 卷，人民出版社 1979 年版，第 131 页。
② 《马克思恩格斯全集》第 42 卷，人民出版社 1979 年版，第 178 页。
③ 《马克思恩格斯选集》第 1 卷，人民出版社 1995 年版，第 66 页。
④ 《马克思恩格斯选集》第 1 卷，人民出版社 1995 年版，第 55 页。

动不仅改变了世界的存在方式，而且改变了人与世界的关系。人在实践活动中，既把自己同外部世界对立起来，也把自己同外部世界统一起来，形成了人与外部世界的"为我关系"。"凡是有某种关系存在的地方，这种关系都是为我而存在的；动物不对什么东西发生'关系'，而且根本没有'关系'；对于动物来说，它对他物的关系不是作为关系存在的。"① 人和其他动物的区别就在于，动物只是适应外部世界。人不仅要适应，而且更重要的是改变外部世界。所以，人与外部世界的关系，是为我关系，是实践的关系。只有在这种关系中才能理解世界的改变和人自身的改变。因为，人的实践活动，不仅创造了外部世界，而且创造了人本身。"人创造环境，同样，环境也创造人。"② 无论是世界的变化，还是人本身的变化，都是在实践活动中实现的。因此，外部世界的变化和人自身的改变，都必须诉诸人的现实的实践活动。只有在人的实践活动中，才能理解我们周围的世界，才能理解人本身，才能理解人和世界的辩证关系。

（三）人的实践活动是主体与客体统一的基础
（第二、八条）

科学实践观的确立，解决了人和外部世界的关系问题，也解决了人的认识问题，即解决了主体与客体统一的问题。在马克思主义哲学产生以前，主客体统一的问题没有被完全科学地解答。其根本的原因就在于，以往的哲学离开人的实践活动来谈论认识的问题，即仅仅停留在认识的层面讨论认识论问题。离开了认识的现实性，离开了改变世界的实践活动的认识，就只能陷入经院哲学的、没有实际意义的争论。马克思主义从人的实践活动出发，第一次正确地回答了人的认识的客观性问题。在马克思看来，"人的思维是否具有客观的真理性，这不是一个理论的问题，而是一个实践的问题。人应该在实践中证明自己思维的真理性，即自己思维的现实性和力量，自己思维的此岸性"③。恩格斯也同样主张，思维能否认识

---

① 《马克思恩格斯选集》第1卷，人民出版社1995年版，第81页。
② 《马克思恩格斯选集》第1卷，人民出版社1995年版，第92页。
③ 《马克思恩格斯选集》第1卷，人民出版社1995年版，第55页。

存在、主观能否与客观相符合的问题，只能在实践中得到解决。对哲学上的不可知论"以及其他一切哲学上的怪论的最令人信服的驳斥是实践，即实验和工业"①。实际上，许多重大理论问题，不能仅仅把它们当作理论问题，应首先把它们当作实践问题。"凡是把理论引向神秘主义的神秘东西，都能在人的实践中以及对这个实践的理解中得到合理的解决。"② 当然，这绝不是说，理论问题不重要，更不是说不需要理论研究。而是强调，理论研究说到底是对现实问题的研究。或者说，凡是重大的理论问题，同时必然是重大的实践问题。理论问题的解决，归根到底在于研究实践问题。从深层次上总结实践经验，本身就是理论研究，而且是真正的理论研究，也是解决理论问题的根本途径。可见，"理论的对立本身的解决，只有通过实践方式，只有借助于人的实践力量，才是可能的；因此，这种对立的解决决不只是认识的任务，而是一个现实生活的任务"③。

（四）人的实践活动是理解人的本质的基础
（第四、六、七条）

全部社会生活在本质上是实践的。因此，实践不仅是理解人与世界之间的关系、理解社会生活的基础，同时也是理解人的本质的基础。费尔巴哈在对宗教的批判中，把宗教世界归结于它的世俗基础，把上帝归结于人本身的自我异化，主张把上帝的本质归还给世俗世界的人。这是费尔巴哈的贡献。但是，费尔巴哈仅仅停留于此，而没有进一步地分析世俗基础。事实上，"对于这个世俗基础本身应当在自身中、从它的矛盾中去理解，并在实践中使之革命化"④。与此相联系，由于脱离人的实践活动，费尔巴哈同样不能正确地理解人的本质。他把人的本质理解为"类"，"理解为一种内在的、无声的、把许多个人自然地联系起来的普遍性"⑤。其结果，把人的本质归结为孤立的、与其他的人相脱离的自然人。马克思认为，任

①　《马克思恩格斯选集》第 4 卷，人民出版社 1995 年版，第 225 页。
②　《马克思恩格斯选集》第 1 卷，人民出版社 1995 年版，第 56 页。
③　《马克思恩格斯全集》第 42 卷，人民出版社 1979 年版，第 127 页。
④　《马克思恩格斯选集》第 1 卷，人民出版社 1995 年版，第 55 页。
⑤　《马克思恩格斯选集》第 1 卷，人民出版社 1995 年版，第 56 页。

何人都不可能脱离社会，不可能脱离社会关系而存在。在其现实性上，人的本质是"一切社会关系的总和"。马克思把人的本质同人的实践活动相联系，在实践中，即在人与人的现实关系中考察人。这种对人的理解，就不再是费尔巴哈的抽象的人，而是现实的、活生生的具体的人。同时也表明，人的本质是历史的，是随着社会实践的发展而不断发展的，永恒不变的人的本质是根本不存在的。

（五）新唯物主义哲学的社会基础和历史使命
（第九、十、十一条）

费尔巴哈不了解人的实践活动在全部社会历史中的基础地位和根本作用。因此，费尔巴哈的唯物主义和新唯物主义具有本质的区别。这种区别表现为社会基础的不同和历史使命的不同。

费尔巴哈的唯物主义否认人的实践活动，因而，他对人的本质的理解不过是停留在人的感性直观。同样，他所理解的市民社会不过是资本主义社会。费尔巴哈唯物主义哲学的立脚点是市民社会，即资本主义社会，他的哲学是以资本主义的生产关系为基础的，代表的是资产阶级的利益，是资产阶级的理论表现。相反，马克思主义哲学是新唯物主义，它从人的实践活动出发，把人的本质理解为社会关系的总和。与此相联系，它的立脚点是人类社会或社会的人类。马克思哲学思想的实践性、批判性和革命性的本质，预示了社会的不断进步，反映了人类社会发展的基本规律，代表了工人阶级和广大人民群众的根本利益。因此，马克思主义哲学是工人阶级的哲学，是实现人的解放和人的不断发展的哲学。

新旧哲学在性质上的差异，决定了它们的哲学使命的不同。马克思主义以前的哲学，由于其历史的、阶级的和认识的局限性，由于传统哲学抽象本体论的制约，仅仅停留在思想的和认识的领域，甚至满足于对纯粹经院哲学的争论。这种脱离社会现实的争论，不过是"用不同的方式解释世界"。对此，马克思深恶痛绝，并决心从根本上改变哲学脱离实际的状况。他认为，"哲学家们只是用不同的方式解释世界，问题在于改变世界"①。

---

① 《马克思恩格斯选集》第1卷，人民出版社1995年版，第57页。

这就从根本上确立了马克思主义哲学的历史使命。马克思主义哲学当然要认识世界，但这种认识不是脱离实际的、纯粹思想领域的争论，而是建立在实践基础上的认识，是以实践为目的的认识。离开了人的实践活动，一切认识都必将失去其现实意义。因为，"对实践的唯物主义者即共产主义者来说，全部问题都在于使现存世界革命化，实际地反对并改变现存的事物"①。由此可见，马克思的哲学不同于以往的哲学，就在于它实现了哲学观和哲学使命的变革，它不再是纯粹的理论哲学，而是真正的实践哲学，也就是改变世界的哲学。

四、当代意义

学习《关于费尔巴哈的提纲》这部经典著作，必须坚持和运用马克思在这部著作中阐述的基本观点，研究我国当代社会生活中的重大现实问题。马克思在《关于费尔巴哈的提纲》中，集中阐述了马克思主义的实践观点。今天，我们坚持实践的观点，就是要努力实现认识论和价值论的统一。

在马克思主义哲学诞生之前，认识论和价值论没有达到真正的统一。马克思创立了科学的实践观，并在实践的基础上实现了认识论和价值论的统一。或者说，马克思主义的认识论，归根到底是实践论。"社会生活在本质上是实践的。凡是把理论导致神秘主义的神秘东西，都能在人的实践中以及对这个实践的理解中得到合理的解决。"②

马克思主义不仅承认认识和价值的区别，而且强调二者之间的内在联系。认识和价值具有各自的界限，认识是求真，把握事物的本质；价值是求善，追求崇高的理想。马克思主义不仅要认识世界，而且更重要的是改变世界。"哲学家们只是用不同的方式解释世界，而问题在于改变世界。"③ 马克思主义不仅要解决认识论问题，而且要解决价值论问题。马

---

①《马克思恩格斯选集》第1卷，人民出版社1995年版，第75页。
②《马克思恩格斯选集》第1卷，人民出版社1995年版，第60页。
③《马克思恩格斯选集》第1卷，人民出版社1995年版，第61页。

克思主义"不是世界之外的遐想"，而"是自己时代精神的精华"。① 马克思主义要打破理论沉默，走出玄妙书斋，干预社会生活，关注现实问题。马克思主义绝不是满足于真理，不是停留在思想，而是把真理转化为价值，把思想转化为现实。"对实践的唯物主义者即共产主义者来说，全部问题都在于使现存世界革命化，实际地反对并改变现存的事物。"② 认识和价值的联系在于，认识对价值具有支撑作用，价值对认识具有引领作用。要实现崇高的理想信念，必须认识和尊重客观规律。同样，高尚价值的引领，有助于我们获得真理性的认识。

认识论和价值论的统一靠实践。实践不仅具有现实性的品格，而且具有理想性的品格。正是实践的这种"双重品格"，使得它能够把我们对规律的认识和对理想的追求统一起来。马克思指出："人的思维是否具有客观的真理性，这不是一个理论的问题，而是一个实践的问题。人应该在实践中证明自己思维的真理性，即自己思维的现实性和力量，自己思维的此岸性。"③ 马克思主义认为，只有实践才能检验我们的认识是否正确，也只有实践才能评价我们的价值是否崇高。实践不仅是检验真理的标准，而且是价值评价的尺度。

认识论和价值论的统一，对共产党人而言，集中表现为实事求是和为人民服务的统一。实事求是就是把握规律，坚持真理，这是共产党人的认识论；为人民服务就是坚守信念，担当使命，这是共产党人的价值论。只有把实事求是和为人民服务统一起来，才是真正的马克思主义，才是真正的共产党人。正如习近平总书记所指出，"坚持从实际出发、实事求是，不只是思想方法问题，也是党性强不强问题"④。只有坚持实事求是，才能更好地为人民服务；只有坚守人民立场，才能把实事求是贯彻到底。"我们党的历史，就是一部不断推进马克思主义中国化的历史，就是一部

---

① 《马克思恩格斯全集》第 1 卷，人民出版社 1956 年版，第 120—121 页。
② 《马克思恩格斯选集》第 1 卷，人民出版社 1995 年版，第 75 页。
③ 《马克思恩格斯选集》第 1 卷，人民出版社 1995 年版，第 55 页。
④ 《习近平在中央党校（国家行政学院）中青年干部培训班开班式上发表重要讲话》，http：//www. gov. cn/xinwen/2021－09/01/content_5634746. htm？version＝2. 5. 40020. 452&platform＝win，引用日期：2021 年 10 月 14 日。

不断推进理论创新、进行理论创造的历史","就是一部践行党的初心使命的历史,就是一部党与人民心连心、同呼吸、共命运的历史"。① 中国共产党的历史彰显了马克思主义认识论和价值论的统一。

（边立新）

---

① 习近平:《在党史学习教育动员大会上的讲话》,人民出版社 2021 年版,第 12、15 页。

唯物主义历史观创立的标志

——读马克思恩格斯《德意志意识形态》第一卷第一章

《德意志意识形态》是马克思、恩格斯在创立和系统构建他们自己的哲学理论即"新唯物主义"时期所撰写的一部最重要的著作。在这部著作中，马克思、恩格斯通过批判以鲍威尔、费尔巴哈和施蒂纳等人为代表的"青年黑格尔派"哲学，系统地论证和阐发了唯物主义历史观的基本原理。特别是该著作的第一卷第一章（"费尔巴哈"部分），实际上是全书的导论，集中了全书的主要内容和思想精华。因此，学习这部著作特别是第一卷第一章，对了解本真和原生意义上的马克思主义哲学，掌握科学的世界观和方法论，具有重要的意义。

一、历史地位

《德意志意识形态》一书在马克思主义哲学发展史和马克思主义经典文献中具有重要的地位。

（一）《德意志意识形态》集马克思、恩格斯早期哲学思想之大成，是马克思主义哲学系统形成和创立的标志

《德意志意识形态》全书的绝大部分约写于 1845 年夏至 1846 年秋。① 1842 年以前，马克思和恩格斯受到黑格尔哲学的影响，站在黑格尔唯心主义哲学的立场。1842—1844 年初，马克思和恩格斯通过参加社会实践，几乎同时完成了从唯心主义向唯物主义的转变。1844—1845 年初，他们通过《1844 年经济学哲学手稿》（1844 年 4—8 月）、《神圣家族》

---

① 开始写作时间和最后完成时间系依据笔者本人考证。

（1844 年 9—11 月）和《关于费尔巴哈的提纲》（1844 年底或 1845 年初）等的写作，大致完成了唯物主义历史观的初创工作。此后，面临的主要任务是从各方面详细制定和论证有关这一理论的新观点。这一任务通过《德意志意识形态》一书的完成得到了实现。马克思在 1859 年撰写的《政治经济学批判》序言中曾这样回顾这本书的写作：当 1845 年初恩格斯也住在布鲁塞尔时，"我们决定共同阐明我们的见解与德国哲学的意识形态的见解的对立，实际上是把我们从前的哲学信仰清算一下。这个心愿是以批判黑格尔以后的哲学的形式来实现的"①。因此，可以说，《德意志意识形态》集马克思、恩格斯早期哲学思想之大成，是马克思主义哲学创立的标志。

（二）《德意志意识形态》以清算青年黑格尔派哲学以及马克思和恩格斯本人以前所持有的唯心主义立场、创立唯物主义历史观为主旨，是阐释唯物主义历史观基本原理的最系统、最详尽的著作

《德意志意识形态》的写作主旨是清算青年黑格尔派的哲学乃至马克思、恩格斯本人以前所持有的哲学唯心主义立场，批判唯心主义历史观，论证和构建唯物主义历史观。青年黑格尔派又称黑格尔左派，是黑格尔哲学解体以后从黑格尔学派中分化出来的一个重要哲学派别，其主要人物有施特劳斯、鲍威尔、费尔巴哈和施蒂纳等。青年黑格尔派哲学是德国古典哲学的重要组成部分和当时德国资产阶级意识形态的主要代表，作为德国资产阶级民主革命的理论准备和理论先导，曾于 1835—1845 年在德国思想界和社会上发生了重要的影响和作用。马克思、恩格斯曾经同鲍威尔、费尔巴哈、施蒂纳有过密切的接触和交往，并受到过他们哲学思想的启示和影响。由于研究对象的复杂性和重要性以及创立新世界观的需要，马克思和恩格斯在《德意志意识形态》中深入和彻底地探讨了历史观的诸种基本理论问题，在全面清理德国古典哲学特别是青年黑格尔派哲学的同时，极为详尽地论证和阐发了他们有关唯物主义历史观的新见解。因此，在马

---

① 《马克思恩格斯选集》第 2 卷，人民出版社 1995 年版，第 34 页。

克思和恩格斯的著作中,《德意志意识形态》是阐释唯物主义历史观基本原理最详尽、最系统的一部著作。通过阅读该书,人们不仅可以系统地了解唯物主义历史观的基本原理,而且可以深入地了解这些基本原理赖以形成和确立的基本前提、依据和路径,以及其中所体现和蕴含的方法论原则。

(三) 由于《德意志意识形态》一书所具有的上述特点,该书成为当代马克思主义及其哲学研究的一个热点,成为当代马克思主义哲学发展乃至一般哲学发展的重要的思想理论资源

该书和马克思的《1844年经济学哲学手稿》一起,构成"西方马克思主义"形成的一个重要的思想理论来源。此外,该书及其各种相关研究,也构成改革开放以来中国马克思主义哲学发展的一个强大的思想源泉和动力,甚至从根本上改变了人们对马克思主义哲学的传统理解。

在马克思、恩格斯生前,《德意志意识形态》全书未能出版,只有极个别章节以论文的形式在杂志上发表过。该书第一卷第一章首次发表是在苏联,由苏共中央马克思恩格斯研究院于1924年用俄文发表,1926年用原文即德文发表。该书全书首次发表是在1932年,以原文即德文形式发表于《马克思恩格斯全集》历史考订版第一部第五卷。由于该书问世时间较晚,列宁生前未能读到此书。此外,在我国,由于受苏联哲学界教条主义的影响,该书曾长期为哲学界、理论界所忽视。

《德意志意识形态》第一卷第一章是该书中最为核心和重要的部分。由于现已无法查明第一章遗存各部分手稿的顺序,在手稿的编辑乃至理解上存有较大的分歧,故该章既有的版本较多,主要有:梁赞诺夫版(*Marx—Engels Archiv*, Bd. I, 1926);阿多拉茨基版(MEGA1 I/5, 1932);巴加图利亚版(《哲学问题》杂志第10—11期,1965);新德文版(*Deutsche Zeitschrift fuer Philosophie*, 1966);《马克思恩格斯全集》历史考订版第二版《德意志意识形态》第一卷第一章试行版(MEGA2 I/5, Probeband, 1972);广松涉版(《文献学语境中的〈德意志意识形态〉》,河

出书房新社，1974）；涩谷正版（《草稿完全复原版〈德意志意识形态〉·序文、第一卷第一章》，新日本出版社，1998）；《马克思恩格斯全集》历史考订版第二版《德意志意识形态》第一卷第一、二章先行版（MEGA2 I/5，2004）；《马克思恩格斯全集》历史考订版第二版第一部第5卷（MEGA2 I/5，《德意志意识形态》正式版，2017）等。《德意志意识形态》第一卷第一章的第一个中文译本是由郭沫若翻译并于1938年在上海言行出版社出版的。

二、主要内容

收入《马克思恩格斯文集》第一卷（中央编译局编译，人民出版社2009年版）的《德意志意识形态》第一卷第一章现存遗稿的中文本系以巴加图利亚所编版本为底本，根据1985年德文单行本译校，全文分为四个部分。在该章中，马克思、恩格斯对他们创立的唯物主义历史观进行了系统的论证和阐发。

贯串于《德意志意识形态》第一卷第一章全文的逻辑主线是：以现实的人（"现实的个体"）为出发点，以人的实践活动为人的基本存在和发展方式，以人的自由全面发展为归宿和目标。

（一）唯物主义历史观的现实出发点

马克思、恩格斯在阐述人类历史的现实前提的基础上，阐明了唯物主义历史观的现实出发点。

马克思、恩格斯在考察历史时，不是运用思辨的方法，从任意的前提出发，而是运用经验的方法，从现实的前提出发。他们把这种现实的前提表述为"现实的个体"（Individumm），"他们的活动"，以及"他们的物质的生活条件"。① 其中，首要的前提是现实的个体或有生命的个体。

---

① 《马克思恩格斯文集》第1卷，人民出版社2009年版，第519页。"个体"（Individumm）一词现几乎均被译成"个人"，笔者认为有误。详见笔者在《马克思的"个体"与"共同体"概念》（《哲学研究》2012年第1期）一文中的相关考证。

　　马克思、恩格斯认为，"全部人类历史的第一个前提无疑是有生命的个体的存在"①。个体的肉体组织决定着人们必须进行自己的物质生活资料的生产，从而发生人们与自然之间的关系。人们用以生产自己的生活资料的方式，不仅是他们的肉体存在的再生产，而且在更大程度上是他们的"活动方式"和"生活方式"，是决定他们的本质的东西，因为人们生产自己的生活资料，同时也就间接地生产着自己的物质生活本身。因此，物质生产是人的本质规定，一当人开始生产自己的生活资料，人就开始把自己和动物区别开来。

　　那么，人们的意识、精神与他们的存在之间又是什么关系？以往的历史观把人的精神、意识作为人的存在和社会历史的决定力量以及自己的哲学的出发点。马克思、恩格斯坚持从物质实践的观点出发，把意识、精神看作"人们物质行动的直接产物"，认为"意识在任何时候都只能是被意识到了的存在，而人们的存在就是他们的现实生活过程"。② 按照这一理解，意识、意识形态自身不具有自己的独立性及独立发展的历史，而是依附于它们所产生的社会物质条件，是由人们的社会存在所决定的一种历史的产物："道德、宗教、形而上学和其他意识形态，以及与它们相适应的意识形式便不再保留独立性的外观了。它们没有历史，没有发展，而发展着自己的物质生产和物质交往的人们，在改变自己的这个现实的同时也改变着自己的思维和思维的产物。"③

　　在揭示人类历史的现实前提以及人类物质实践活动对于人类自身存在意义的基础上，马克思、恩格斯确定了唯物主义历史观的出发点。唯物主义历史观的出发点就是"现实的个体"："我们的出发点是从事实际活动的人"④。

　　由此出发，马克思、恩格斯进一步从哲学对象的角度对唯物主义历史观进行了界定，提出它是"描述人们实践活动和实际发展过程的真正的实

---

① 《马克思恩格斯文集》第 1 卷，人民出版社 2009 年版，第 519 页。
② 《马克思恩格斯文集》第 1 卷，人民出版社 2009 年版，第 524—525 页。
③ 《马克思恩格斯文集》第 1 卷，人民出版社 2009 年版，第 525 页。
④ 《马克思恩格斯文集》第 1 卷，人民出版社 2009 年版，第 525 页。

证科学"①。这一规定，肯定了人在唯物主义历史观中的中心地位，同时也内含和体现了唯物主义历史观的科学性和价值性的双重本性：既肯定人是历史主体，也肯定人是价值主体。前者体现客观的历史事实，后者体现主体的价值取向。

（二）唯物主义历史观的科学基础

唯物主义历史观的科学基础是马克思和恩格斯创立的科学的实践观。从人类历史的现实前提出发，马克思、恩格斯对在《关于费尔巴哈的提纲》中已经确立的实践观进行了具体展开，进一步揭示了实践在人类历史发展过程中的地位和作用。他们指出，实践是整个现存感性世界的基础，是人与自然相统一的基础，而费尔巴哈的局限性就在于，没能把感性世界理解为构成这一感性世界的个人的实践活动。而且，实践，物质生活资料的生产，是人类生存的第一个前提，是人们仅仅为了生活就必须每日每时从事的历史活动，因此，它"是一切历史的基本条件"。正是通过物质生活资料的生产，人类满足自身生命生产的需要，并为意识和精神的生产提供源泉和动力。

出于对实践的这种理解，与以往的哲学家们停留于哲学的思辨不同，马克思、恩格斯关注和重视哲学向实践的转化，即哲学的现实化。他们强调："对实践的唯物主义者即共产主义者来说，全部问题都在于使现存世界革命化，实际地反对并改变现存的事物。"② 这样，马克思、恩格斯就进一步把自己的哲学表述为一种"实践的唯物主义"。这一概念表明，在马克思、恩格斯那里，实践的观点与唯物主义的观点是统一的。只有坚持实践的观点，才能坚持彻底唯物主义的观点。此外，唯物主义的观点与共产主义的理论也是统一的。共产主义就是唯物主义在社会实践中的运用和体现。

从实践的观点来理解唯物主义历史观的本质，马克思、恩格斯认为："这种历史观就在于：从直接生活的物质生产出发阐述现实的生产过程，

---

① 《马克思恩格斯文集》第 1 卷，人民出版社 2009 年版，第 526 页。
② 《马克思恩格斯文集》第 1 卷，人民出版社 2009 年版，第 527 页。

把同这种生产方式相联系的、它所产生的交往形式即各个不同阶段上的市民社会理解为整个历史的基础，从市民社会作为国家的活动描述市民社会，同时从市民社会出发阐明意识的所有各种不同的理论产物和形式，如宗教、哲学、道德等等，而且追溯它们产生的过程。"①　它和唯心主义历史观的区别在于："不是从观念出发来解释实践，而是从物质实践出发来解释各种观念形态"②。

（三）唯物主义历史观的社会结构理论

在《德意志意识形态》中，马克思、恩格斯以人们的社会实践活动为基础，对社会形态的结构作了较为系统的分析和描述。

1. 现实的个人与物质生产

与青年黑格尔派哲学、与以往的一切唯心主义历史观不同，马克思、恩格斯在考察历史时，不是运用思辨的方法，从任意的前提出发，而是运用经验的方法，从现实的前提出发。马克思、恩格斯把这种现实的前提表述为"现实的个体"，"他们的活动"，以及"他们的物质的生活条件"。

马克思、恩格斯着重揭示的是处在一定的物质生活条件下的个体与这些个体的活动的关系。他们认为，全部人类历史的第一个前提无疑是有生命的个体的存在，因而，第一个需要确定的事实就是这些个体的肉体组织以及他们与自然界的关系。个体的肉体组织决定着人们必须进行自己的物质生活资料的生产，这使生活资料的生产成为人类的"第一个历史活动"，并从而成为一切历史的"基本条件"。同时，人们用以生产自己的生活资料的方式，不仅是他们的肉体存在的再生产，而且在更大程度上是他们的"活动方式"和"生活方式"，是决定他们的本质的东西，因为人们生产自己的生活资料，同时也就间接地生产着自己的物质生活本身。因此，人类的物质生活资料的生产是任何科学的历史观必须给予充分重视的基本事实。

这样，通过对人类历史的现实前提的揭示，马克思、恩格斯阐明了人

---

① 《马克思恩格斯文集》第 1 卷，人民出版社 2009 年版，第 544 页。
② 《马克思恩格斯文集》第 1 卷，人民出版社 2009 年版，第 544 页。

类的物质实践活动对历史认识的意义，论证了唯物主义历史观赖以建立的经验基础。

2. 人们的社会存在与社会意识

从社会关系中划分出"交往关系"即生产关系，找到社会领域中的物质关系的表现形式，使马克思、恩格斯能够对人们的存在与他们的意识即社会存在与社会意识的关系问题作出科学的说明，从而不仅在对自然的认识方面，而且在对历史的认识方面，彻底解决存在与思维的关系问题。

马克思、恩格斯指出，思想、观念、意识的生产最初是直接与人们的物质活动，与人们的物质交往，与现实生活的语言交织在一起的。人们的想象、思维、精神交往在这里还是人们物质活动的直接产物。表现在某一民族的政治、法律、道德、宗教、形而上学等的语言中的精神生产也是这样。"意识在任何时候都只能是被意识到了的存在，而人们的存在就是他们的现实生活过程。"因此，意识是随着人们的现实生活的改变而不断变化的，"不是意识决定生活，而是生活决定意识"①。

马克思、恩格斯阐述了意识的社会性。意识产生于个人之间的交往的迫切需要。交往关系是人的社会实践活动的一个组成部分，为人而存在并且是人这一主体所专有的。动物不存在这种关系的问题。对动物来说，它对他物的关系不是作为关系而存在的。因而，"意识一开始就是社会的产物，而且只要人们存在着，它就仍然是这种产物"②。意识的社会性在原始意识中仅具有低级的、萌芽的形态。原始意识只是对直接的可感知的环境的一种意识，是对处于开始意识到自身的个体之外的其他人和其他事物的狭隘联系的一种意识，以及对自然界的一种纯粹动物式的意识。但是，即使如此，原始意识也已经是对人们的交往和社会性的某种反映。以后，由于生产效率的提高、需要的增长以及人口的增多，意识获得了进一步的发展和提高。特别是由于脑力劳动与体力劳动分离的发生，意识就获得了相对的独立性和真正的社会意义。从这时起，意识能够摆脱世界而去构造"纯粹的"理论、神学、哲学、道德等等各种形式。但是，这并不意味着

---

① 《马克思恩格斯文集》第 1 卷，人民出版社 2009 年版，第 525 页。
② 《马克思恩格斯文集》第 1 卷，人民出版社 2009 年版，第 533 页。

意识失去了社会的现实基础，相反，马克思、恩格斯强调，如果意识的诸种形式与现存的社会关系发生了矛盾，那么，必须从现存的社会关系和现存的生产力之间的矛盾中得到解释和说明。

3. 生产力与交往形式（生产关系）

在手稿中，马克思、恩格斯通过对人的实践活动的分析，第一次阐明了一定社会的生产力与生产关系的辩证关系。

马克思、恩格斯分析了人的社会活动的若干方面或若干因素，即物质生活资料的生产，新的需要的产生，以及与种的繁衍相关的家庭等。这些因素作为人的生命的生产活动，包含了双重关系：一方面是人与自然的关系，另一方面是人们之间的社会关系。两者是密不可分的，一定的生产方式或工业阶段始终同一定的合作方式和社会阶段相联系。由此出发，他们就把生产力与生产关系的矛盾从诸种社会现象中划分出来，生产关系在多数场合又被称为"交往形式"或"交往关系"。他们考察了生产力与交往关系的矛盾发展的历史，特别是生产力与作为劳动组织形式和分工结果的所有制的矛盾发展的历史。通过考察，他们得出这样的结论："一切历史冲突都根源于生产力和交往形式之间的矛盾"①，它们都不过是生产力和交往形式这一矛盾所采取的附带形式。

按照马克思、恩格斯的理解，生产力与交往形式的关系就是交往形式与个体的物质活动的关系。交往形式受制于生产力，它在历史的每一阶段上都与同一时期的生产力发展相适应，因此也就伴随着生产力的发展不断由个体的活动条件转化为个体的桎梏，从而在整个历史发展过程中构成一个新旧交替的有联系的交往形式的序列。交往形式迄今为止的几个历史发展阶段是：部落所有制、古代公社所有制、封建的或等级的所有制以及资本主义所有制。

4. 分工与所有制

在手稿中，马克思、恩格斯给予了分工以特殊的重视。在他们看来，分工既是生产力发展的结果，同时又是交往关系或生产关系的前提和基础。

---

① 《马克思恩格斯文集》第 1 卷，人民出版社 2009 年版，第 567—568 页。

分工决定于生产力。分工的发展程度是生产力发展水平的客观标尺。分工的发展阶段依赖于当时生产力的发展水平。

分工决定了生产方式的演变。民族内部的分工引起工业同农业的分离，然后引起商业同工业的分离。

分工和所有制是同义语，分工是就活动而言，所有制是就活动的结果而言。分工发展的不同阶段就是所有制的不同形式。在分工还很不发达、自然分工占统治地位的情况下，所有制形式是部落所有制。在分工已经很发达、城乡对立已经产生的情况下，所有制形式是古代公社所有制和国家所有制。在封建制繁荣时代，分工因小块土地的耕作而受阻，各城市间交往有限，以及居民稀少和需求有限，因此分工很少，所有制形式是封建的或等级的所有制。

分工决定阶级和国家的产生。阶级划分直接以分工和生产工具为基础。分工使精神活动和物质活动、享受和劳动、生产和消费由不同的人来分担成为可能和现实。分工产生了普遍利益和特殊利益的对立，这种普遍利益以国家这种虚幻的共同体形式出现。分工是劳动异化的根源。要扬弃异化，必须消灭分工。消灭分工的前提，则是生产力的巨大增长和高度发展。

分工的发展经历了不同的历史阶段：性别分工；自然分工；真正的分工（脑力劳动与体力劳动的分离）。在野蛮社会，生产工具是自然形成的，人受自然支配，地产统治，个人通过家庭、部落、土地而联合，人与自然交换，脑体劳动未完全分工，统治形式是个人关系或共同体，没有不同个人间的分工；在文明社会，生产工具是由文明创造的，人受劳动产品支配，资本统治，个人通过交换而联合，人与人交换，脑体劳动已实现分工，统治形式是货币，以分工为基础。

5. "市民社会"（经济基础）与政治和观念的上层建筑

马克思、恩格斯将交往关系（生产关系）从各种社会关系中划分出来作为社会结构中具有决定性的因素，并沿袭传统社会学的术语将其称为"市民社会"。

按照他们的理解，市民社会包括各个人在生产力发展的一定阶段上的一切物质交往，包括该阶段上的整个商业生活和工业生活，标志着直接从生产和交往中发展起来的社会组织。马克思、恩格斯指出，正是市民社会，"在一切时代都构成国家的基础以及任何其他的观念的上层建筑的基础"①，因此，"这个市民社会是全部历史的真正发源地和舞台"②。

在揭示交往关系或市民社会的作用的基础上，马克思、恩格斯阐明了作为政治上层建筑的国家以及作为观念上层建筑的意识形态。

他们认为，国家是交往关系发展到一定阶段产生的，是分工和私有制的产物。国家作为阶级统治的工具，"是统治阶级的各个人借以实现其共同利益的形式"③。现代资本主义国家则是与现代资本主义私有制相适应的，尽管它具有以前的国家所不曾具有的普遍形式和独立性，但它不过是"资产者为了在国内外相互保障各自的财产和利益所必然要采取的一种组织形式"④。国家是政治上层建筑的核心，一切共同的规章制度都以国家为中介并获得自己的政治形式。法作为一种规章制度，无非是统治阶级意志的普遍表现，是一定的所有制关系的表达。

关于观念的上层建筑即意识形态，如前已述，马克思、恩格斯认为，它作为统治阶级的思想体系，实际上是统治阶级的物质关系的映现和反映。因为统治阶级是社会上占统治地位的物质力量，支配着物质生产资料，这就决定它必然同时也是社会上占统治地位的精神力量，支配着精神生产资料。说到底，"占统治地位的思想不过是占统治地位的物质关系在观念上的表现"⑤。

6. 个体与共同体

马克思、恩格斯论述了个体与阶级、个体与社会、个体与共同体的关系，并区别了真正的共同体与"虚幻的共同体"即共产主义社会与以往的剥削阶级社会。

各个个体的社会地位，从而他们的个体发展是由阶级决定的，他们隶

---

① 《马克思恩格斯文集》第1卷，人民出版社2009年版，第583页。
② 《马克思恩格斯文集》第1卷，人民出版社2009年版，第540页。
③ 《马克思恩格斯文集》第1卷，人民出版社2009年版，第584页。
④ 《马克思恩格斯文集》第1卷，人民出版社2009年版，第584页。
⑤ 《马克思恩格斯文集》第1卷，人民出版社2009年版，第550页。

属于阶级。以一定的方式进行生产活动的一定的个体，发生一定的社会关系和政治关系。社会结构和国家是从一定的个体的生活过程中产生的。

真正的共同体即共产主义是异化扬弃的形式。只有在这一共同体中，个体才能获得全面发展自己才能的手段，才能有个体的自由。真正的共同体与虚幻的共同体的区别在于：在虚幻的共同体中，个体不是作为个体而是作为阶级的成员处在这种共同体的关系中；在真正的共同体中，各个个体则是作为个体参加的。在虚幻的共同体中，个体发展和运动的条件受偶然性的支配，并作为某种独立的东西同单个个体相对立，联合对个体来说是异己的联系，是个体有可能利用偶然性的一些条件的联合；在真正的共同体中，联合则把个体自由发展和运动的条件置于他们的控制之下。在虚幻的共同体中，个体自由仅仅对统治阶级的成员来说是存在的；在真正的共同体中，各个个体则在自己的联合中并通过这种联合获得自己的自由。

7. 民族历史与世界历史

在手稿中，马克思、恩格斯提出了他们的"世界历史"思想，这实际上也就是今天被称为"全球化"的理论。确切地说，这是对全球化的一种哲学表述。他们认为，是资本主义大工业创造了交通工具和现代的世界市场，从而开创了世界历史。世界市场是世界历史赖以形成的重要物质基础，而世界历史的发展，将导致共产主义的实现。世界历史的开启，其重要意义在于：首先，它使地域性的生产力成为一种国际化的生产力，为生产力的保存和进一步发展提供了保障。某一个地域创造出来的生产力，特别是发明，在以后的发展中是否会失传，完全取决于交往扩展程度的高低。只有当交往已成为世界历史交往和以大工业为基础的时候，只有当一切民族都卷入竞争斗争的时候，保持已创造出来的生产力才有保障。其次，世界历史为共产主义创造条件。共产主义的建立以生产力的普遍发展和与此相联系的人们之间的世界交往为前提，因此，它"只有作为'世界历史性的'存在才有可能实现"①。最后，世界历史也为个人的解放创造前提。个人只有能够摆脱民族和地域的界限而同世界生产发生联系，才能获得利用全球生产的能力，才能由地域性的个人转变为世界历史的个人。

---

① 《马克思恩格斯文集》第 1 卷，人民出版社 2009 年版，第 539 页。

总之，"每一个单个人的解放的程度是与历史完全转变为世界历史的程度一致的"①。

（四）唯物主义历史观的意识形态理论

马克思、恩格斯在系统阐述实践观的基础上，专门研究了意识形态与统治阶级、与占统治地位的物质关系即经济基础的关系，集中阐述了意识形态的本质。

"意识形态"一词为希腊语 idea 和 graphein 构成，意为"观念的学说"。德文语词为 Ideologie，"观念体系"或"思想体系"之意。"意识形态"这一汉语语词为日本学者森户辰男和椿田民藏在翻译《德意志意识形态》一书中的 Bewusstseinsform（"意识形式"）一词时所创制。郭沫若在翻译《德意志意识形态》第一章时借用这一汉语语词来翻译 Ideologie，并用于该书的书名。据有关考证，法国哲学家孔狄亚克首先赋予该词以哲学含义，将其解释为一种通过对生理和心理的认识，来确定有关教育、伦理和政治的实用规则的学说。在《德意志意识形态》中，马克思、恩格斯首先是在这一概念的德语语词所具有的通常含义即"观念体系"的意义上来使用这一概念的。他们区分了"一般意识形态"和"德国意识形态"。前者指以往的一切意识形态，后者则专指青年黑格尔派哲学。

马克思、恩格斯认为，意识形态实质上是统治阶级的思想体系。"统治阶级的思想在每一时代都是占统治地位的思想"②，因为统治阶级是社会上占统治地位的物质力量，支配着物质生产资料，这就决定它必然同时也是社会上占统治地位的精神力量，支配着精神生产资料。这意味着，统治阶级的统治，不仅表现在社会物质领域和政治领域中，而且，也必然表现在思想领域中。也就是说，统治阶级不仅作为物质生产的管理者进行统治，而且，还作为思想的生产者和调节者进行统治。统治阶级之所以需要思想、意识形态，是因为他们不仅需要支配物质生产资料，而且需要支配精神生产资料。

---

① 《马克思恩格斯文集》第 1 卷，人民出版社 2009 年版，第 541 页。
② 《马克思恩格斯文集》第 1 卷，人民出版社 2009 年版，第 550 页。

　　一定的意识形态虽然是一定的统治阶级的思想，但是统治阶级往往赋予自己的思想以普遍的形式，把它们描述成唯一合理的、具有普遍意义的思想。马克思、恩格斯指出，这种做法其实只是在统治阶级的利益还与其余一切非统治阶级的共同利益有较多的联系、还没有发展为特殊利益时才有其合理性。

　　在指出意识形态是社会上占统治地位的思想、是统治阶级的思想的基础上，马克思、恩格斯进一步揭示了意识形态的根源，认为意识形态作为在社会上占统治地位的统治阶级的思想，是统治阶级的物质关系在观念上的反映和表现。马克思、恩格斯强调，占统治地位的思想之所以是统治阶级的思想，说到底，是因为统治阶级在社会物质关系领域居统治地位，统治阶级的物质关系是社会上占统治地位的物质关系，而"占统治地位的思想不过是占统治地位的物质关系在观念上的表现，不过是以思想的形式表现出来的占统治地位的物质关系"①。可见，在意识形态问题上，马克思、恩格斯也彻底坚持和贯彻了"不是人们的意识决定他们的存在，而是他们的社会存在决定他们的意识"的观点。由于意识形态是统治阶级物质关系的反映和表现，因此，它为统治阶级物质关系的存在和发展服务，是维持和巩固统治阶级的阶级统治的必要条件。

　　马克思、恩格斯认为，意识形态作为占统治地位的思想，主要是统治阶级中有概括能力的思想家的产物，因为分工也以精神劳动和物质劳动的分工形式出现在统治阶级中间。也就是说，在统治阶级内部，有一部分人是专门作为该阶级的思想家出现的，他们因为具有概括能力而扮演了该阶级思想家的角色，并因此成为该阶级的意识形态家。

　　马克思、恩格斯还从意识的根源性的角度来定义意识形态，将其界定为人们的存在即人们的物质生活过程的反映和升华物："意识在任何时候都只能是被意识到了的存在，而人们的存在就是他们的现实生活过程。如果在全部意识形态中，人们和他们的关系就像在照相机中一样是倒立呈像的，那么这种现象也是从人们生活的历史过程中产生的，正如物体在视网膜上的倒影是直接从人们生活的生理过程中产生的一样。……甚至人们头

----

① 《马克思恩格斯文集》第 1 卷，人民出版社 2009 年版，第 550—551 页。

脑中的模糊幻象也是他们的可以通过经验来确认的、与物质前提相联系的物质生活过程的必然升华物。"①

据此，马克思、恩格斯得出的一个极为重要的结论是，意识形态具有依存性的特征，它没有自身独立的发展历史："道德、宗教、形而上学和其他意识形态，以及与它们相适应的意识形式便不再保留独立性的外观了。它们没有历史，没有发展，而发展着自己的物质生产和物质交往的人们，在改变自己的这个现实的同时也改变着自己的思维和思维的产物。"②

这意味着，每一历史时期都需要也必然会产生与该时期的特定的物质生活过程相适应的特殊的意识形态，用以反映和借以解决该时期生产力与生产关系之间的矛盾以及由此产生的各种社会矛盾。任何意识形态及其社会作用都是具体的、历史的。

（五）唯物主义历史观的价值观及理想社会构想

在《德意志意识形态》第一卷第一章中，马克思、恩格斯对唯物主义历史观的未来社会构想——共产主义及其价值目标进行了明晰、详尽的论述。在这里，共产主义是作为唯物主义历史观的价值观的具体体现和实践结果而被提出的。

在马克思、恩格斯看来，人的自由全面发展或"自由个性"的实现既是唯物主义历史观的价值观，同时也是共产主义的实质和最高价值目标。它建立在人的真正的"自主活动"基础之上。所谓自主活动是指主体按照自身的意愿自我决定，并且能够自由支配自身所需的各种外部社会条件从而能够付诸现实的实践活动。自主活动是"自由个性"的承担者和现实规定，"自由个性"则是"自主活动"的主体表现。在资本主义条件下，劳动已失去了任何"自主活动"的假象，成为摧残生命的方式，成为"自主活动"的否定方式，成为手段。只有在共产主义条件下，才能实现"自主活动"同物质生活的一致，实现强制劳动向"自主活动"的转化，从而也才能实现个体"对生产力总和的占有以及由此而来的才能

---

① 《马克思恩格斯文集》第 1 卷，人民出版社 2009 年版，第 525 页。
② 《马克思恩格斯文集》第 1 卷，人民出版社 2009 年版，第 525 页。

总和的发挥"①，即实现人的自由全面发展或"自由个性"。在此意义上，所谓共产主义就是使个体的才能得到全面发展、使个体的自由得到真正实现的自由人联合体："在真正的共同体的条件下，各个个体在自己的联合中并通过这种联合获得自己的自由。"②

马克思、恩格斯指出，共产主义是资本主义社会生产力同交往形式或生产关系矛盾运动的必然产物。他们认为，共产主义并不是主观人为设定的、现实必须与其相适应的一种社会理想或目标，而是一种"消灭现存状况的现实的运动"③。这个运动的条件是由现有的前提产生的。也就是说，是现存的资本主义生产力和生产关系矛盾运动的必然结果。

马克思、恩格斯强调，共产主义的建立首先需要以生产力的巨大增长和高度发展为前提。因为只有这种增长和发展，才能扬弃人的活动的异化，才能消除贫困、极端贫穷的普遍化，才能随着生产力的普遍发展建立起人们之间的普遍交往，才能使地域性的个体转变为世界历史性的个体。因此，"建立共产主义实质上具有经济的性质"④，这就是推翻一切旧的生产关系的基础，消灭私有制，为自由个体的联合创造各种物质条件，把现存的条件变成联合的条件。另外，共产主义只有作为世界历史性的存在才有可能实现。马克思、恩格斯认为，人类历史是由民族历史向世界历史的转变过程。生产力越发展，各民族的原始封闭状态被日益完善的生产方式、交往和民族间的分工消灭得越彻底，历史越成为世界历史。"无产阶级只有在世界历史意义上才能存在"⑤。共产主义也"只有作为'世界历史性的'存在才有可能实现"⑥。按照马克思、恩格斯的构想，资本主义大工业开创了世界历史，而共产主义则是世界历史发展的必然趋势和结果。

---

① 《马克思恩格斯文集》第 1 卷，人民出版社 2009 年版，第 581 页。
② 《马克思恩格斯文集》第 1 卷，人民出版社 2009 年版，第 571 页。笔者对译文有修订。
③ 《马克思恩格斯文集》第 1 卷，人民出版社 2009 年版，第 539 页。
④ 《马克思恩格斯文集》第 1 卷，人民出版社 2009 年版，第 574 页。
⑤ 《马克思恩格斯文集》第 1 卷，人民出版社 2009 年版，第 539 页。
⑥ 《马克思恩格斯文集》第 1 卷，人民出版社 2009 年版，第 539 页。

三、现实意义

马克思、恩格斯在《德意志意识形态》第一卷第一章中提出的上述思想和原理，全面展现了马克思主义哲学的理论内容及其深度和广度，为我们认识中国特色社会主义的发展和现代化建设的实践，以及认识当代社会的全球化趋势，提供了根本的思想武器。

（一）从物质生产实践出发来观察和认识人类社会和历史

揭示物质生产实践在人类社会发展中的基础和决定作用以及由此出发来揭示人类历史发展的一般规律，是马克思主义哲学所实现的哲学变革的实质和核心，也是唯物主义历史观的本质所在。在《德意志意识形态》中，马克思、恩格斯也正是这样来说明他们所创立的唯物主义历史理论的："这种历史观就在于：从直接生活的物质生产出发阐述现实的生产过程，把同这种生产方式相联系的、它所产生的交往形式即各个不同阶段上的市民社会理解为整个历史的基础"①。

从物质生产出发来观察和认识人类社会和人类历史，乃至认识人所生存于其中的周围的感性世界，也就是把实践提升为一种真正的思维方式，即实践思维。根据马克思的论述，实践思维的基本要求是，不仅要从客体方面去认识和把握客观对象，而且更重要的是要从实践活动、从主体的方面去认识和把握客观对象，把客观对象作为人的实践对象来理解，从而把人的社会实践活动纳入对客观对象的本质理解之中。列宁对此发挥说："必须把人的全部实践——作为真理的标准，也作为事物同人所需要它的那一点的联系的实际确定者——包括到事物的完整'定义'中去。"②

（二）将现实的个体作为社会认识和实践的出发点

在马克思、恩格斯那里，从现实的个体出发与从物质生产出发来观

---

① 《马克思恩格斯文集》第 1 卷，人民出版社 2009 年版，第 544 页。
② 《列宁选集》第 4 卷，人民出版社 1995 年版，第 419 页。

察、认识人类社会和人类历史是一致的，只不过一个是就活动的主体而言，一个是就主体的活动而言。马克思、恩格斯所说的"现实的个体"，是处在物质生产实践过程中的、经验的个体，或者说，是作为物质生产实践主体的个体。这样的现实的个体既是人类历史的现实前提，是社会关系、社会结构的主体，同时，又是人类历史的产物，是社会关系、社会结构的产物。这样，处在一定历史条件下的人既是历史的剧作者，同时，又是历史的剧中人。这两者统一于现实的个体的实践活动。这表明，对物质生产实践活动的重视和地位的提升同对现实的个体的重视和地位的提升是一致的，它们不过是同一件事情的不可分割的两个方面。因此，人——不是抽象的人，而是现实中的处在一定历史条件之下的从事社会实践的个体，在马克思主义哲学中有着中心的地位。可是在传统的马克思主义哲学的诠释中，现实的个体的这种中心地位却被有意无意地遮蔽和抹杀了。

承认现实的个体是人的认识和实践活动的出发点，是坚持人的自由全面发展这一价值目标的前提，也是坚持"以人为本"的哲学根据，以及坚持"以人民为中心"的哲学根据，因为"人民"不是一个抽象的概念，而是由无数现实的个体构成的。

（三）运用社会基本矛盾分析方法来认识和解决中国现阶段全面深化改革过程中遇到的各种社会矛盾

在《德意志意识形态》第一卷第一章中，马克思、恩格斯从人们的物质生产实践出发，揭示出其所内含的生产力与交往关系即生产关系的矛盾，并把交往关系或生产关系作为整个社会赖以建立的经济基础，由此去追溯和研究建立在这个基础之上的以国家权力为中心的政治上层建筑和以意识形态为主体部分的观念上层建筑，从而揭示了社会形态的一般结构和基本矛盾，即生产力与生产关系、经济基础与上层建筑的矛盾，为人们观察和分析各种社会关系和社会现象提供了基本的方法。这一方法，显然也是我国社会现阶段进行全面深化改革所必须遵循的基本方法。

值得注意的是，马克思、恩格斯在分析生产力与交往关系或生产关系的矛盾时，除了强调这一矛盾从根本上决定一切社会矛盾和社会冲突，还把社会分工看作联系生产力与生产关系的现实环节。马克思、恩格斯在书中用大量的篇幅对分工问题进行了考察和研究。根据他们的论述，在生产力与生产关系的有机统一中，分工具有重要的作用。它一方面直接决定于生产力，是生产力发展的结果；另一方面是人们之间社会物质交往的前提和基础。就分工决定于生产力而言，分工的发展程度是生产力发展水平的客观标尺。就分工是人们之间社会物质交往的前提而言，分工和所有制是同一件事情，一个是就活动而言，另一个是就活动的产品而言。分工发展的不同阶段，就是所有制发展的不同形式。因此，随着根源于生产力的分工的发展，人们也就改变他们的生产关系和生产方式。鉴于马克思、恩格斯对分工在社会结构中的地位的这种界定，我们在考察生产力和生产关系的具体矛盾状况时不能撇弃分工这一环节或要素。

（四）将坚持人的自由全面发展作为中国特色社会主义的本质要求和价值目标

人的自由全面发展或"自由人格"的实现，是马克思、恩格斯所构想的个体和人类发展的价值目标，也是包括社会主义社会在内的共产主义社会的本质规定和本质特征。它像一条红线贯穿在马克思、恩格斯的整个理论体系和思想发展过程之中，并被恩格斯称作能够"概括未来新时代的精神"① 的基本思想。

通常人们认为，所谓人的自由全面发展是在马克思所设想的未来共产主义社会才能够实现的一种价值目标，它即使将来能够实现，也距离今天十分遥远。其实，这种观点割裂了理想与现实、结果与过程的关系，本质上是一种反辩证法的形而上学的观点。显然，理想如果脱离了现实，结果如果脱离了过程，就变成了抽象和空洞的东西。正因如此，马克思、恩格斯在《德意志意识形态》第一卷第一章中才特别强调：共产主义不是应当确立的状况，不是现实应当与之相适应的理想，它是那种消灭现存状况的现实的运动。应该看到，理想就存在于现实之中，结果就存在于过程之

---

① 《马克思恩格斯选集》第 4 卷，人民出版社 1995 年版，第 731 页。1894 年 1 月 3 日卡内帕请求恩格斯为其周刊《新纪元》题词，恩格斯在同年 1 月 9 日的回信中作了这样的表述。

中。只有坚持理想与现实、结果与过程的辩证统一，才能真正坚定理想信念，从而才能坚定对中国特色社会主义的道路自信、理论自信、制度自信和文化自信。

（五）深刻认识世界历史对中华民族和个体发展的意义

马克思、恩格斯在《德意志意识形态》中较为系统地提出了他们的"世界历史"理论，表达了他们对全球化趋向的关注和前瞻。他们特别肯定了资本主义在开创世界历史过程中所起的作用以及世界历史形成的必要性和积极意义。在马克思、恩格斯看来，世界历史的形成不仅使地域性的生产力成为一种国际化的生产力，从而使其得到保存和进一步的发展；而且为共产主义这一世界历史性的存在创造前提，以及为每个个体的自由全面发展和解放创造前提。而后，在《共产党宣言》中，马克思、恩格斯进一步发挥了他们的世界历史理论，从经济、政治、文化诸方面对那时已经凸显和展示的全球化趋势作了全面的描述。马克思、恩格斯的这些论述，为我们认识今天的全球化过程提供了重要的理论依据和思想资源。

（侯才）

阐述历史唯物主义的重要文献

——读马克思《致帕·瓦·安年科夫》

一、写作背景

马克思《致帕·瓦·安年科夫》这封书信写于 1846 年 12 月 28 日。1846 年 11 月 1 日，俄国自由派作家安年科夫写信给马克思，谈了自己对蒲鲁东《贫困的哲学》一书的看法，并征求马克思的意见。马克思看完信后十分郑重地写下了这封回信。

直接而言，马克思的这封回信主要是为了批判蒲鲁东的《贫困的哲学》一书而写的。蒲鲁东是法国小资产阶级社会主义思潮的代表人物，他是社会改良主义者，也是早期的无政府主义者之一。在欧洲近代革命史上，蒲鲁东曾经是一个轰动一时的人物，蒲鲁东主义在欧洲工人运动中也曾产生过比较大的影响，特别是他的小资产阶级改良主义思想，这一思想在工人运动中流传甚广。1846 年出版的《贫困的哲学》充分地反映了蒲鲁东的改良主义思想。就在马克思下决心对蒲鲁东的经济学进行批判之时，他收到了安年科夫的信。于是，马克思就写下了这封关于历史唯物主义的著名书信。实际上，这封信也是马克思后来完成的重要著作《哲学的贫困》一书的提纲。这封信中的基本观点在《哲学的贫困》中得到了更为充分的论述和发挥。

二、主要内容

在这封书信中，马克思用相当大的篇幅对蒲鲁东《贫困的哲学》一书中的错误理论观点作了深入剖析，特别是揭露和批判了蒲鲁东社会改良主义及其唯心史观，并集中论述了历史唯物主义的基本原理。

第一，生产力作为一种既得的力量，是人类历史发展的基础。针对蒲鲁东在人类历史发展这一问题上表现出的无力和无知，马克思明确指出，作为一种既得的力量，生产力是人类全部历史的基础。

一定的生产力的发展状况是人们的历史活动的前提条件。在马克思看来，生产力是一种客观的物质力量，既是人们实践活动的产物，也是人们应用能力的结果。他明确指出："人们不能自由选择自己的生产力——这是他们的全部历史的基础，因为任何生产力都是一种既得的力量，是以往的活动的产物。可见，生产力是人们应用能力的结果，但是这种能力本身决定于人们所处的条件，决定于先前已经获得的生产力，决定于在他们以前已经存在、不是由他们创立而是由前一代人创立的社会形式。"① 很显然，生产力既是一种客观的物质力量，也是一种既得的力量。生产力的性质决定了人们所从事的任何重要的历史活动都要受到一定的生产力发展状况的社会条件制约，人们只能在一定的生产力发展条件下活动，而不能脱离这一客观条件凭空进行。

生产力发展的继承性是人类历史形成、发展的物质基础。马克思强调，人类历史的前提条件是一定的生产力，而一定的生产力首先是对已有生产力的继承，人们只有在此基础上才能继续发展新的生产力，这也是创造人类历史发展的先决条件。在这封信中，马克思写道："后来的每一代人都得到前一代人已经取得的生产力并当做原料来为自己新的生产服务，由于这一简单的事实，就形成人们的历史中的联系，就形成人类的历史，这个历史随着人们的生产力以及人们的社会关系的愈益发展而愈益成为人类的历史。由此就必然得出一个结论：人们的社会历史始终只是他们的个体发展的历史，而不管他们是否意识到这一点。他们的物质关系形成他们的一切关系的基础。这种物质关系不过是他们的物质的和个体的活动所借以实现的必然形式罢了。"② 在这里，生产力的历史继承性构成了人类历史发展的连贯性或人类历史活动的连续性的物质基础，这一简单的事实被真正揭示出来了。应该说，马克思的这一表述包含着对历史发展规律的极其深刻的见解。须知，马克思在这里所强调的"个体发展的历史"中的

---

① 《马克思恩格斯文集》第 10 卷，人民出版社 2009 年版，第 43 页。
② 《马克思恩格斯文集》第 10 卷，人民出版社 2009 年版，第 43 页。

"个体"也绝不是"孤立的个人",而是在一定生产力条件下从事生产活动的、处于一定生产关系中的现实的个人。此外,马克思在这里所强调的"人类的历史"并不是狭隘的地域历史,而是对在《德意志意识形态》中预言的"历史向世界历史"转变的科学论证。一方面,从历时性的维度看,生产力发展的历史继承性决定了人类历史发展的世代相传的特点,这是历史发展在时间维度上的连续性;另一方面,从共时性的维度看,生产力的高度发展,人们交往的普遍性,促进了人们社会关系的广泛发展,进而,世界各地区、各民族人民之间的联系日益密切,这是历史发展在空间维度上的广泛性。总之,基于生产力的发展的历史继承关系,人类形成了世代相传而又广泛联系的世界历史,因此,历史日益表现为"人类的历史"。

第二,生产力与生产关系的矛盾运动是社会历史变革的根本动因。针对蒲鲁东借助抽象观念、永恒范畴寻求社会改良药方的做法,马克思以欧洲从封建社会向资本主义社会转变的现实的历史发展过程为例,鲜明地指出,生产力的发展是社会历史发展的根本动因,生产力与生产关系的矛盾运动推动着社会经济形态的变革,从而引起社会革命。

生产力的发展是社会历史发展的最深刻根源和最根本的动力。在马克思看来,社会革命的最根本的动因就在于,生产力的进一步发展必然要求打破束缚着它的过时了的生产关系。马克思说:"人们永远不会放弃他们已经获得的东西,然而这并不是说,他们永远不会放弃他们在其中获得一定生产力的那种社会形式。恰恰相反。为了不致丧失已经取得的成果,为了不致失掉文明的成果,人们在他们的交往方式不再适合于既得的生产力时,就不得不改变他们继承下来的一切社会形式。"① 马克思接着举例指出,在欧洲的封建社会里,各种特权、行会和公会的制度以及中世纪的全部贵族制度,都曾是适应于既得生产力和当时社会状况的社会关系。但是,生产力在封建社会这种生产关系中并没有停滞不前,而是继续发展,并在这种发展中逐渐产生出了资本主义的因素。生产力的发展必然要求打破那些制约、束缚其发展的封建的生产关系和社会制度。而且,生产力的

---

① 《马克思恩格斯文集》第 10 卷,人民出版社 2009 年版,第 43—44 页。

进一步向前发展，必将激化生产力与旧的生产关系之间的矛盾，最终引发资产阶级革命。正如马克思所言："在行会制度及各种规则的保护下积累了资本，发展了海上贸易，建立了殖民地，而人们如果想把这些果实赖以成熟起来的那些形式保存下去，他们就会失去这一切果实。于是就爆发了两次霹雳般的震动，即 1640 年和 1688 年的革命。"①

生产关系具有暂时性和历史性。马克思特别强调指出，随着资产阶级革命的爆发，"一切旧的经济形式、一切和这些形式相适应的社会关系、曾经是旧市民社会的正式表现的政治国家，当时在英国都被破坏了"②。由此可见，在生产力的推动下，生产关系的变化必将带来整个社会关系的变革，使社会不断向前发展。马克思总结指出："人们借以进行生产、消费和交换的经济形式是暂时的和历史性的形式。随着新的生产力的获得，人们便改变自己的生产方式，而随着生产方式的改变，他们便改变所有不过是这一特定生产方式的必然关系的经济关系。"③ 这一点恰恰是蒲鲁东没有理解、更没有证明的。在马克思看来，"蒲鲁东先生无法探索出历史的实在进程"④，"他的历史是在想象的云雾中发生并高高超越于时间和空间的"⑤，原因就在于他"不懂得一定时代中各种生产形式的历史的和暂时的性质"⑥。在揭穿和批判蒲鲁东关于神圣的历史——观念的历史的神秘词句的同时，马克思阐明了真正的人类历史——世俗的历史的发展变革的基本规律，即生产关系的暂时性和历史性，决定了生产关系必然要随着生产力的发展而改变。

第三，生产力决定生产关系并最终决定一切社会关系。针对蒲鲁东的唯心史观，在这封信中，马克思正面集中论述了物质生产力在社会发展中起最终决定作用这一唯物史观的基本原理。实际上，在这封信之前，马克思和恩格斯在《德意志意识形态》一书中就明确阐述了物质生产在人类社

---

① 《马克思恩格斯文集》第 10 卷，人民出版社 2009 年版，第 44 页。
② 《马克思恩格斯文集》第 10 卷，人民出版社 2009 年版，第 44 页。
③ 《马克思恩格斯文集》第 10 卷，人民出版社 2009 年版，第 44 页。
④ 《马克思恩格斯文集》第 10 卷，人民出版社 2009 年版，第 44 页。
⑤ 《马克思恩格斯文集》第 10 卷，人民出版社 2009 年版，第 44 页。
⑥ 《马克思恩格斯文集》第 10 卷，人民出版社 2009 年版，第 47 页。

会发展中的前提性、基础性和决定性。

在这封信中，马克思从所有谈论社会历史的思想家使用最频繁的一个概念即"社会"入手，他指出，社会并不是蒲鲁东所说的什么"人类无人身的理性"，那么，"社会——不管其形式如何——是什么呢？是人们交互活动的产物"。① 在这里，马克思所说的"交互活动的产物"，否定了蒲鲁东把社会看成一种先验主体的看法。在马克思看来，社会不过是在特定时期、由特定的人们、以特定的方式进行的具有特定性质的相互作用的总体，也就是说，人类社会是由一定的现实人类主体活动历史地建构起来的。诚然如此，但人们绝不能自由选择某一社会形式。因此，马克思进一步指出："在人们的生产力发展的一定状况下，就会有一定的交换和消费形式。在生产、交换和消费发展的一定阶段上，就会有相应的社会制度形式、相应的家庭、等级或阶级组织，一句话，就会有相应的市民社会。有一定的市民社会，就会有不过是市民社会的正式表现的相应的政治国家。"② 马克思接着又作了具体的分析，人们绝不能自由选择某一社会形式，说到底是由于人们不能自由选择自己的生产力，生产力的发展在任何社会中都具有最终决定作用。

物质生产力发展的一定状况，决定了与之相适应的生产关系和相应的社会经济结构，即决定了与之相适应的社会经济基础；由一定的生产力发展状况所决定的社会经济基础，决定了与之相适应的上层建筑。在这封信中，马克思所说的"交换和消费形式"，实际上就是后来进一步发展起来并被广泛使用的"生产关系"，而这种生产关系是由生产力发展的一定状况决定的。换言之，生产关系必须与生产力发展的一定状况相适应。马克思在信中所用的"市民社会"，表示的是社会全部的经济关系和财产关系，也可以说是社会物质生活关系的总和。这一概念实际上就是后来为人们所熟知的社会"经济基础"的最初表达形式，而与这种社会经济基础相适应的"政治国家"实际上也就是以国家为核心的政治上层建筑。资本主义的经济基础决定了资产阶级国家，换言之，上层建筑是由经济基础决定的。

---

① 《马克思恩格斯文集》第 10 卷，人民出版社 2009 年版，第 42 页。
② 《马克思恩格斯文集》第 10 卷，人民出版社 2009 年版，第 42—43 页。

　　总之，马克思在这里已经十分明确地阐述了物质生产力在社会历史发展中起最终决定作用的历史唯物主义的基本原理：生产力发展的一定状况决定了相应的生产关系，而生产关系的总和构成了一定的社会经济基础，社会经济基础归根到底是由生产力发展的一定状况决定的，而由一定的生产力发展状况所决定的社会经济基础，决定了与之相适应的上层建筑。

　　生产力决定生产关系并最终决定一切社会关系，这实际上也就是说，物质生产力在人类社会历史发展中起最终决定作用。在马克思看来，历史的发展与进步并不是由人们观念中的"好"与"坏"决定的，相反，人们在发展其生产力时也发展着一定的相应的关系，这些关系的性质必然随着这些生产力的改变而改变。马克思甚至以奴隶制的好与坏为例，说明了一定的生产关系的历史合理性和必然性。同样，由特定的生产力发展水平必然造成的资本主义生产方式也绝不可能在观念中得到改变，而只有生产力的进一步发展才能真正消灭它。马克思从社会历史动态发展的角度，进一步说明了这一历史进步的必然性。马克思批评指出，蒲鲁东总是在谈论所谓"永恒的规律"，这就使他在面对资本主义生产方式时，错误地将其中许多历史的经济范畴假想成永恒的天然的东西。在马克思看来，人们不仅生产呢子、麻布、丝绸，还按照他们自己的生产力生产出他们在其中生成呢子、麻布和丝绸的社会关系。同样，"适应自己的物质生产水平而生产出社会关系的人，也生产出各种观念、范畴，即恰恰是这些社会关系的抽象的、观念的表现。所以，范畴也和它们所表现的关系一样不是永恒的。它们是历史的和暂时的产物"①。蒲鲁东虽然也在批判资本主义，但他实际上并没有意识到资本主义生产方式的暂时性和历史性。正如马克思后来在《论蒲鲁东》一文中所说的那样，蒲鲁东"同空想主义者一起追求一种所谓'科学'，以为由此就可以 a priori〔先验地〕构想出一个'解决社会问题'的公式，而不从历史运动的批判的认识中，即不从本身就产生了解放的物质条件的运动的批判的认识中引导出科学"②。

---

　　① 《马克思恩格斯文集》第 10 卷，人民出版社 2009 年版，第 49—50 页。
　　② 《马克思恩格斯全集》第 16 卷，人民出版社 1964 年版，第 32 页。

三、学习意义

这封书信，是继唯物史观形成之后阐述历史唯物主义的一篇重要文献。马克思在这封信中所阐述的思想不仅对深入理解历史唯物主义基本原理具有重要意义，而且对我们研究历史和现实，处理各种重大社会现实问题，也有着十分重要的方法论意义。

学习这封书信，有助于我们深化对历史唯物主义基本原理的认识。在这封信中，马克思十分深刻地揭示了生产力是人类全部历史的基础，生产力与生产关系的矛盾运动是人类社会发展的基本规律，生产力决定生产关系进而最终决定一切社会关系。虽然安年科夫不是唯物主义者和共产主义者，但马克思对蒲鲁东的批判以及对唯物史观基本观点的阐述，还是给他留下了十分深刻的印象。安年科夫在 1847 年 1 月 6 日写给马克思的信中说："您对蒲鲁东的著作的看法精确、明晰，尤其是不逾越现实的界线，真的令我耳目一新。"[①] 比起蒲鲁东的"发疯发狂，肆口谩骂，指天画日，赌咒发誓，捶胸拍案，满口吹嘘"[②]，这封信的整个论述显得那样平静和淡定。这种平静和淡定中又充满了理性的力量，贯穿着无懈可击的铁一样的逻辑。

（王虎学）

[①]　转引自《马克思恩格斯文集》第 10 卷，人民出版社 2009 年版，第 716 页注释 44。

[②]　《马克思恩格斯全集》第 27 卷，人民出版社 1972 年版，第 487 页。

共产党人的初心和使命

——读马克思恩格斯《共产党宣言》

《共产党宣言》（本文中简称《宣言》）是第一个世界性共产党组织——共产主义者同盟的政治纲领，由马克思、恩格斯共同起草，1848 年 2 月以德文在伦敦公开发表。《宣言》用鲜明透彻的语言，系统阐述了一个新的世界观，为认识人类历史提供了一个科学的方法论，为无产阶级革命提供了行动指南，它的发表标志着马克思主义的诞生。

最早的《宣言》中文全译本由陈望道翻译，1920 年在上海出版。中文版《宣言》的出版，直接促成了中国共产党的成立，对中国革命、建设和改革开放伟大事业都产生了重要的影响。中国共产党是《共产党宣言》精神的忠实传人，今天重温这一经典，就是要重新感悟马克思主义的真理力量，激励共产党人不忘初心、牢记使命，就是要永葆党的先进性和纯洁性，更重要的是要运用马克思主义基本原理，解决当代中国发展中面临的实际问题，不断谱写新时代中国特色社会主义的新篇章。

一、基本问题

就《宣言》的理论逻辑来看，它是马克思主义唯物史观的具体运用，又是结合时代条件对唯物史观的丰富与发展；就其内容来看，它是对时代问题的直接回答，是共产党人的行动指南。

（一）回答的时代问题

资本主义在西欧萌芽之后，经历了长时间的缓慢发展。18 世纪下半叶，随着工业革命的到来，资本主义进入了狂飙突进阶段。19 世纪中期，西欧主要国家开始了经济社会的"双重转型"。

在生产方式上，机器大工业代替了工场手工业和农业。机器大工业统治地位的确立，标志着工业社会的来临和资产阶级关系的确立。与封建社会生产关系相比较，资产阶级生产关系具有巨大的历史进步性，但也存在着生产资料资本主义私人占有与生产社会化的内在矛盾。大工业的发展不断促使矛盾的激化，生产过剩的危机（经济危机）开始周期性出现。

在社会结构上，与传统生产方式相联系的阶级、阶层日益没落和消亡，与机器大工业相联系的工业资产阶级和无产阶级成为社会两大主要阶级。从政治力量对比来看，在机器的轰鸣声中，曾经高傲的封建尊长和神圣教主不得不低下了尊贵的头颅，工业资产阶级上升为社会统治阶级；曾经与资产阶级一道"反对自己敌人的敌人"的无产阶级，在资产阶级统治下，经济条件并没有像希望的那样提高，相反，贫困化问题日益普遍而严重。这时，无产阶级恍然找到了自己真正的敌人，开始作为一支独立的政治势力向资产阶级提出本阶级的要求，并以阶级斗争的形式表现自己的力量。

在纷乱交错的"双重转型"中产生的工业资产阶级和现代无产阶级到底是什么样的阶级？这两大阶级之间的斗争，最终趋势是什么？这些问题成了思想家们迫切需要思考和回答的问题。马克思、恩格斯起草《宣言》，就是要公开共产党人对这些问题的看法和意图，并表明无产阶级要通过阶级斗争推翻资产阶级的政治统治，实行无产阶级革命专政。

（二）写作的直接原因

1847 年 6 月，国际工人组织正义者同盟在英国伦敦召开第一次代表大会，恩格斯受邀参加了大会。① 经会议讨论，该组织的名称由正义者同盟更名为共产主义者同盟。同年 11 月，共产主义者同盟在伦敦召开第二次代表大会，马克思、恩格斯受邀同时参加了会议。大会接受了马克思、恩格斯的共产主义思想，并委托两人为同盟起草一份纲领。马克思、恩格斯接受委托后，很快起草完毕，于 1848 年 2 月署名发表。这份纲领就是《共产党宣言》。

---

① 马克思也接受了工人组织的邀请，据考证当时马克思正流亡在布鲁塞尔，没能到伦敦参加这次大会。

（三）文本结构

1848 年 2 月出版的《共产党宣言》，由一个简短的引言和四章正文构成。

第一章用唯物史观特别是唯物史观中阶级分析的方法，分析了两大阶级的历史地位，得出了资产阶级的灭亡和无产阶级的胜利是同样不可避免的结论。第二章论述了无产阶级和它的政党的历史使命是消灭资产阶级、集中发展生产力、最终解放全人类、实现共产主义。第三章是对当时和历史上各种错误思潮的分析和批判，明确了共产主义与其他社会主义思潮的区别。第四章是为当时无产阶级革命制定的斗争原则和策略。《宣言》的前两章是马克思主义基本原理的集中阐述，具有强大的生命力，需要认真学习；后两章是基本原理在当时情况下的具体运用，所得出的一些结论，今天看来已经过时了。

从 1872 年开始，马克思、恩格斯为《宣言》的再版分别撰写了七篇序言。序言集中阐发了《宣言》的基本思想、意义，并结合《宣言》发表以后国际工人运动进展的情况，进一步丰富和发展了《宣言》的思想。其中 1872 年序言，指出了对待《宣言》应采取的科学态度；1883 年序言，概述了《宣言》的基本思想。这两篇序言，有重要的理论和现实意义。

七篇序言与四章正文浑然一体，构成了《宣言》完整的文本。

二、基本观点

根据序言和正文的内容，我们把《共产党宣言》的基本观点作如下概括。

（一）贯穿《宣言》的基本思想（序言部分）

恩格斯在《宣言》的 1883 年德文版序言中指出，贯穿《宣言》的基本思想是"每一历史时代的经济生产以及必然由此产生的社会结构，是该时代政治的和精神的历史的基础；因此（从原始土地公有制解体以来）全部历史都是阶级斗争的历史，即社会发展各个阶段上被剥削阶级和剥削阶级之间、被统治阶级和统治阶级之间斗争的历史；而这个斗争现在已经达到这样一个阶段，即被剥削被压迫的阶级（无产阶级），如果不同时使整个社会永远摆脱剥削、压迫和阶级斗争，就不再能使自己从剥削它压迫它的那个阶级（资产阶级）下解放出来"①。

这段文字以鲜活的语言，简明地表达了唯物史观的内容，既指出了认识社会历史的基本方法，又运用这种方法揭示了资产阶级社会的发展趋势。它提出的"经济生产——社会结构——政治和精神"理论分析框架，具有重要的方法论价值，直到今天仍然是我们党治国理政的方法论基础，对于总结我国经济社会发展的经验教训，对于新时代开启全面建设社会主义现代化国家新征程，都有重要的指导意义。

（二）两个"同样不可避免"（第一章）

《宣言》从西欧经济社会发展的历史和现实出发，运用唯物史观回答了什么是工业资产阶级、什么是现代无产阶级这一系列基本问题。根据对资本主义生产方式的矛盾运动及其阶级斗争演变趋势的分析，《宣言》得出了"资产阶级的灭亡和无产阶级的胜利是同样不可避免的"这一科学结论。"两个同样不可避免"也常被称为"两个必然"，它是共产党人坚定理想信念的理论基石。

1. 资产阶级的灭亡不可避免

《宣言》在考察资产阶级发展的历史时指出，工业资产阶级本身是一个长期发展的产物，是生产方式和交换方式一系列变革的产物，这个阶级在历史上曾经起过非常革命的作用。

第一，资产阶级"在它的不到一百年的阶级统治中所创造的生产力，比过去一切世代创造的全部生产力还要多，还要大"②。第二，资产阶级扩大了世界交往，使民族的历史真正成为世界的历史。资产阶级能发挥出如此大的历史作用，原因在于，它用大工业的生产方式消灭了已保存了几千年的传统的生产方式，实现了工业化；它使分散的农村集中为城市，使

---

① 《马克思恩格斯选集》第 1 卷，人民出版社 2012 年版，第 380 页。
② 《马克思恩格斯选集》第 1 卷，人民出版社 2012 年版，第 405 页。

愚昧而封闭的农村生活转变为城市生活，实现了城市化；它彻底地打碎了封建的所有制关系、封建的等级关系、封建的人身依附关系、封建的伦理道德以及封建保守思想，促进了交换的普遍发展，实现了市场化；它按照自己的生产方式和交换方式来塑造世界，并且使各民族的精神产品也在世界交往中逐渐失去固有的民族性成为世界性的了。

然而，资产阶级在发挥历史进步作用的同时，也暴露出了自身无法克服的矛盾。

资本主义社会的主要矛盾是生产资料资产阶级私人占有和生产社会化之间的矛盾，这对矛盾在资本主义产生之时就一直存在着，到了社会化大生产时代对抗性变得更为突出、更加剧烈，社会生产经常被周期性的经济危机打断。无法克服的周期性生产过剩瘟疫表明："社会所拥有的生产力已经不能再促进资产阶级文明和资产阶级所有制关系的发展；相反，生产力已经强大到这种关系所不能适应的地步，它已经受到这种关系的阻碍；而它一着手克服这种障碍，就使整个资产阶级社会陷入混乱，就使资产阶级所有制的存在受到威胁。资产阶级的关系已经太狭窄了，再容纳不了它本身所造成的财富了。"①

资产阶级在发挥其革命性作用的同时，也从生产力发展和社会交往扩大两个方面为共产主义的产生创造着物质条件，当它的革命作用全部发挥出来后，必然就要退出历史的舞台，被新的阶级代替。据此，《宣言》历史地得出结论：经济社会发展到大工业时代，资产阶级用来推翻封建制度的武器（工业化的生产方式）却对准了资产阶级自身，它的外壳就要炸毁了，它的灭亡就不可避免了。

2. 无产阶级的胜利不可避免

随着资产阶级的发展，无产阶级也在同一程度上得到发展。

在资本主义社会中无产阶级始终处于被剥削、被压迫的状态中。一方面，现代工人只有找到工作时才能生存，而只有当他们的劳动能增殖资本时才能找到工作，工人像其他任何商品一样，只是增殖资本的一种工具。另一方面，机器的使用、奴隶般的固定分工，使劳动变得单调乏味，劳动

---

① 《马克思恩格斯选集》第1卷，人民出版社2012年版，第406页。

不再是人发展自身的需要，而成了谋生的手段。这样一来，无产阶级不仅受资产阶级的、资产阶级国家的奴役和剥削，而且每日都受机器、监工、资本家的蹂躏。他们表面上是自由的，但实际上由看不见的线系在资产阶级的手里。

为争得自身的解放，无产阶级一直在持续进行同资产阶级的对立和斗争，其斗争方式经历了一个从自发到自觉的转变过程。起初，工人只是分散地攻击生产工具、毁坏有竞争力的外国商品，斗争的直接目的是经济利益。伴随着工业发展，工人人数在不断增加，他们的工资和生活状况日益趋于一致，利益的一致性使工人的斗争形式由分散走向联合。当无产阶级越来越降到本阶级的生存条件以下，他们再也没有任何东西可以占有，再也没有任何财产需要保护的时候，这种斗争便由自发转向了自觉，由经济斗争转向了夺取政权的政治斗争。

总之，资本主义生产方式的矛盾决定了资本主义必然灭亡，这是客观规律。"资产阶级不仅锻造了置自身于死地的武器；它还产生了将要运用这种武器的人——现代工人，即无产者。"① 无产者是变革资本主义社会的主体力量。当主观条件和客观条件成熟的时候，阶级斗争的风暴就将来临，资产阶级的灭亡和无产阶级的胜利就将不可避免。

（三）两个"最彻底决裂"（第二章）

"两个不可避免"是历史规律，无产阶级的历史使命就是要掌握和利用这个规律，同传统的所有制关系实行最彻底的决裂、同传统的观念实行最彻底的决裂，推翻压迫人、剥削人的资产阶级旧世界。

1. 同传统的所有制关系实行最彻底的决裂

《宣言》1882 年版序言明确指出，《宣言》的任务就是宣告现代资产阶级所有制必然灭亡；《宣言》第二章明确强调，共产党人可以把自己的理论概括为一句话：消灭私有制。

那么，共产党人要消灭的私有制是什么样的私有制呢？这样的私有制又在什么样的条件下才能被消灭呢？《宣言》分三个层次，对此进行了详

---

① 《马克思恩格斯选集》第 1 卷，人民出版社 2012 年版，第 406 页。

细论述。

第一，所有制是由生产力决定的，是历史的、变动的。所有制关系归根结底是由社会生产力发展水平所决定的，而不是凭主观好恶进行选择的，认识所有制关系一定要结合特定的经济生产条件。任何一种所有制关系用历史的尺度衡量都不是永恒的，生产力的发展和社会分工的变化，必然引起所有制关系的更替和变动，这是理解所有制关系的前提，它反映的是生产力决定生产关系这一历史唯物主义基本原理。

第二，私人占有的财产可以划分为两种。一种是"个人挣得的、自己劳动得来的财产"，这种财产"构成个人的一切自由、活动和独立的基础"。[1] 这种所有制关系在历史上曾长期存在，但是，大工业已经把它消灭了。在现实的生产关系中，"雇佣工人靠自己的劳动所占有的东西，只够勉强维持他的生命的再生产"[2]，劳动者与财产已经彻底分离，工人根本没有可私人占有的财产了。另一种是剥削他人劳动得来的财产，是活劳动创造却被资本占有的财产，这种财产关系是奴役人的关系。

第一种所有制关系，共产党人不消灭，也不需要共产党人消灭，共产党人要消灭的是第二种所有制关系。正如《宣言》所指出的："共产主义并不剥夺任何人占有社会产品的权力，它只剥夺利用这种占有去奴役他人劳动的权力。"[3]

第三，消灭现代的资产阶级私有制。工业资产阶级时代的所有制是"以社会上的绝大多数人没有财产为必要条件的所有制"，"私有财产对十分之九的成员来说已经不存在"了。[4] 这种"私有制是建立在阶级对立上面、建立在一些人对另一些人的剥削上面的产品生产和占有的最后而又最完备的表现。从这个意义上说，共产党人可以把自己的理论概括为一句话：消灭私有制"[5]。

《宣言》对同传统所有制关系实行最彻底决裂的论述，特别是对所有

---

① 《马克思恩格斯选集》第 1 卷，人民出版社 2012 年版，第 414 页。
② 《马克思恩格斯选集》第 1 卷，人民出版社 2012 年版，第 415 页。
③ 《马克思恩格斯选集》第 1 卷，人民出版社 2012 年版，第 416 页。
④ 《马克思恩格斯选集》第 1 卷，人民出版社 2012 年版，第 416 页。
⑤ 《马克思恩格斯选集》第 1 卷，人民出版社 2012 年版，第 414 页。

制存在前提的论述，对于我们深刻反思历史教训，正确理解社会主义初级阶段我国的基本经济制度，都有重要的启示作用。

2. 同传统观念实行最彻底的决裂

资产阶级制造了许多荒谬的观点来攻击共产党人，《宣言》对这些观点逐条进行了批驳，并一针见血地指出："思想的历史除了证明精神生产随着物质生产的改造而改造，还证明了什么呢？任何一个时代的统治思想始终都不过是统治阶级的思想。"① 因此，随着与传统所有制关系的决裂，自然也要同与传统所有制相联系的传统观念实行最彻底的决裂。

"同传统观念实行最彻底的决裂"的思想告诉我们两条道理：一是人们的思想是由物质生活条件所决定的，因此，要做人的思想工作，就必须了解人的物质生活条件；二是意识形态是与政权紧密联系在一起的，任何一个时代的统治阶级都要并且努力巩固自己的意识形态，以统治阶级的思想占领社会观念的高地，巩固意识形态就是巩固统治地位，就是巩固政权。

《宣言》第二章，在回应了资产阶级对共产党人的种种攻击之后，公开声明："共产主义革命就是同传统的所有制关系实行最彻底的决裂；毫不奇怪，它在自己的发展进程中要同传统的观念实行最彻底的决裂。"②

（四）自由人联合体（第二章）

共产党人的历史使命不只是要破坏资产阶级旧世界，更重要的是要建设一个共产主义新世界。《宣言》指出："代替那存在着阶级和阶级对立的资产阶级旧社会的，将是这样一个联合体，在那里，每个人的自由发展是一切人的自由发展的条件。"③ 这个自由人联合体，就是共产主义社会。

要理解《宣言》阐述的自由人联合体思想，需要从三个层次展开。

第一，自由是对规律的把握。自由是人的天性，马克思在《论犹太人问题》一文中指出："自由是可以做和可以从事任何不损害他人的事情的

---

① 《马克思恩格斯选集》第 1 卷，人民出版社 2012 年版，第 420 页。
② 《马克思恩格斯选集》第 1 卷，人民出版社 2012 年版，第 421 页。
③ 《马克思恩格斯选集》第 1 卷，人民出版社 2012 年版，第 422 页。

权利。"① 但要能够做到"不损害他人",必须掌握事物发展的规律。正如恩格斯所说:"自由不在于幻想中摆脱自然规律而独立,而在于认识这些规律,从而能够有计划地使自然规律为一定的目的服务。这无论对外部自然的规律,或对支配人本身的肉体存在和精神存在的规律来说,都是一样的。"② 认识到规律,并在实践中按照规律办事,这是从必然王国到自由王国飞跃的基本路径。

第二,自由的实现是有条件的。首先要进行革命斗争,消灭资本主义制度,把人从受压迫、被奴役、被蔑视、被侮辱的关系中解放出来,争得自由。同时,要不断发展社会生产力,大大缩短社会必要劳动时间,使人能够有充裕的自由时间来发展各方面的能力。只有当人的体力、智力等各方面能力发展起来,每个人成为一个全面的人时,自由人联合体才能成为现实。

第三,每个人的自由是一切人自由的条件。自由人联合体不是要泯灭人的个性,相反这是一个"自由个性"的社会。只有每一个人都是自由个性的人,才能为一切人的自由创造条件,才能有联合体的自由。

三、基本态度

《共产党宣言》发表已有 170 多年历史了。百余年来,沧海桑田,世象剧变。今天,学习《宣言》重要的是要坚持《宣言》的基本思想观点和方法,彰显共产党人的崇高理想和坚定信仰,站在马克思主义的立场上,认识当代中国和当代世界发展,深化对人类社会发展规律的认识。更为重要的是要坚持实事求是的态度,勇敢而清醒地面对当今时代问题和中国问题,在实践中创造 21 世纪的马克思主义、当代中国的马克思主义。

第一,以发展的眼光看待当代资本主义。《宣言》发表以来,资本主义社会的生产力、生产关系、上层建筑、社会结构等领域一直处于变动和调整之中,在变动和调整中资本主义保持着顽强的生命力。显然,如果我

---

① 《马克思恩格斯文集》第 1 卷,人民出版社 2009 年版,第 40 页。
② 《马克思恩格斯选集》第 3 卷,人民出版社 2012 年版,第 491—492 页。

们今天还拿着《宣言》个别词句来对号入座地认识当代资本主义，肯定不能令人信服了。那么，如何来看待"两个同样不可避免"的论断？如何解释当代资本主义的新变化呢？最根本的还是要从《宣言》的逻辑出发。如果以《宣言》叙述的新世界观来审视，就会发现资本主义的新变化恰好印证了"两个决不会"①的历史价值，恰好符合《宣言》对资本主义发展方向的预判，这才是资本主义新变化的实质所在。理论上清醒了，共产主义理想信念才能更加坚定。

第二，以理性的思维对待中国特色社会主义。我们必须清醒地认识到，社会主义是共产主义的初级阶段，我国正处于社会主义的初始发展阶段，《宣言》所阐明的普遍原理必须与中国的具体实际相结合才有意义，教条式地照搬照抄，在事业上是不会取得成功的。在和平与发展为主题的当今时代，在资本主义与社会主义并行发展的世界政治格局下，在中国特色社会主义进入新时代的背景下，我们应该以更加开放的姿态，积极参与和引领经济全球化发展进程，树立"合作共赢"的理性思维，以自己的发展为解决人类社会问题贡献中国智慧，提供中国方案。

第三，以执政的意识和不断革命的精神学习《宣言》。《宣言》写作的直接目的是从理论上武装工人，指导无产阶级搞阶级斗争，闹革命，直至夺取政权。今天，中国共产党已经是长期执掌国家政权的党了。在夺取政权的革命年代，共产党的重点任务是利用社会矛盾，发动革命，夺取政权；在执政时期，共产党的任务则是化解社会矛盾，满足人民对美好生活的向往，巩固政权。当然，共产党人一刻也不能丧失革命精神、斗争意志，要为实现共产主义而奋斗。但是，在不同的历史方位上革命和斗争的方式迥然不同，我们今天学习《宣言》一定要站在执掌国家政权的历史方位上，认真研究《宣言》所揭示的社会发展一般原理，掌握社会矛盾产生的原因，了解阶级斗争发生的机理与条件，针对性地解决我国社会发展中存在的矛盾与问题，防范阶级斗争条件的出现，保持经济社会平稳健康发

---

① "无论哪一个社会形态，在它所能容纳的全部生产力发挥出来以前，是决不会灭亡的；而新的更高的生产关系，在它的物质存在条件在旧社会的胎胞里成熟以前，是决不会出现的。"（《马克思恩格斯选集》第2卷，人民出版社2012年版，第3页。）

展，进一步巩固党的执政地位。

《宣言》是共产党人的理论源头，它所阐述的共产主义理想是激励和鼓舞中国共产党人为实现新时代历史使命而奋斗的精神力量。同时，我们也要认识到，《宣言》是共产党人的历史文献，今天学习《宣言》不是要回到历史中去，更不是要照搬个别词句，而是要把握其基本思想和基本观点，随时随地以今天中国的具体条件为转移加以运用，并在实践中不断丰富和发展马克思主义。

（牛先锋）

实现人的解放的途径和手段

——读马克思《致约·魏德迈》

一、写作背景

马克思的《致约·魏德迈》这封书信是 1852 年 3 月 6 日在伦敦写的。魏德迈是德国和美国工人运动的杰出活动家，共产主义者同盟的盟员，马克思和恩格斯的朋友及战友。1852 年 1 月 29 日，针对旅居美国的德国政论家海因岑对马克思阶级斗争思想的歪曲，他在《纽约民主主义者报》上撰文进行了批驳。马克思看到这篇文章以后，便写了这封致魏德迈的信。马克思在信中对魏德迈的文章给予了充分肯定和高度评价，同时阐明了自己在阶级和阶级斗争以及无产阶级专政问题上的基本观点。

二、主要内容

马克思明确指出，阶级的存在不是自己首先发现的，关于阶级斗争的观点也不是自己首先提出来的。他认为，在他以前很久，资产阶级历史学家就已经研究过阶级和阶级斗争问题，并阐述过阶级斗争的历史发展；资产阶级经济学家也从经济地位上对各个阶级作过分析。事实也是如此，当时的一些资产阶级历史学家，如法国的基佐和米涅，他们在自己撰写的历史著作中都承认阶级和阶级斗争的存在是一种历史现象，并且认为阶级斗争是了解全部法国历史的关键，是了解人类文明史的总线索。马克思强调，自己在阶级和阶级斗争问题上的贡献主要有这样三点：第一，阶级的存在仅仅同生产发展的一定历史阶段相联系；第二，阶级斗争必然导致无产阶级专政；第三，这个专政不过是达到消灭一切阶级和进入无阶级社会的过渡。①

---

① 参见《马克思恩格斯文集》第 10 卷，人民出版社 2009 年版，第 106 页。

马克思所讲的这三点，科学地揭示了阶级和阶级斗争同生产发展之间、阶级斗争同无产阶级专政之间、无产阶级专政同消灭一切阶级差别之间的内在联系，也可以说，是从总体上对这三个问题作了唯物史观的阐释和概括。

马克思强调"阶级的存在仅仅同生产发展的一定历史阶段相联系"，这是他运用唯物史观对阶级这个社会历史现象进行分析得出的不同于资产阶级学者的一个重要结论。在马克思看来，阶级是人类社会发展的阶段性产物，它的产生是社会生产力有了一定发展的结果，它的存在又是社会生产力发展相对不足的结果，它必将为社会生产力的充分发展所消灭。在阶级社会里，必然有阶级斗争的发生。

马克思强调"阶级斗争必然导致无产阶级专政"，这是他运用唯物史观分析资本主义社会的阶级对立得出的基本看法。马克思认为，随着社会化大生产的发展，在资本主义社会主要形成了无产阶级和资产阶级这两大阶级的对立。无产阶级反对资产阶级的斗争首先是自己上升为统治阶级，建立新型国家政权。马克思把这个新型国家政权称为"无产阶级专政"。

马克思强调"这个专政不过是达到消灭一切阶级和进入无阶级社会的过渡"，这是他运用唯物史观在阐明人类社会发展基本规律的基础上进一步明确的一个重要观点。马克思认为，新型国家政权建立以后，要大力发展社会生产力，消灭阶级剥削，消除阶级差别，为最终实现人的彻底解放、实现人的自由而全面发展创造条件。这个思想在《共产党宣言》中体现得特别充分。"无产阶级专政"这个新型国家政权，就是实现这一最终目标的途径和条件。

根据马克思的思想和以上分析，我们可以明确，阶级和阶级斗争并不是马克思主义独有的观点，用阶级和阶级斗争的观点去认识人类社会的历史也不是马克思主义仅有的方法，建立和巩固无产阶级专政也不是马克思主义的最高价值追求。因此，把马克思主义归结为阶级和阶级斗争理论显然是错误的，把阶级和阶级斗争视为马克思主义的核心思想是不正确的，把无产阶级专政思想说成是马克思主义的精髓也是一种理论上的误读和曲解。

三、学习意义

我们的社会生活，是遵循马克思的思想塑造的。置身于新时代，我们重读马克思的书信文本，就是想通过与马克思的隔空对话，再次走进马克思的精神世界，从马克思那里获得新的启示，继续追寻我们的理想。马克思的思想是人类解放的思想，他开创的事业是人类解放的事业。所以，他提出和阐释的无产阶级专政思想，着眼于推动和实现人的最终解放。我们把马克思的这一思想放到人类的解放过程中去认识、去把握，自然会有新的感悟。为了寻求和实现人的解放，无产阶级必须通过阶级斗争或社会革命，建立无产阶级专政的新型国家政权。有了这样的新型国家政权，人民才能真正成为国家和社会的主人，社会才能全面发展、全面进步，才能逐步消除一切阶级差别，为促进和实现人的全面发展创造更加充分的条件。我们今天提出建设社会主义法治国家，推进国家治理体系和治理能力现代化，其意义也在这里。

（秦刚）

西方殖民势力
对亚洲国家的掠夺及其后果

——读马克思《中国革命和欧洲革命》
《不列颠在印度统治的未来结果》

一、历史背景

1848年革命时期，马克思恩格斯的注意力主要集中在欧洲国家的革命运动上。19世纪50年代以后，欧洲各国的革命运动走向低落，而伴随西方列强对亚洲各国的殖民侵略，亚洲人民反对外来侵略和本国反动统治的革命风暴却在兴起。西方列强对亚洲殖民侵略的后果与趋势是什么？亚洲人民尤其是中国人民的反帝革命运动会产生什么样的历史影响？这些问题引起了马克思的高度关注。在19世纪50年代，马克思撰写了包括《中国革命和欧洲革命》《不列颠在印度统治的未来结果》等大量评论文章，以一种世界历史的视野对此进行了深刻的分析。

《中国革命和欧洲革命》写于1853年5月31日前后，原文为英文，曾作为补论发表在1853年6月14日的《纽约每日论坛报》第3794号。《不列颠在印度统治的未来结果》写于1853年7月22日，原文为英文，也曾作为社论发表于1853年8月8日《纽约每日论坛报》第3840号。

二、《中国革命和欧洲革命》的主要内容

在这篇文章中，马克思从关于"世界历史进程"的思想出发，论述了英国资本主义的鸦片贸易与殖民侵略对中国社会特别是对中国农民起义的影响，尤其强调中国革命反过来加剧了西方列强的危机，也必将对欧洲革命产生深刻的影响。

（一）英国资本主义的侵入推动了中国革命的爆发，打破了中国闭关自守的封闭状态

马克思指出，英国的鸦片输入和对华战争加剧了中国社会的危机。首先，中国在鸦片战争失败后被迫付给英国大量的赔款，加上非生产性的鸦片消费和鸦片贸易，致使金银大量外流。其次，伴随着鸦片一起，外国的棉织品和毛织品等工业品大量迅速地输入中国。在这种外来的竞争之下，中国的纺织业者受到很大损害，社会生活也受到相应程度的破坏。最后，"除了这些直接的经济后果之外，和私贩鸦片有关的行贿受贿完全腐蚀了中国南方各省的国家官吏。……那些靠纵容私贩鸦片发了大财的官吏的贪污行为，却逐渐破坏着这一家长制权威——这个庞大的国家机器的各部分间的唯一的精神联系"①。

上述因素与中国国内各种原因结合在一起，引起了中国社会的深刻危机和阶级矛盾的激化，最终引发了中国人民的革命斗争。正如马克思所指出的："中国的连绵不断的起义已经延续了约十年之久，现在汇合成了一场惊心动魄的革命；不管引起这些起义的社会原因是什么，也不管这些原因是通过宗教的、王朝的还是民族的形式表现出来，推动了这次大爆发的毫无疑问是英国的大炮，英国用大炮强迫中国输入名叫鸦片的麻醉剂。"②

鸦片战争以前，中国是一个闭关自守、基本孤立于世界历史进程之外的封建国家，而伴随着资本主义的鸦片贸易特别是武力入侵，中国被推进了世界历史的发展进程，封建社会开始解体，闭关锁国日益变得不可能，而融入这一世界历史进程对中华民族的命运产生了深远的影响。"满族王朝的声威一遇到英国的枪炮就扫地以尽，天朝帝国万世长存的迷信破了产，野蛮的、闭关自守的、与文明世界隔绝的状态被打破，开始同外界发生联系"③。"与外界完全隔绝曾是保存旧中国的首要条件，而当这种隔绝状态通过英国而为暴力所打破的时候，接踵而来的必然是解体的过程，正

---

① 《马克思恩格斯文集》第 2 卷，人民出版社 2009 年版，第 608 页。
② 《马克思恩格斯文集》第 2 卷，人民出版社 2009 年版，第 607—608 页。
③ 《马克思恩格斯文集》第 2 卷，人民出版社 2009 年版，第 608 页。

如小心保存在密闭棺材里的木乃伊一接触新鲜空气便必然要解体一样。"①

（二）中国革命对欧洲革命的影响

在人类历史已经成为世界历史的情况下，马克思认为，由西方侵略所引起的中国革命又会反过来作用于西方，将对西方革命产生强烈影响，从而推动欧洲资本主义国家社会革命的进程。"欧洲人民的下一次起义，他们下一阶段争取共和自由、争取廉洁政府的斗争，在更大的程度上恐怕要决定于天朝帝国（欧洲的直接对立面）目前所发生的事件，而不是决定于现存其他任何政治原因，甚至不是决定于俄国的威胁及其带来的可能发生全欧战争的后果。"②

马克思认为，欧洲自 18 世纪以来，每一次严重的革命发生之前，都有商业危机和金融危机作为先兆。战争也好，革命也好，如果不是来自工商业的普遍危机，就不可能造成全欧洲的纷争与震荡。这种工商业危机总是首先发生在英国并随后引起欧洲的连锁反应。据此，马克思指出，尽管英国经济自 1850 年以来空前发展，但在这种惊人繁荣当中，已不难看出日益迫近的工商业危机的征兆。"到一定的时候，市场的扩大仍然会赶不上英国工业的增长，而这种不相适应的情况也将像过去一样，必不可免地要引起新的危机。这时，如果有一个大市场突然缩小，那么危机的来临必然加速，而目前中国的起义对英国正是会起这种影响。"③

当时，作为一个巨大市场和重要原料产地的中国，已经成为整个资本主义链条中的重要环节。中国革命的爆发，使作为英国国内主要消费品的茶叶和生丝涨价，以致引起金银外流，同时又使英国棉毛织品的一个重要市场大大缩小。此外，同中国的鸦片贸易，是英印殖民政府财政收入的重要来源，而印度对英国工业品的需求在很大程度上又依赖于鸦片生产。然而，当时中国的最高统治者反对输入鸦片，有意在本土种植和炼制，这将使印度的鸦片生产、财政收入和商业资源受到致命的打击。这种打击将会

---

① 《马克思恩格斯文集》第 2 卷，人民出版社 2009 年版，第 609 页。
② 《马克思恩格斯文集》第 2 卷，人民出版社 2009 年版，第 607 页。
③ 《马克思恩格斯文集》第 2 卷，人民出版社 2009 年版，第 610 页。

使英国本土和欧洲各国普遍的金融危机尖锐化和长期化。同时，当时欧洲恰逢农业歉收、农产品价格上涨引起工业品市场缩小，工业品需求量相应减少。所有这些因素的综合作用，必将加速英国乃至整个欧洲经济危机和政治危机的到来。基于这样一种"世界历史进程"的思想，马克思得出结论："中国革命将把火星抛到现今工业体系这个火药装得足而又足的地雷上，把酝酿已久的普遍危机引爆，这个普遍危机一扩展到国外，紧接而来的将是欧洲大陆的政治革命。"①

三、《不列颠在印度统治的未来结果》的主要内容

这篇文章严厉批判了英国对印度的殖民侵略，辩证地分析了英国殖民统治给印度政治、经济和社会生活带来的巨大影响，指出民族殖民地问题的最终解决只能依靠无产阶级的社会革命。

（一）阐明英国殖民统治的双重历史作用，特别是其客观进步意义

马克思分析了印度沦为英国殖民地的内部原因：印度不仅存在穆斯林和印度教徒的对立，而且存在部落与部落、种姓与种姓的对立。社会成员之间互相排斥、互相隔离。这样的状况给英国的入侵和征服提供了条件。

一方面，英国的殖民统治给印度社会造成了巨大的破坏。"他们破坏了本地的公社，摧毁了本地的工业，夷平了本地社会中伟大和崇高的一切，从而毁灭了印度的文明。"② 在指明英国殖民统治给印度造成的巨大灾难的基础上，马克思对西方工业化时期的资产阶级文明进行了尖锐的揭露与批判："当我们把目光从资产阶级文明的故乡转向殖民地的时候，资产阶级文明的极端伪善和它的野蛮本性就赤裸裸地呈现在我们面前，它在故乡还装出一副体面的样子，而在殖民地它就丝毫不加掩饰了。"③

另一方面，虽然英国的殖民统治给印度带来了巨大灾难，但是对传统

---

① 《马克思恩格斯文集》第 2 卷，人民出版社 2009 年版，第 612 页。
② 《马克思恩格斯文集》第 2 卷，人民出版社 2009 年版，第 686 页。
③ 《马克思恩格斯文集》第 2 卷，人民出版社 2009 年版，第 690 页。

印度社会的这样一种破坏与摧毁在客观上也具有一定的积极意义。专制落后的印度社会本身正需要一次根本的变革来推进自身的发展，而英国殖民统治所采取的某些措施恰恰在一定程度上促进了印度的发展与重建。"英国在印度要完成双重的使命：一个是破坏的使命，即消灭旧的亚洲式的社会；另一个是重建的使命，即在亚洲为西方式的社会奠定物质基础。"①在写于1853年6月的《不列颠在印度的统治》一文中，马克思也强调指出："的确，英国在印度斯坦造成社会革命完全是受极卑鄙的利益所驱使，而且谋取这些利益的方式也很愚蠢。但是问题不在这里。问题在于，如果亚洲的社会状态没有一个根本的革命，人类能不能实现自己的使命？如果不能，那么，英国不管犯下多少罪行，它造成这个革命毕竟是充当了历史的不自觉的工具。"②

马克思较为详细地分析了英国对印度的这种不自觉的重建工作：英国先是用武力使印度实现了比以前更加牢固和更加扩大的政治统一，现在则通过电报将这种统一巩固起来，永存下去；由英国教官组织和训练的印度军队，是印度自己解放自己和不再一遇到外国入侵者就成为其战利品的必要条件；自由报刊的出现是改建这个社会的一个新的和强有力的因素；当时的两种私人土地占有制虽然十分可恶，但却是亚洲社会迫切需要的；在受教育并不充分的当地印度人中，正在崛起一个具有管理国家的必要知识并且熟悉欧洲科学的新阶级；以蒸汽机为动力的交通工具把印度和欧洲联系起来，使印度摆脱了孤立状态。马克思尤其强调了英国殖民统治者在印度发展全国性的铁路网对印度社会所具有的重要意义。马克思指出，铁路建设有利于各地实现资源和产品的交换，可以很容易地用来为农业服务，可以缩减军事机构的数量和开支，有利于打破农村公社的孤立与惰性、促进相互往来，可以带动整个印度现代工业的发展。

（二）联系无产阶级革命的前景考察印度殖民地问题

马克思指出，英国资产阶级将被迫在印度实行的一切，既不会使人民

---

① 《马克思恩格斯文集》第2卷，人民出版社2009年版，第686页。
② 《马克思恩格斯文集》第2卷，人民出版社2009年版，第683页。

群众得到解放，也不会根本改善他们的社会状况，而只是为这两者创造物质前提。只有生产力切实归人民群众所有，被压迫民族完全摆脱外来奴役，无产阶级彻底推翻资产阶级的统治，人民群众才能真正得到解放。"在大不列颠本国现在的统治阶级还没有被工业无产阶级取代以前，或者在印度人自己还没有强大到能够完全摆脱英国的枷锁以前，印度人是不会收获到不列颠资产阶级在他们中间播下的新的社会因素所结的果实的。"[1]"只有在伟大的社会革命支配了资产阶级时代的成果，支配了世界市场和现代生产力，并且使这一切都服从于最先进的民族的共同监督的时候，人类的进步才会不再像可怕的异教神怪那样，只有用被杀害者的头颅做酒杯才能喝下甜美的酒浆。"[2]

四、学习意义

在《中国革命和欧洲革命》《不列颠在印度统治的未来结果》这两篇评论文章中，马克思运用世界历史理论、矛盾分析方法、社会形态理论、资本主义经济危机理论、无产阶级革命理论等理论观点与方法对当时中国与印度的社会状况进行了历史而辩证的分析。今天研读这两篇文章，一方面要学习马克思这种运用历史唯物主义和辩证唯物主义的理论观点分析现实问题、关注现实、理论联系实际的态度；另一方面应认真体会马克思对这些理论观点如何具体运用，努力把握其方法。

（李海青）

---

[1] 《马克思恩格斯文集》第 2 卷，人民出版社 2009 年版，第 690 页。
[2] 《马克思恩格斯文集》第 2 卷，人民出版社 2009 年版，第 691 页。

政治经济学研究的对象和方法

——读马克思《〈政治经济学批判〉导言》

一、写作背景

马克思从 19 世纪 40 年代开始研究政治经济学，他计划写作一部批判资本主义和资产阶级政治经济学的巨著。然而，由于马克思投身于1848—1849 年爆发的欧洲革命，政治经济学研究一度中断。革命失败以后，马克思侨居伦敦，再次开始政治经济学的研究工作。当时的英国是最发达的资本主义国家，伦敦更是世界资本主义的中心。一个偶然的机会，马克思得到一张大不列颠博物馆的图书馆阅览证，图书馆里有丰富的经济学文献资料，这为马克思考察资本主义和研究政治经济学提供了便利。马克思研读了大量的经济学著作、各种报刊资料，做了内容十分广泛的笔记。到了 1856 年秋天，马克思认为，随着经济危机的出现，革命的浪潮即将到来。于是，自 1857 年起，他加紧自己的研究工作。《〈政治经济学批判〉导言》（本文中简称《导言》）正是在这一时期写作的，属于马克思在 1857—1858 年撰写的六篇经济学手稿中的一篇。

《导言》是马克思为他计划写的总标题为"政治经济学批判"的经济学巨作而写的，但这篇《导言》并没有最终完成。马克思在 1859 年 1 月为《政治经济学批判　第一分册》所写的序言中说明了没有完成《导言》的原因。马克思指出："我把已经起草好的一篇总的导言压下了，因为仔细想来，我觉得预先说出正要证明的结论总是有妨害的，读者如果真想跟着我走，就要下定决心，从个别上升到一般。"[1]

《导言》虽然是一部没有完成的理论著作，但它在马克思主义经典中

---

① 《马克思恩格斯全集》第 30 卷，人民出版社 1995 年版，第 628 页。

却有着十分重要的地位。这是因为，自《1844 年经济学哲学手稿》开始到《导言》的写作这 13 年研究过程中，马克思从"异化劳动"出发，从现实的"物质生产"出发，揭示"私有财产"和整个资本主义生产关系的秘密。经过长期的研究与思考，马克思最终形成了关于政治经济学的研究对象和研究方法的思想，并在《导言》中明确地阐述出来。第一，马克思指出了政治经济学的研究对象是"物质生产"，它是全部经济现象的现实基础。第二，马克思以物质生产为基础，对生产与分配、交换、消费的辩证统一关系进行了系统阐述，批判了古典政治经济学家将它们彼此割裂开来的研究方式。第三，马克思从唯物史观出发，在哲学方法论的层面上批判了资产阶级政治经济学的错误，提出了研究政治经济学的科学方法是"抽象上升到具体"的方法。因此，《导言》是一篇具有重大的理论意义的马克思主义经典著作。

二、主要内容

（一）政治经济学的研究对象

19 世纪 50 年代后期，马克思在从批判资产阶级政治经济学出发揭示资本主义生产关系时，明确地提出了政治经济学的研究对象。在《导言》中，马克思指出，政治经济学的研究对象首先是"物质生产"。虽然，资产阶级经济学家也把生产作为经济学的研究对象，但是，他们对生产的认识存在着严重的问题。古典政治经济学家对生产的研究从单个的、孤立的个人开始，把生产理解为抽象的个人的生产活动。古典政治经济学家从"生产一般"这个概念出发展开研究，抛开了生产的历史性，从而把资本主义生产方式和经济关系视为永恒。

马克思认为，政治经济学的研究对象首先是生产。但是，这里所讲的生产不同于资产阶级经济学家所理解的生产。马克思指出："我们越往前追溯历史，个人，从而也是进行生产的个人，就越表现为不独立，从属于一个较大的整体"①。因此，人不能孤立地进行生产，而是在"一定社会

---

① 《马克思恩格斯全集》第 30 卷，人民出版社 1995 年版，第 25 页。

形式中并借这种社会形式而进行的对自然的占有"① 的前提下进行生产。换句话说，人总是在特定的生产关系和所有制关系下进行生产活动。马克思认为，把"生产一般"作为政治经济学的出发点不具有科学性。因为，虽然任何科学研究都离不开抽象，但是抽象就是把事物与事物之间的差别抽去，只保留事物之间共性的东西。因此，生产一般就是把历史上各个阶段上的生产的差异性消除，得出一切世代的生产所具有的共同特征。虽然"生产一般"这个抽象本身是科学的，但是真正反映出生产的发展历史的，正是生产在各个历史阶段所表现出来的不同特征。例如，资本作为过去的、客体化的劳动，它与人手一样都是生产工具。这样一来，资本作为一种抽象似乎存在于一切世代，资本关系似乎是永存的自然关系。实际上，"生产工具"和"积累的劳动"能够成为资本恰恰是由现代资本主义生产方式的特殊性决定的，然而这一特殊性却被抽象掉了。所以，马克思认为："一切生产阶段所共有的、被思维当作一般规定而确定下来的规定，是存在的，但是所谓一切生产的一般条件，不过是这些抽象要素，用这些要素不可能理解任何一个现实的历史的生产阶段。"②

（二）生产与分配、交换、消费的辩证关系

在明确了政治经济学的研究对象之后，马克思进一步深入剖析了资本主义生产的内在关系，提出社会生产与分配、交换、消费是辩证统一的社会关系结构，批判了资产阶级经济学家将生产和分配、交换、消费彼此割裂开来的观点。

1. 关于生产与消费的关系

资产阶级经济学家认为，生产表现为消费，但消费不同于生产，消费是生产的对立面。马克思则认为，生产与消费之间的关系是同一的，并且存在着相互作用。生产与消费的同一关系从三个方面表现出来：一是生产与消费的直接同一关系，即"生产直接是消费，消费直接是生产"③。生

---

① 《马克思恩格斯全集》第 30 卷，人民出版社 1995 年版，第 28 页。
② 《马克思恩格斯全集》第 30 卷，人民出版社 1995 年版，第 29 页。
③ 《马克思恩格斯全集》第 30 卷，人民出版社 1995 年版，第 32 页。

产首先是消费，生产过程既要消耗人的体力、脑力和技能，也要消耗生产资料和原材料，因而是"双重的消费"。同时，消费也直接是生产，人们通过消费产品来维持自身的生产，并推动着产品的再生产。二是生产与消费相互依赖，相互依存。生产创造消费的物质材料，消费则创造生产的目的和需要。三是生产与消费之间不仅是相互依存的关系，而且存在着相互作用，它们彼此创造着对方。"两者的每一方由于自己的实现才创造对方；每一方是把自己当作对方创造出来。"① 换句话说，生产和消费之间还存在着相互作用：一方面，生产决定着消费。生产为消费创造材料，没有生产，消费就没有对象；生产决定着消费的方式，人们的生产方式以及他们在生产过程中所处的不同地位决定了人们在消费水平和消费方式上的差别。另一方面，消费对生产有着反作用。"产品不同于单纯的自然对象，它在消费中才证实自己是产品，才成为产品。"② 正如，一间无人居住的房屋就不是真正意义上的房屋。

虽然生产与消费的关系是同一的，但是，马克思强调："无论我们把生产和消费看作一个主体的活动或者许多个人的活动，它们总是表现为一个过程的两个要素，在这个过程中，生产是实际的起点，因而也是起支配作用的要素。消费，作为必需，作为需要，本身就是生产活动的一个内在要素。"③

2. 关于生产与分配的关系

马克思认为，分配包含两个层次：一是产品的分配；二是生产过程中的分配，包括生产工具的分配和社会成员在各类生产之间的分配。在产品分配之前，首先是生产过程中的分配，"这种分配包含在生产过程本身中并且决定生产的结构"④，如果抛开生产过程中的分配来研究生产，那么这种生产显然是空洞的。因此，生产过程中的分配先于产品的分配，并且与生产同一，是生产关系的基本内容。产品的分配是由生产的结构，即生产过程中的分配所决定的。

---

① 《马克思恩格斯全集》第 30 卷，人民出版社 1995 年版，第 34 页。
② 《马克思恩格斯全集》第 30 卷，人民出版社 1995 年版，第 32 页。
③ 《马克思恩格斯全集》第 30 卷，人民出版社 1995 年版，第 35 页。
④ 《马克思恩格斯全集》第 30 卷，人民出版社 1995 年版，第 37 页。

产品的分配"出现在生产和消费之间",与生产之间存在着相互作用。首先,生产决定产品的分配。因为,从分配的对象来看,"能分配的只是生产的成果",而从分配的形式来看,"参与生产的一定方式决定分配的特殊形式"。① 也就是说,如果以资本的形式参与生产,则决定了以利息和利润的形式参与分配;如果以雇佣劳动的形式参与生产,则决定了以工资的形式参与分配。其次,产品分配对生产起反作用。从个人来看,分配表现为一种社会规律,它决定了人们在生产中的地位;从整个社会来看,"分配似乎还从一方面先于生产,并且决定生产"②,例如,征服民族在征服者之间分配地产,使被征服者成为奴隶,以此形成的地产分配决定了特定历史时期内生产的方式。

3. 关于生产与交换的关系

马克思认为:"交换只是生产和由生产决定的分配一方同消费一方之间的中介要素,而消费本身又表现为生产的一个要素,交换显然也就作为生产的要素包含在生产之内。"③ 因此,生产与交换的关系也是同一的,这种同一表现在三个方面:第一,生产活动中包含着各种活动和各种能力的交换,这种交换直接属于生产;第二,产品的交换作为生产必需的手段,也属于生产之中的行为;第三,实业家的交换活动本身也是生产活动。当产品是为了消费而交换的时候,交换行为才似乎是与生产相独立的。但是,为了消费而进行的交换本身是由生产发展到一定阶段所产生的分工引起的,并且私人之间的交换是以"私人生产"为前提的,这种交换的深度、广度和方式也是由生产的发展和结构所决定的。因此,无论是作为生产活动中的交换,还是作为产品消费的交换,交换都直接包含在生产活动中,或者由生产活动所决定。

马克思强调,生产与分配、交换、消费的辩证统一关系并不是说它们是同一个东西,"而是说,它们构成一个总体的各个环节,一个统一体内部的差别"④。生产是这个统一体中居于支配地位的要素,它既支配着生

---

① 《马克思恩格斯全集》第 30 卷,人民出版社 1995 年版,第 36 页。
② 《马克思恩格斯全集》第 30 卷,人民出版社 1995 年版,第 37 页。
③ 《马克思恩格斯全集》第 30 卷,人民出版社 1995 年版,第 40 页。
④ 《马克思恩格斯全集》第 30 卷,人民出版社 1995 年版,第 40 页。

产自身，也支配着其他要素。"因此，一定的生产决定一定的消费、分配、交换和这些不同要素相互间的一定关系。"①

（三）政治经济学的方法

马克思在分析了社会生产关系的内在结构以及它们之间的辩证关系之后，立即对"政治经济学的方法"问题作了论述。

政治经济学研究存在着两条研究路径，"在第一条道路上，完整的表象蒸发为抽象的规定；在第二条道路上，抽象的规定在思维行程中导致具体的再现"②。前者是具体到抽象的方法，后者是抽象上升到具体的方法。实际上，在马克思以前，一些杰出的政治经济学家已经在一定程度上运用了抽象上升到具体的方法，例如亚当·斯密和大卫·李嘉图。他们从已经抽象出来的一般的经济关系中如"劳动、分工、需要、交换价值"等等这些简单的概念，上升到国家交换和世界市场，并形成了各种经济学体系。但是，资产阶级政治经济学家所运用的抽象上升到具体的方法存在着缺陷。他们把抽象的范畴与对象本身这一既定的具体等同起来，这样一来，资本主义经济关系所具有的历史确定性和历史具体性被"抽象"掉了。例如，"交换价值"这个最简单的经济学范畴所对应的现实，是以在一定生产关系中进行生产活动的人口为前提的，也是以某种形式的家庭、公社或国家等为前提的，因而包含着丰富的、生动的、具体的内容。但是，交换价值作为范畴本身，只是对这个丰富的整体的一方面的反映。所以，抽象的范畴与丰富的具体不能等同起来。

马克思认为，抽象上升到具体的方法显然是科学上正确的方法。"具体之所以具体，因为它是许多规定的综合，因而是多样性的统一。因此它在思维中表现为综合的过程，表现为结果，而不是表现为起点，虽然它是现实的起点，因而也是直观和表象的起点。"③ 在抽象上升到具体的方法中，"抽象"是起点，是现实的经济现象"蒸发为"抽象规定的过程，形

① 《马克思恩格斯全集》第 30 卷，人民出版社 1995 年版，第 40 页。
② 《马克思恩格斯全集》第 30 卷，人民出版社 1995 年版，第 42 页。
③ 《马克思恩格斯全集》第 30 卷，人民出版社 1995 年版，第 42 页。

成的是最简单的经济范畴；"具体"则是"许多规定的综合"，是多样性的统一，它是简单经济范畴经过思维的转化以后形成的复杂的经济范畴。所以，"抽象"与"具体"是就同一社会形态的生产关系各个方面的各个经济范畴之间的相互关系而言的，反映了经济范畴本身所包含的规定性的简单和复杂程度。抽象上升到具体的方法就是在理论逻辑结构中再现现实经济运行的方法，"只是思维用来掌握具体、把它当作一个精神上的具体再现出来的方式。但决不是具体本身的产生过程"①。

马克思在分析资本主义生产关系时，运用的就是抽象上升到具体的方法。在面对资本主义错综复杂的经济现象时，马克思探寻了资本主义社会的各种发展形式及其内在联系，从中抽象出一系列经济范畴，并找到"商品"这个资本主义社会中最基本的"细胞"，通过对"商品"这个最简单的经济范畴的考察，逐步地从商品上升到货币，再从货币上升到资本；从剩余价值上升到利润，从利润上升到平均利润，再从平均利润上升到各种形式的利润；从价值上升到生产价格。由此，马克思在理论上一步一步地揭示了整个资本主义社会的全部经济运行过程。

三、学习意义

马克思在《导言》中对政治经济学的研究对象和研究方法进行了深刻论述，这些思想在马克思主义经典理论中具有重要地位。因此，仔细研读《导言》对学习马克思主义经典著作以及全面把握马克思主义基本思想都是十分必要的。不仅如此，马克思在《导言》中对生产过程中各要素之间关系的分析，对中国特色社会主义建设的实践具有重要的指导意义和现实价值。

第一，马克思在《导言》中反复强调，虽然生产与分配、交换、消费之间是同一的关系，但是，只有生产是这一过程中起决定性作用的要素。所以，生产力的发展，生产方式的进步，也决定着分配、交换、消费的发展。这也是马克思唯物主义历史观的体现。中国特色社会主义建设的根本

---

① 《马克思恩格斯全集》第30卷，人民出版社1995年版，第42页。

目的就是解放和发展生产力，通过牢牢扭住经济建设这个中心，促进生产力的发展和生产方式的变革，为实现共同富裕打下坚实的物质基础。通过学习《导言》，我们便能深刻地理解如下这一点：社会主义建设以解放和发展社会生产力为根本任务是完全符合马克思主义的基本观点的。

第二，马克思在《导言》中论述了生产与分配、交换、消费之间的同一关系，以及分配、交换、消费对生产的发展具有重要的反作用。例如，消费对生产而言，它为生产创造了目的和动力。换句话说，如果消费能力不足，那么生产就缺乏动力。所以，对中国的现代化建设而言，不能只是把注意力放在生产发展、产能扩大和基础建设等生产领域，还要将更多的注意力放在如何扩大内需，特别是提高广大人民群众的消费能力，健全和完善社会主义收入分配制度，减少商品流通和交换中的隐性成本等问题上。这对社会生产力的发展同样会起到积极的促进作用。

第三，马克思在《导言》中关于生产与分配的同一关系的论述，对我国进一步深化收入分配制度改革具有启示意义。由于生产与分配的关系是同一的，它们是整个生产过程中相互影响、相互决定的两个要素。因此，我们面对深化收入分配制度改革这一现实问题时，就不能仅仅从分配的层面去探索完善收入分配体制的措施，同时，也要从生产的层面，特别是从生产资料所有制形式创新的角度去思考收入分配制度改革的问题。只有从二者的同一关系出发，才能真正地、全面地推进我国收入分配制度改革，健全和完善我国收入分配制度。

（赵培）

马克思对中国问题的考察与分析

——读马克思《中国和英国的条约》

马克思的《中国和英国的条约》写于 1858 年 9 月 28 日，原文是英文，载于 1858 年 10 月 15 日《纽约每日论坛报》第 5455 号。马克思运用世界历史理论分析了《天津条约》之一《中英天津条约》的主要内容，以及该条约对英国、中国、俄国的影响，反映了马克思对中国问题的考察与研究。

一、写作背景

从两次鸦片战争中签订不平等条约的背景看，在《马克思恩格斯文集》中，关于中国的内容，其实并不少。自 1851 年 8 月起，马克思受邀为《纽约每日论坛报》撰写专栏，他在写作《资本论》的同时，写下了一系列以"中国与世界"为主题的文章。这些文章主要包括：《中国革命和欧洲革命》《俄国的对华贸易》《英人在华的残暴行动》《鸦片贸易史》《英中条约》《中国和英国的条约》《新的对华战争》《对华贸易》等。与西方媒体对中国的报道不同，马克思对中国的分析，更加客观、真实、科学、全面地反映了两次鸦片战争。他以无产阶级革命家、理论家的眼光，无情揭露和严厉谴责了英、法、美、俄等帝国主义国家对中国的侵略和掠夺，热情颂扬了中国人民反抗帝国主义侵略的大无畏精神，对中国革命的光明前途作出了科学预见，让世界人民了解到一个真实的中国。《中国和英国的条约》是马克思在第二次鸦片战争中《天津条约》签订后写的一篇评论报道。马克思在该文中认为，英国在与中国签订《天津条约》后既没有获得赔款，也没有取得中国内地的通商权，因此没有实现英国最初的目的，而俄国却在这次战争中获得了极大的利益。

从马克思研究中国的历史背景看，马克思的《中国和英国的条约》是当时社会发展和马克思崇高的历史使命的必然产物。19 世纪 40 年代，在遥远的东方——中国爆发了鸦片战争，拉开了中国近代史的帷幕，中国从此进入了半殖民地半封建社会，自然经济开始解体。与此同时，欧洲产生了马克思主义。东西方世界发生的这两大事件绝非偶然，其实质具有历史发展的趋势与方向性。19 世纪初，英、法、美等西方主要资本主义国家陆续完成了资产阶级革命，已经完成或正在进行工业革命，社会矛盾不断激化，工人运动不断高涨，马克思主义应运而生。西方资本主义经济迅速发展，资本家迫切需要掠夺海外殖民地作为商品市场和原料供应地，地大物博、人口众多的中国成为他们向东方侵略的重要目标。英国作为当时头号资本主义大国，为争夺中国市场，于 1840—1842 年发动了对中国的第一次鸦片战争，1856—1860 年又联合法国、美国发动第二次鸦片战争。那么，中国以及在中国发生的战争也就成为西方关注的焦点。中国问题进入马克思的视野之中也是具有必然性的，是由马克思主义唯物史观和无产阶级革命斗争实践的实际需要所决定的。马克思坚持以唯物史观作为科学理论指导，要为无产阶级革命斗争实践提供正确的理论支撑，不仅需要了解欧洲社会发展的历史与现状，而且需要观照东方社会的现实状况；不仅需要系统研究西方资本主义深刻的矛盾和危机，而且需要了解世界矛盾和危机。因此马克思很想了解最具东方代表的中国，了解中国的历史，了解当时中国社会经济政治各方面的发展状况，尤其是西方列强入侵中国的真实情况，以及中国革命对西方社会经济发展的影响。在 1848 年欧洲革命失败之后，工人运动陷入低潮，马克思需要更多动力开启新的革命高潮，从而需要研究中国等东方国家的革命实践。因此，对中国问题的研究是马克思制定无产阶级革命理论的重要参考。《中国和英国的条约》就是在这样的大历史背景下产生的。

二、主要内容

在《中国和英国的条约》中，马克思以辛辣讽刺的口吻揭露英国政府发动第二次鸦片战争，伙同法国、俄国、美国等列强用武力、战争强迫清政府签订《天津条约》。马克思具体分析了签订的条约并未使英国政府得到巨大的利益，反而让俄国渔翁得利。

一是指出英国的对华贸易，通过把毒品贩卖这种手段"合法化"彻底打垮中国，涣散中国的国家能力，确立英国在世界上的霸权。马克思指出《天津条约》让鸦片贸易"合法化"。第二次鸦片战争，签订《天津条约》后，当时英国政府乐观地认为其将会从鸦片贸易中得利。马克思指出："第二次鸦片战争以解除第一次鸦片战争还在表面上加于鸦片贸易的束缚而告终，看来是十分合乎逻辑的结果，是那些特别热烈鼓掌欢迎帕麦斯顿施放的广州焰火的英国商界殷切期望得到的成就。"① 然后马克思认为，"鸦片贸易就英国来说现在已经合法化了，那么毫无疑问，中国政府无论从政治上或财政上着想，都将会试行一种办法，即从法律上准许在中国栽种罂粟并对进口的外国鸦片征税"②。从中可以看出，第二次鸦片战争的起因是英国对中国的非法鸦片贸易，主要目的就是掠夺中国的大量财富。《天津条约》的签订就是将鸦片贸易合法化，给侵略者的"强盗"行为披上合法的外衣。马克思还揭示了如下这一点：英国政府强迫清政府将鸦片贸易在中国合法化，反而伤害了中英正常的贸易。马克思一针见血地指出："英国的鸦片贸易会缩小到寻常贸易的规模，并且很快就会成为亏本生意。到目前为止，鸦片贸易一直是约翰牛用铅心骰子进行的一场赌博。因此，第二次鸦片战争的最明显的结果，看来就是它本身的目的落了空。"③

二是指出发动鸦片战争的目的不是开拓市场，而是破坏中国市场。但是，讽刺英国政府发动所谓"地方性战争"，其结果反而让英国所得难偿所失。马克思从清政府给英国赔偿款来看，第一次鸦片战争是中国偿付"420 万英镑，其中 120 万英镑赔偿被没收的走私鸦片，300 万英镑赔偿军费"④，而第二次鸦片战争，"这两笔款项总共才 1334000 英镑"⑤，"由 420 万英镑外加香港，减少到只有 1334000 英镑，这毕竟不像是一桩漂亮的买

---

① 《马克思恩格斯文集》第 2 卷，人民出版社 2009 年版，第 643 页。
② 《马克思恩格斯文集》第 2 卷，人民出版社 2009 年版，第 644 页。
③ 《马克思恩格斯文集》第 2 卷，人民出版社 2009 年版，第 644 页。
④ 《马克思恩格斯文集》第 2 卷，人民出版社 2009 年版，第 645 页。
⑤ 《马克思恩格斯文集》第 2 卷，人民出版社 2009 年版，第 644 页。

卖"①。马克思从《天津条约》中的"地方性战争"来说，英国政府以"地方性战争"来掩盖入侵中国的事实，但为了不因"地方性战争"的说辞而失去广州这样大的贸易口岸将会继续耗费大量的钱财，并有可能使大部分的茶叶贸易落到美国、俄国手中，最终导致英国对茶叶贸易的垄断地位有可能被美国和俄国打破。

三是探讨英国试图借此发动战争以实现目标这一计划的破产，指出俄国由此而渔翁得利。马克思引用了关于1856—1857年各地贸易状况的议会蓝皮书中的一组数字，证明"那种以为贸易的发展会与所开放的通商口岸数目成正比的错觉，时至今日已该破除了"②。英国、法国和美国海岸上的港口，其中并没有多少发展成真正的商业中心。相反，马克思观察到，《天津条约》的签订，"如果有谁会在北京拥有政治影响，那一定是俄国"③。他举例说明英国政府通过发动两次鸦片战争实际上都让俄国从中受益。这无疑加剧了列强之间的矛盾，瓜分中国会变本加厉。因此，在《天津条约》签订后不久，马克思就断言："从政治观点看来，这个条约不仅不能巩固和平，反而将使战争必然重起。"④

三、学习意义

恩格斯深刻指出："马克思的整个世界观不是教义，而是方法。它提供的不是现成的教条，而是进一步研究的出发点和供这种研究使用的方法。"⑤《中国和英国的条约》是马克思关于中国问题的著作的其中一篇，反映了中国在马克思心目中的地位与形象，反映了马克思在中国问题上的思想，反映了马克思分析中国问题的方法。深入学习马克思关于中国问题的思想与方法，对学习和实践马克思主义，坚持不懈地推进马克思主义中国化时代化大众化，不断推进新时代中国特色社会主义事业和人类进步事

---

① 《马克思恩格斯文集》第2卷，人民出版社2009年版，第645页。
② 《马克思恩格斯文集》第2卷，人民出版社2009年版，第646—647页。
③ 《马克思恩格斯文集》第2卷，人民出版社2009年版，第647—648页。
④ 《马克思恩格斯选集》第1卷，人民出版社2012年版，第826页。
⑤ 《马克思恩格斯文集》第10卷，人民出版社2009年版，第691页。

业具有重要意义。

研究中国问题和世界问题，要坚持唯物史观的方法论。马克思以唯物史观为理论依据，始终站在人民的立场，理论联系研究中国问题，从而得出科学的判断。我们研究中国问题和世界问题，反对狭隘的民族主义，不能搞偏见，要以唯物史观的方法论看待问题，科学客观全面地分析中国问题和世界问题，才能更好地把握时与势。我们要坚定对马克思主义科学真理的信仰，掌握运用马克思主义世界观方法论，求真务实地系统研究中国和世界面临的问题与机遇，为开启全面建设社会主义现代化国家新征程和不断推进人类进步事业提供理论力量。

学习和实践马克思主义关于世界历史的思想，将中国发展与世界格局联系起来。马克思、恩格斯说："各民族的原始封闭状态由于日益完善的生产方式、交往以及因交往而自然形成的不同民族之间的分工消灭得越是彻底，历史也就越是成为世界历史。"① 马克思运用世界历史理论观点具体分析了《天津条约》以及《天津条约》给中国、英国、俄国带来的影响。因此，我们要把中国问题放在世界格局中分析考察，研究中国与世界的联系，尤其是把中国与西方资本主义的发展相联系。以联系的、系统的观点分析当今中国所处的历史方位，分析今天中国在世界格局中的位置会发生哪些重大变化，我们才能从容应对各种重大风险挑战。

警惕西方新帝国主义、新殖民主义，构建人类命运共同体。中国的近代史，是一部饱受列强欺凌的屈辱史。历史告诫我们：落后就要挨打。我们要时刻警惕新帝国主义、新殖民主义的侵略扩张，防止重蹈历史覆辙。随着世界进入激烈变革期，世界权力格局不断发生变化，资本主义国家面对社会主义国家的崛起、资本主导的殖民体系的渐趋崩溃，需要新的殖民手段，以转移国内矛盾，巩固其地位和利益。我们要学习马克思国际无产阶级革命理论和人类解放的观点，要站在世界历史的高度审视当今世界发展趋势和面临的重大问题，坚持和平发展道路，坚持独立自主的和平外交政策，坚持互利共赢的开放战略，不断拓展同世界各国各地区的合作，积极参与全球治理，在更多领域、更高层面上实现合作共赢、共同发展，不

---

① 《马克思恩格斯选集》第 1 卷，人民出版社 2012 年版，第 168 页。

依附别人，更不掠夺别人，倡导构建公平合理的国际新秩序，倡导构建人类命运共同体。马克思关于殖民主义的现实批判和世界历史理论为构建人类命运共同体提供了理论与实践的参考。

（王慧）

人类社会发展规律的揭示

——读马克思《〈政治经济学批判〉序言》

一、写作背景

《〈政治经济学批判〉序言》（本文中简称《序言》）是马克思为在1858 年 11 月—1859 年 1 月写成的《政治经济学批判　第一分册》所写的序言。先是因为要对所谓物质利益发表意见的难事，后来因为指导无产阶级革命的需要，马克思从 1843 年开始研究政治经济学。1848—1849 年急风暴雨般的欧洲革命与《新莱茵报》的出版等使马克思暂时中断了这一研究。革命失败后，马克思被迫侨居伦敦，重新开始政治经济学的研究。1859 年 1 月，马克思经过 15 年的研究和探索，写出了标志马克思主义政治经济学初步创立的著作《政治经济学批判　第一分册》。这篇《序言》就是在这部著作出版前写下的。《序言》曾于 1859 年 6 月 4 日发表在伦敦德文报纸《人民报》上，发表时作了某些删节。

二、主要内容

在这篇《序言》中，马克思简要介绍了考察资产阶级经济制度的顺序和自己经济学著作的写作计划，回顾了自己研究政治经济学和发现唯物史观的过程，尤其对自己研究的"总的结果"——唯物史观作了完整、系统的经典表述，揭示了人类社会的发展规律。

（一）考察资产阶级经济制度的顺序和经济学著作的写作计划

在《序言》中，马克思指出，他考察资产阶级经济制度是按照以下的顺序：资本、土地所有制、雇佣劳动；国家、对外贸易、世界市场。考察资产阶级经济制度中的经济成分的次序，不能按照它们在历史上起决定作用的先后顺序来确定，它们的次序是由现代资产阶级社会的内部结构决定的。比如，对资本和土地所有制，似乎应先考察土地所有制。但在资产阶级社会中，"资本是资产阶级社会的支配一切的经济权力。它必须成为起点又成为终点，必须放在土地所有制之前来说明"①。马克思认为，只有考察资本、土地所有制和雇佣劳动这前三项，才能从经济根源上揭示资产阶级社会中三大阶级即资产阶级、土地所有者阶级和无产阶级的产生、发展，揭示这三大阶级的经济生活条件及其相互之间的矛盾和斗争。资本、土地所有制和雇佣劳动统一于资产阶级国家，国家与国家之间展开对外贸易，最后形成世界市场。所以，马克思讲，考察了前三项之后，"其他三项的相互联系是一目了然的"②。

马克思原计划按照以上考察顺序分六册出版他的经济学著作。1859年1月完成的《政治经济学批判》只是原定"六册计划"中第一册第一篇的前两章。在《政治经济学批判　第一分册》完成以后，马克思改变了原来分六册的研究计划，集中精力写作《资本论》。

马克思1857年8月下旬为他计划完成的《政治经济学批判》写了一篇导言，即《〈政治经济学批判〉导言》，从一般意义上论述了生产、交换、分配、消费的相互关系，对政治经济学的对象和方法、解剖资产阶级社会的意义等也作了精辟论述。但在出版《政治经济学批判　第一分册》时，马克思把这篇导言压下了，另写了这篇序言。马克思认为《导言》阐述的是一般性的结论，读者应该先看完《政治经济学批判　第一分册》对资产阶级社会的分析论证，再来看《导言》更为有益。资产阶级社会是历史上迄今最发达和最复杂的生产组织形态，对资产阶级这个个别社会形态的解剖，有助于理解人类社会经济生产与生活的一般规律。所以，马克思希望读者要"下定决心，从个别上升到一般"③。

（二）研究政治经济学和发现唯物史观的过程

马克思在大学时研修的专业是法律。当时，他的世界观是唯心主义

---

① 《马克思恩格斯选集》第2卷，人民出版社2012年版，第707—708页。
② 《马克思恩格斯文集》第2卷，人民出版社2009年版，第588页。
③ 《马克思恩格斯文集》第2卷，人民出版社2009年版，第588页。

的，并深受黑格尔哲学的影响。大学毕业后，马克思于 1842—1843 年担任《莱茵报》主编。在此期间，马克思一方面第一次遇到要对所谓物质利益发表意见的难事，这成为促使他研究经济问题的最初动因；另一方面感到有必要研究和批判当时的空想社会主义思潮，而这同样要以对现实经济问题的深入研究为基础。正是在这两方面原因的推动下，马克思开始关注现实经济问题的研究。

现实的物质利益问题冲击了马克思原先黑格尔式的唯心主义思维，使得马克思对黑格尔的唯心主义产生了怀疑。为了解决这一疑惑，马克思在 1843 年 3—9 月撰写了《黑格尔法哲学批判》这部手稿。通过对黑格尔在国家和市民社会关系问题上的唯心主义观点进行深刻批判，马克思得出结论：不是国家决定市民社会，而是市民社会即物质的生活关系决定国家，对市民社会的解剖应该到政治经济学中去寻找。

1843 年 10 月，马克思从德国迁居巴黎，开始研究政治经济学；1845年，他被迫移居布鲁塞尔后继续进行政治经济学研究。在这一过程中，马克思与恩格斯完成了世界观的转变，共同致力于新的科学理论的创立。《德意志意识形态》《哲学的贫困》《共产党宣言》等，就是他们创立科学理论的代表性著作。1848—1849 年欧洲革命时期，马克思中断了对政治经济学的研究；1850 年，他在伦敦又重新进行这一研究工作。1859 年马克思写成了《政治经济学批判　第一分册》并在该书的序言中对唯物史观作了系统的经典表述。

（三）对人类社会发展规律的揭示：唯物史观的经典表述

在《〈政治经济学批判〉序言》中，马克思对历史唯物主义的基本原理作了最为经典的表述，从而科学揭示了人类社会的发展规律。唯物史观既是马克思研究政治经济学的哲学成果，又是马克思进一步研究政治经济学的世界观和方法论。

1. 阐明社会系统的一般结构

《序言》指出："人们在自己生活的社会生产中发生一定的、必然的、不以他们的意志为转移的关系，即同他们的物质生产力的一定发展阶段相适合的生产关系。这些生产关系的总和构成社会的经济结构，即有法律的和政治的上层建筑竖立其上并有一定的社会意识形式与之相适应的现实基础。"① 马克思在这里规范地使用了生产力、生产关系、经济结构和上层建筑等唯物史观的核心范畴，揭示了生产力、生产关系（经济基础）、上层建筑作为社会系统一般结构的三个层次，科学地论述了生产力决定生产关系、经济基础决定上层建筑的基本原理，从而奠定了历史唯物主义的基点。

2. 指出社会存在决定社会意识

《序言》指出："物质生活的生产方式制约着整个社会生活、政治生活和精神生活的过程。不是人们的意识决定人们的存在，相反，是人们的社会存在决定人们的意识。"② 社会存在作为社会生活的物质方面，主要是指物质资料的生产方式。社会意识作为社会生活的精神方面，指社会全部精神现象的总和。在整个人类发展过程中，物质生活的生产方式是决定性的力量。社会存在是根本的、第一性的，社会意识是派生的、第二性的，社会意识是对社会存在的反映。社会存在决定社会意识原理的提出宣告了数千年来在社会历史领域中占统治地位的唯心史观的彻底破产。

3. 阐述社会基本矛盾运动及其规律

《序言》指出："社会的物质生产力发展到一定阶段，便同它们一直在其中运动的现存生产关系或财产关系（这只是生产关系的法律用语）发生矛盾。于是这些关系便由生产力的发展形式变成生产力的桎梏。那时社会革命的时代就到来了。随着经济基础的变更，全部庞大的上层建筑也或慢或快地发生变革。"③ 生产力与生产关系、经济基础与上层建筑之间的矛盾是人类社会的基本矛盾，其中生产力是社会发展的决定力量。生产力发展到一定水平后，就会同现存的生产关系发生矛盾和冲突。为了适应生产力的发展要求，人类就必须通过社会革命实现生产关系的新旧变革，这样才能解放与发展生产力。生产关系的变革迟早也会引起上层建筑的变革。

---

① 《马克思恩格斯文集》第 2 卷，人民出版社 2009 年版，第 591 页。
② 《马克思恩格斯文集》第 2 卷，人民出版社 2009 年版，第 591 页。
③ 《马克思恩格斯文集》第 2 卷，人民出版社 2009 年版，第 591—592 页。

由于上层建筑具有相对的独立性，因此，其变革和经济基础的变化不完全同步。这样，马克思不仅科学地揭示了人类社会由低级向高级发展的推动力量和基本规律，而且同时深刻地揭示了阶级社会中社会革命的物质根源。

马克思强调，在考察社会变革时，"必须时刻把下面两者区别开来：一种是生产的经济条件方面所发生的物质的、可以用自然科学的精确性指明的变革，一种是人们借以意识到这个冲突并力求把它克服的那些法律的、政治的、宗教的、艺术的或哲学的，简言之，意识形态的形式。我们判断一个人不能以他对自己的看法为根据，同样，我们判断这样一个变革时代也不能以它的意识为根据；相反，这个意识必须从物质生活的矛盾中，从社会生产力和生产关系之间的现存冲突中去解释"①。也就是说，考察研究社会历史领域的变革，必须坚持历史唯物主义的方法论原则，将社会存在的变革与社会意识的变革，将物质生活条件的变革与意识形态的变革区别开来。要用生产的经济条件的变革来说明意识形态的变革而不是相反。

4. 揭示人类社会历史演进的一般规律

马克思指出，人类社会的发展是具有客观规律的自然历史过程，社会形态的变革与更替不取决于人们的主观愿望，而取决于生产力与生产关系的矛盾发展程度以及新社会所需物质条件的具备情况。"无论哪一个社会形态，在它所能容纳的全部生产力发挥出来以前，是决不会灭亡的；而新的更高的生产关系，在它的物质存在条件在旧社会的胎胞里成熟以前，是决不会出现的。所以人类始终只提出自己能够解决的任务，因为只要仔细考察就可以发现，任务本身，只有在解决它的物质条件已经存在或者至少是在生成过程中的时候，才会产生。"② 马克思恩格斯在《共产党宣言》中曾强调"两个必然"，即"资产阶级的灭亡和无产阶级的胜利是同样不可避免的"③，而在这里马克思又强调了"两个决不会"。"两个必然"揭

---

① 《马克思恩格斯文集》第 2 卷，人民出版社 2009 年版，第 592 页。
② 《马克思恩格斯文集》第 2 卷，人民出版社 2009 年版，第 592 页。
③ 《马克思恩格斯文集》第 2 卷，人民出版社 2009 年版，第 43 页。

示的是社会主义代替资本主义的客观趋势，"两个决不会"强调的是社会主义代替资本主义所必需的条件及其长期性与艰巨性，二者是相互联系、辩证统一的。只有把"两个必然"与"两个决不会"联系起来思考，我们才能全面理解、准确把握社会主义代替资本主义的问题。

人类社会作为一个自然历史过程，从低级形态不断向高级形态演进。《序言》指出，亚细亚的、古希腊罗马的、封建的和现代资产阶级的生产方式就是经济社会形态自然演进的几个时代。这是马克思在对西欧历史研究的基础上对社会形态发展一般趋势的描述，但历史发展的这种规律性并不排除有的国家与民族在历史发展过程中对某个或某几个社会形态可能出现的跨越现象。因此，我们绝不能将马克思关于社会形态发展的思想作僵化、机械的理解。

5. 强调资本主义必然灭亡

马克思指出，资产阶级生产关系是社会生产过程的最后一个对抗形式，但资产阶级社会本身又创造着解决这种对抗的物质条件，即高度发展的生产力和大工业无产阶级。因此，资本主义必然灭亡，没有剥削压迫、以每一个人的自由全面发展为最高价值追求的共产主义社会必然实现，这是人类社会发展的必然趋势。马克思把有阶级存在的社会称为人类的史前时期。资本主义的灭亡宣告人类社会史前时期的告终，而共产主义社会将展开真正的人类社会历史，真正的属于人的文明史。

三、学习意义

《〈政治经济学批判〉序言》是马克思主义的经典性文献。今天认真学习《序言》，不仅有助于我们完整、准确掌握唯物史观的基本原理，提高运用历史唯物主义基本方法分析和解决问题的能力，培养马克思主义的宏阔视野和深邃眼光，在明确人类社会发展规律的基础上坚定社会主义与共产主义信仰；而且有助于我们深入理解与认识中国特色社会主义的伟大理论与实践，更好地推进我们正在进行的社会主义改革开放大业，更好地推进马克思主义的中国化。《序言》中阐述的生产力与生产关系、经济基础与上层建筑的矛盾运动原理，对我们的改革与建设具有根本性、直接性的指导意义。《序言》中强调的"两个决不会"思想，对我们在经济全球化背景下把握资本主义的新变化，科学认识社会主义和资本主义两种社会制度共存竞争的长期性与复杂性，正确处理与资本主义的关系具有重要的指导意义。不断发展的现实实践要求我们更为系统、科学地理解马克思主义的基本原理并以之为指导，就此而言，认真学习包括《〈政治经济学批判〉序言》在内的马克思主义经典著作是必要而有益的。

（李海青）

马克思怎样揭示经济运动规律和社会历史趋势

——读马克思《资本论》

为理解现实的经济利益问题，为研究当时具有"欧洲意义"的共产主义思潮，先读法律专业后为哲学博士再做报纸编辑的卡尔·马克思，决定进入他当时"还一无所知"的政治经济学领域。从那时（1843 年）起直至他去世（1883 年），马克思历时 40 年研究政治经济学的成果，最集中地体现于《资本论》这部在经济学说史乃至人类思想史上石破天惊的巨著之中。

《资本论》第一卷经马克思本人修订，于 1867 年出版；马克思逝世后，《资本论》第二卷由恩格斯整理编辑，于 1885 年出版；《资本论》第三卷由恩格斯整理、修订、补充、编纂，于 1894 年出版；恩格斯逝世后，原计划中作为《资本论》第四卷的《剩余价值理论》草稿，由考茨基整理编辑，作为独立于《资本论》的著作，以《剩余价值学说史》的书名分三卷分别于 1904 年、1905 年、1910 年出版。后来在 20 世纪五六十年代，苏联和东德按马克思的原稿分别出版了《剩余价值理论》的俄译本和德文本。

《资本论》在中国的传播，始于李大钊对其基本思想的介绍。以后有郭大力、王亚南的译本和中央编译局的译本，对这部著作在中国的传播，厥功甚伟。

中共中央党校（国家行政学院）教材《马克思恩格斯列宁著作选编》（简称《选编》）据中央编译局的译本选入了《资本论》第一至三卷的部分重要章节。所选章节基本保持了完整，以有助于读者不仅了解这部书的一些重要内容，而且了解马克思分析问题的逻辑、方法和风格。当然，要深刻地理解马克思的基本理论，还是应当完整地阅读《资本论》全书。

一、《资本论》的哲学基础

《资本论》对以往政治经济学进行了系统的批判考察，进而在这个领域实现了具有革命意义的创新。这种批判与创新的科学性、深刻性，就其根本而言，来自唯物主义历史观这一坚实的哲学基础。在《政治经济学批判》（《资本论》的初本）一书的序言中，马克思简要叙述了唯物主义历史观的形成过程，并对这一全新的世界观、历史哲学理论的基本思想作了精辟、严谨的阐述。他写道："人们在自己生活的社会生产中发生一定的、必然的、不以他们的意志为转移的关系，即同他们的物质生产力的一定发展阶段相适合的生产关系。这些生产关系的总和构成社会的经济结构……社会的物质生产力发展到一定阶段，便同它们一直在其中运动的现存生产关系或财产关系（这只是生产关系的法律用语）发生矛盾。于是这些关系便由生产力的发展形式变成生产力的桎梏。那时社会革命的时代就到来了……无论哪一个社会形态，在它所能容纳的全部生产力发挥出来以前，是决不会灭亡的；而新的更高的生产关系，在它的物质存在条件在旧社会的胎胞里成熟以前，是决不会出现的……"①

马克思创立的唯物主义历史观，深刻阐明了人类社会发展的基本规律，通古今之变，是马克思主义的基本思想。这个思想一经确立，马克思就用它指导自己的政治经济学研究。《资本论》这一宏伟的理论大厦，就是建立在这个哲学基础上的，它的研究对象和目的，它的结构、逻辑和整个体系，都是由这个哲学基础决定的。因此，阅读和理解《资本论》，最重要的是要以唯物主义历史观为指导、为主线，来把握它的经济学理论体系。另外，由于《资本论》运用唯物主义历史观从整体上研究资本主义生产方式，深刻揭示了其历史发展的辩证法，因而这种研究本身又是对唯物主义历史观的基本思想和方法的彻底的发挥。在这个意义上，《资本论》不只是一部经济学著作，它同时也是一部杰出的哲学著作。因此，阅读和理解《资本论》，也是学习、掌握马克思主义哲学的最重要的途径之一。

---

① 《马克思恩格斯选集》第 2 卷，人民出版社 2012 年版，第 2—3 页。

二、《资本论》的研究对象和目的

　　既然书名叫《资本论》，自然是关于资本的研究。但在马克思那里，资本不是作为物或者物与物之间的关系来研究的，而是作为社会关系即在社会生产中的人与人的关系、作为资本主义生产关系的最具实质性的特征来研究的。从唯物主义历史观出发，《资本论》对人类历史发展中的一种特殊的社会经济形态即资本主义生产方式展开研究。在这种生产方式下，同机器大工业、社会化（市场化）生产中的分工与协作这样的劳动方式（这标志着物质生产力在一个特定发展阶段上的特征）相联系，人们之间发生了一定的、必然的、不以他们的意志为转移的关系。这些生产关系的总和构成资本主义社会的经济结构。在这里，所谓生产关系的总和，包括在这个社会中物质资料的生产、交换及与之相适应的分配所借以进行的种种社会条件和形式。资本主义社会的经济结构由此形成，在这个社会中的生产、交换、分配的规律也由此形成。资本关系贯穿于这种总和的生产关系的一切方面；资本的运动规律支配着这种社会经济结构的运动、发展。

　　因此，我们应当了解，《资本论》的研究对象是资本主义生产关系的总和，是资本支配下的整个社会生产过程。《资本论》对资本的研究，是对资本主义生产方式这种特殊的社会经济形态所作的整体研究。

　　其中，《资本论》第一卷的研究对象是资本的生产过程，这是从现实中抽象出来，即舍去了流通过程的"直接生产过程"。资本的生产过程，既是劳动过程，也是价值增殖过程。第一卷的研究在劳动价值论的基础上创立了剩余价值理论。第二卷把资本的流通过程作为研究对象，是对处于社会再生产过程中的流通过程的研究。第三卷把资本主义生产的总过程作为研究对象，是对资本的运动过程作为一个总体所具有的各种具体形式的研究。

　　这样的研究使《资本论》成为对资本主义生产关系的全面的理论研究和历史研究。通过这样的研究，马克思既对这种生产关系作为"生产力的发展形式"作出了理论的说明，也为它何以将变成"生产力的桎梏"提供了科学的解释。由此，《资本论》实现了其最终的研究目的："揭示现代社会的经济运动规律"，即揭示资本主义生产方式由其内在矛盾所决定的经济运动规律。

三、《资本论》的方法和逻辑

辩证法是唯物主义历史观的基本方法，它极其鲜明地贯彻于《资本论》全书之中。马克思始终把资本主义经济的种种现象作为相互联系的整体和矛盾运动的过程来研究。由此，他从现象探求本质，从过程发现规律——从具体到抽象，进而以本质说明现象，以规律解释过程——从抽象再上升到具体。在从具体到抽象的研究的基础上，《资本论》对问题的分析和论述，十分典型地表现为从简单的抽象再上升到复杂的具体。当然，从抽象到具体的方法并非马克思理论所独有，但《资本论》对这一方法的运用有其显著的辩证法特点，在表达方式上也有显著的黑格尔特点。

由此形成了《资本论》的分析框架。在其中，理论从抽象到具体的逻辑进程表现为从最初的抽象概念开始的一系列概念、范畴的矛盾运动过程。马克思对概念、范畴的阐释总是着眼于它们的内在矛盾，即它们本身所具有的二重性，通过对其二重性的分析而揭示其本质规定，通过揭示矛盾的解决即矛盾获得新的运动形式而完成分析，走向综合，从而得到新的概念、范畴。整个理论体系就是在这种不断分析、综合的过程中展开的，是随着概念、范畴的内在矛盾所形成的辩证运动，随着这种矛盾在新的关系中、新的条件下必然采取新的表现形式和运动方式，从而逻辑地产生新的概念、范畴而不断展开的。例如，作为理论的逻辑起点，商品是最初的抽象范畴（商品一般），从这里开始，马克思通过对"商品的二因素""劳动的二重性""价值表现的两极"等一系列概念的内在矛盾及其运动的分析与综合，说明了商品、劳动、价值等范畴的本质属性，揭示了商品生产的基本矛盾，建立了马克思主义的劳动价值论。但这样形成的劳动价值论仍然只是抽象意义上的，它是《资本论》逻辑体系由以展开的抽象的理论前提，它自身还要随着这个体系的充分展开而逐步从抽象上升为具体。

按照这样的方法和逻辑，在《资本论》中，马克思一步步解释关于事物本质、规律的抽象规定在什么样的关系中，在什么样的条件下，以什么样的方式和形式，而表现出来，而发挥作用，由此说明本质必然转化、表现成什么样的现象形式，规律必然具有什么样的作用方式，以及一种规律何以会必然转化为另一种规律。

马克思特别着重于说明这些转化过程和转化形式，因为只有这样，才能达到他所说的在思维中掌握具体，并把它当作精神上的具体再现出来。这个话的意思，简单说来就是，这样才能使（关于本质和规律的）理论对丰富的具体现实有最充分的解释能力。

因此，阅读理解《资本论》，应当特别注重掌握其方法和逻辑。这里有几个要点值得格外留意。

第一，不要指望在马克思的理论中，对任何概念都可以找到唯一的、固定不变的简单定义。在马克思那里，没有什么概念是固定的，它们都会发生变化，如恩格斯所说，它们不能被限定在僵硬的定义中。之所以如此，根本原因是它们所反映的事物及其相互关系都是变化的。

第二，在科学的理论研究中，对任何现象、因素的分析总是在给定的条件下进行的，分析的一步步推进，总是在放松、改变前提条件，一个个引入新条件的情况下实现的。这也就是马克思强调的从抽象到具体的理论分析方法和过程。因此，对于《资本论》中的任何观点、结论，都只有从其理论逻辑中，联系其具体的前提和条件去看，才是有意义的。那种脱离理论的逻辑，丢掉其前提和条件，简单、孤立地列出几条论断、结论或"原理"的做法，是十分有害的。对于这样列出的条条，无论是认为其正确，还是认为其错误或过时，都不得要领。

第三，对于马克思的经济理论，理解其中关于事物的本质规定与现象形式之间的区别，至关重要。马克思对事物本质的抽象规定，切不可被当作与具体现象直接同一的东西，切不可被当作可以在具体现象、具体过程中直接套用的概念或原理。例如，如果脱离本质与规律必然采取的表现形式、作用方式来谈论和"运用"关于本质与规律的抽象规定，如果把"价值""劳动力价值""剩余价值"这些关于经济关系本质的抽象概念当成像"价格""工资""利润"那样直接描述具体经济现象，可以在现象形态上直接观察、计算的东西，试图像计算成本、利润那样去计算价值、剩余价值，那就首先犯了方法论上的错误，不可能正确认识和解决问题。

四、《资本论》的主要内容

（一）第一卷的主要内容

第一卷研究资本的生产过程，共七篇二十五章，包括三方面的内容：第一，关于商品货币的理论；第二，关于剩余价值生产的理论；第三，关于资本积累的理论。

第一篇"商品和货币"，由"商品""交换过程""货币或商品流通"三章组成，系统阐述了商品货币理论。马克思对商品的分析，集中于分析商品所具有的矛盾，即商品二因素使用价值与价值（交换价值）的矛盾。这是商品的内在矛盾，从这个矛盾中，马克思发现了包含在商品中的劳动的矛盾，即抽象劳动与具体劳动的矛盾。马克思认为，首先由他证明的劳动的这种二重性，是理解政治经济学的枢纽。的确如此，正是由于从分析商品的矛盾到发现劳动的二重性，因此才能在理论上说明个别劳动（私人劳动）与社会劳动的矛盾这一商品生产的基本矛盾，从而揭示出商品、价值在物的关系背后的本质，即商品世界的社会关系。商品的这些内在矛盾的运动、解决是通过内在矛盾的不断外化而实现的，就是说，它在新的条件下转化为外在的矛盾。商品自身的矛盾，在交换价值或价值形式上，外在化为"价值表现的两极"；在交换过程中，外在化为作为商品所有者的交易双方的对立。货币的出现和它的本质，也是由此得到说明的。

马克思的商品货币理论，深刻而精彩。商品货币理论及包含在其中的劳动价值论，为马克思展开对资本关系的研究提供了逻辑的前提和基础，这是它在《资本论》中的理论意义。但不仅如此，它还具有另一种十分重要的意义：它实际上也是关于市场经济的一个完整的基础理论。马克思的分析从商品开始，这是因为商品是资本主义社会财富的元素形式，但同样正确的是，商品是市场经济中社会财富的元素形式，在市场经济中，社会财富同样表现为"庞大的商品堆积"，因此如果要研究市场经济的"本质和规律"，同样要从对商品的分析开始。在这个意义上，马克思的商品货币理论同样是很适用的一般理论，何况马克思在这里研究的商品本就不是资本主义生产关系下的商品，而是商品一般。

《选编》选录了第一篇第一章中论述商品二因素、劳动二重性、商品拜物教的第一、二、四节。这里需要强调的是，第四节"商品的拜物教性质及其秘密"是马克思对前三节关于商品、劳动、价值形式的全部分析所作的综合和总结，透彻阐明了商品世界由物的关系掩盖人的社会关系的问题。所谓商品的拜物教性质，是指在商品形式上，人们劳动的社会性质表现为劳动产品的物的性质，生产者之间的社会关系表现为存在于他们之外的物与物的关系。商品的拜物教性质是由商品生产本身决定的客观现象，并不是人的主观幻觉或错误认识。平时不少人以为商品拜物教是像贪图钱财、追求物质享受那样的道德观念问题，这是一个误解。

第二篇到第六篇共十七章，是关于剩余价值生产的理论。

第二篇"货币转化为资本"只有一章（全书第四章），该章的标题与第二篇的相同。《选编》选了其中的第三节"劳动力的买和卖"。在这里，马克思说明了劳动力作为一种特殊的商品所具有的特点以及劳动力价值是怎样决定的，货币之所以能转化为可带来剩余价值的资本，是因为劳动力的买卖，是因为劳动力这种特殊商品被其购买者消费的过程，同时就是商品和剩余价值生产的过程。

在第三篇到第六篇中，马克思对资本生产过程的实质——剩余价值的生产作了全面的研究（第六篇对工资的研究也属于剩余价值生产理论的一部分）。他一以贯之地着眼于事物的矛盾运动来展开分析。首先，我们在第一篇中看到的使用价值与价值、抽象劳动与具体劳动的矛盾，在这里进一步发展为劳动过程与价值增殖过程（超过一定点而延长了的价值形成过程）的对立，表现为同一个生产过程的不同方面。劳动过程与价值增殖过程的统一，构成资本主义的生产过程，即剩余价值的生产过程。其次，本来在货币形式上的同一个资本，在这种生产过程中，由于对价值增殖的作用不同而转化为性质不同的两个部分，即成为生产资料的不变资本和成为劳动力的可变资本。马克思对不变资本（其价值在生产过程中不发生变化）和可变资本（在生产过程中带来剩余价值）的区分，是理解剩余价值生产的关键。在此基础上，马克思系统考察了剩余价值生产的两种方式：绝对剩余价值的生产和相对剩余价值的生产。前者是以超过必要劳动时间的劳动来生产剩余价值，这是剩余价值生产的一般方式；后者是在绝对剩余价值生产的基础上，通过提高劳动生产率，缩短必要劳动时间，从而相对延长剩余劳动时间来生产剩余价值。

对于这部分内容，《选编》节选了第五篇中的一章（全书第十四章）"绝对剩余价值和相对剩余价值"。在此之前，马克思在第三、四篇中分别研究了绝对剩余价值的生产和相对剩余价值的生产，第五篇具有综合和总结的意义，而这一章不仅体现了这个意义，而且在一种富有意味的辽阔视野和沉思风格中发散着思想。

第七篇"资本的积累过程"一共五章，是关于资本积累的理论。此前的研究主要是回答资本怎样产生剩余价值的问题，在这里，马克思要回答的问题则是剩余价值怎样产生资本。由资本产生的剩余价值再转化为资本，形成资本的积累。显然，这是在持续的再生产过程中实现的。马克思通过对简单再生产进而对规模扩大的资本主义再生产的分析，揭示了两极分化是资本主义积累的一般规律，并最终揭示了资本主义积累的历史趋势。

《选编》从第七篇中选了"所谓原始积累"这一章（全书第二十四章）的第七节"资本主义积累的历史趋势"。这一节固然是对第一卷的总结，但不仅如此，它实际上应被视为整个《资本论》、马克思全部政治经济学研究所得出的结论。马克思的下述名言又是对这个结论的最集中的概括："从资本主义生产方式产生的资本主义占有方式，从而资本主义的私有制，是对个人的、以自己劳动为基础的私有制的第一个否定。但资本主义生产由于自然过程的必然性，造成了对自身的否定。这是否定的否定。这种否定不是重新建立私有制，而是在资本主义时代的成就的基础上，也就是说，在协作和对土地及靠劳动本身生产的生产资料的共同占有的基础上，重新建立个人所有制。"[①]

对认识资本主义发展的历史趋势、社会主义的历史必然性、社会主义

---

① 马克思：《资本论》第 1 卷，人民出版社 2004 年版，第 874 页。

公有制的性质来说，这段话具有极为重要的科学意义。但长期以来，对于马克思重新建立个人所有制的思想，在理解上一直比较混乱，问题主要在于把其中所说的"共同占有"误解成了公有制，致使马克思的这个思想变得浑不可解，因为这样一来，就等于说，马克思认为公有制是资本主义时代的成就。有鉴于此，应当看到，这里的关键是要从马克思在"资本主义积累的历史趋势"这一节的全部论述中，了解马克思所说的"对土地及靠劳动本身生产的生产资料的共同占有"，作为资本主义时代的成就，绝不是指土地和其他生产资料的公有制，而是指与协作一样的一种社会化的劳动方式，是在社会化生产中对劳动资料的"共同使用"。这一点，从马克思在这段话之前的论述中可以看得很清楚（"协作形式日益发展……劳动资料日益转化为只能共同使用的劳动资料"①）。由此便可以知道，马克思这个话的意思是，社会主义要在资本主义时代的成就即社会化生产的基础上，否定资本主义的私有制，而重新建立个人所有制。

（二）第二卷的主要内容

第二卷研究资本的流通过程，经恩格斯对草稿作了整理编辑并调整了结构以后，全书共三篇二十一章，包括两方面的内容：第一，关于资本循环与周转的理论；第二，关于社会总资本的再生产与流通的理论。其主要任务是通过研究资本的运动来阐明剩余价值实现的过程和条件，但这里同时包含着对社会再生产均衡实现问题所作的非常卓越的一般研究。

第一篇"资本形态变化及其循环"和第二篇"资本周转"所考察的都是个别的产业资本，所以由这两篇构成的理论是关于个别产业资本循环与周转的理论。

按照第一篇的分析，产业资本在运动过程中分别表现为三种形态，即货币资本、生产资本、商品资本。每种形态上的资本顺序经过三个阶段的变化，就完成了一次循环。例如，货币资本转化为由劳动力和生产资料按一定比例组合而成的生产资本，进入商品生产过程，待这个过程结束以后，生产资本便转化为已包含着价值增殖部分的商品资本，再经过商品的

---

①　马克思：《资本论》第 1 卷，人民出版社 2004 年版，第 874 页。

出售，商品资本又回复为货币资本，这就是货币资本的循环。生产资本则以历经商品资本、货币资本再回到自身形态而完成循环，商品资本的循环亦复如此。现实中，为了保持资本循环运动的连续性而不致使它中断，产业资本必须按一定的比例分配在同时存在的三种形态上并进行循环。因此，产业资本的循环是这三个循环的统一，这三个循环在空间上是并存的，在时间上是继起的。第一篇还包括了对资本循环所需要的流通时间和流通费用的考察。

第二篇研究资本周转。以周期形式出现的资本循环，形成资本的周转。资本周转总是预付资本价值的周转，在生产流通的正常条件下，资本的每一次周转都带来价值的增殖，即带来剩余价值，周转时间越短，周转次数越多，增殖的价值就越多。因此，对资本周转来说，周转速度是至关重要的。为了说明周转速度问题，马克思用了很大篇幅来讨论由流通过程而产生的两种资本形式：固定资本和流动资本。这两种资本形式的区别首先来自它们作为生产资本的不同部分在生产过程中的耗费方式不同，固定资本在多次生产中逐步耗费，流动资本在一次生产中全部耗费，因而两者向所生产的商品转移价值的方式不同，前者的价值分多次逐步转移，后者一次全部转移，由此，两者具有不同的周转特点，固定资本（厂房、机器设备等）的价值在任何时候都只有一部分在周转，而流动资本（原料、辅助材料、劳动力）的价值则在资本的一次循环中全部完成周转。固定资本和流动资本的这种不同特点，两者在预付资本中的构成，是决定资本周转速度的基本因素。

在第一、二篇考察单个资本运动的基础上，第三篇"社会总资本的再生产和流通"研究各单个资本运动的总和——社会总资本的运动。在这里，马克思从社会总资本的运动过程中，揭示了社会再生产的实现条件和一般规律。马克思所分析的资本主义社会再生产，在其现实性上，总是扩大的再生产，但简单再生产既包含着再生产过程的一般特征，又形成扩大再生产的一般基础，所以在理论分析上，马克思用很大的篇幅先讨论简单再生产过程。在这个过程中，一年的社会总产品，一部分用于补偿资本，另一部分进入资本家和工人的个人消费，无论在总产品的价值上还是在其使用价值（物质形式）上都是如此。所以，再生产过程如何实现的问题，就是一年的社会总产品的两个部分如何完成其价值补偿和物质补偿的问题。

社会总产品分为生产资料和消费资料两大部类，相应地，社会总生产分为生产资料的生产和消费资料的生产两大部类；每一部类的资本都包含不变资本和可变资本两个组成部分，这是马克思关于再生产问题的基本分析框架和分析工具。这样，简单再生产的实现问题，就被归结为两大部类之间按一定比例来生产、交换的问题。第一部类的产品是生产资料，第二部类的产品是消费资料，两大部类产品的价值都分为不变资本、可变资本、剩余价值三个部分。第一部类产品中的不变资本部分，补偿其自身消耗的生产资料，其可变资本和剩余价值部分需向第二部类交换消费资料以供工人和资本家消费（在简单再生产的假定中，全部剩余价值用于资本家的消费）；在第二部类的产品中，其可变资本和剩余价值部分是该部类工人和资本家的消费资料，其不变资本部分要向第一部类交换生产资料。因此，简单再生产平衡实现的条件是，第一部类的可变资本和剩余价值等于第二部类的不变资本。这是关于简单再生产的基本原理。

按照从抽象到具体的路径，马克思在分析了简单再生产问题以后，进一步研究积累和扩大再生产。扩大再生产的前提是要有积累，积累是通过剩余价值转化为资本来进行的。为了扩大再生产，第一部类的剩余价值（剩余产品）中需有一个追加的部分，这个部分要为两大部类提供追加的不变资本（生产资料）；第二部类的剩余价值（剩余产品）也要有一个追加的部分，以便为两大部类提供追加的可变资本（消费资料）。这就是扩大再生产的必要条件。在这种情况下，与简单再生产相比，两大部类之间相交换的部分都已包含了一个增加额。据此，扩大再生产得以平衡实现的条件是，在各自都已有一个追加额的情况下，两大部类之间相交换的产品价值正好相等。如不能满足这一条件，扩大再生产就不能平衡实现。因此，这个条件实际上也揭示了危机的原因。

第二卷关于资本循环与周转和社会再生产的分析及其中提出的原理，发现了社会再生产的一般规律，形成了一个完整的再生产理论。这个杰出的理论是普遍适用的，在经济学说史上也具有很高的价值，获得了广泛的赞誉。甚至像庞巴维克那样激烈批评《资本论》的人，也认为第二卷写得出人意料的好。《选编》选录了第三篇中"简单再生产""积累和扩大再生产"这两章（全书第二十、二十一章）论述社会生产的两个部类、两个部类之间的交换、第一部类的积累、第二部类的积累的四节内容。

（三）第三卷的主要内容

这一卷的草稿是在1864—1865年写的，原稿极不完全，有的部分只有标题，有的部分只是所收集的资料。恩格斯在编辑出版了第二卷以后，又以十年之力，誊抄、整理、修订、补写、编纂第三卷草稿，终于在1894年使之得以出版。此后不到一年的时间，恩格斯就去世了。

第三卷研究资本主义生产的总过程。恩格斯将全书编为七篇五十二章，包括三方面的内容：第一，对利润作为剩余价值的转化形式所具有的特征和运动规律的研究（第一、二、三篇）；第二，对利润的各种表现形式、转化形式的研究（第四、五、六篇）；第三，作为综合与总结，对各种收入及其源泉的研究（第七篇）。

在第三卷中，马克思要说明的是把资本运动过程作为整体考察时，在现象形态上所看到的各种具体形式。在《资本论》全书的结构中，相对于第一、二卷的抽象分析，第三卷从总体上把握和再现了资本主义生产过程、生产关系的种种表现形式，其理论说明从抽象上升到了丰富的具体。在此之前，抽象分析中提出的一系列概念、范畴，如价值、劳动力价值、剩余价值等等，都是关于社会关系之本质规定的抽象概念，是在现实中既看不见也摸不着的，是由马克思所揭示的隐藏在现象背后的秘密。与此不同，第三卷所考察的都是人们在现实中直接看到的那些现象形式，如价格、工资、利润、利息、地租等等。马克思的政治经济学研究从这些具体现象出发，探求其背后的本质和规律，发现了隐藏在物与物的关系背后的社会关系，《资本论》第一、二卷对之作了理论阐述。第三卷则以第一、二卷所阐述的事物的本质和规律来说明事物的现象和过程，即说明事物本质的表现形式以及规律的作用条件与作用方式。我们知道，事物的现象与其本质并不是直接同一的，而往往是矛盾的，是对本质的遮蔽乃至歪曲反映。例如，根据马克思的分析，现象形态上的工资、利润等等就是其本质——劳动力价值、剩余价值的掩蔽形式。但正如商品的拜物教性质一样，工资、利润等等现象形式对其本质的遮蔽、歪曲并非来自人为的欺骗，而是由现实关系产生的客观现象。马克思在第三卷中的任务就是要说明本质是怎样转化为、表现为它的现象形式的。

所以，第三卷的中心问题是剩余价值这个资本关系的本质在现实条件下的转化形式、转化过程。马克思通过对成本价格和利润、利润率及其与剩余价值率的关系、周转对利润率的影响、不变资本使用上的节约、价格变动的影响等因素的分析，论述了剩余价值转化为利润和剩余价值率转化为利润率的问题，并从不同生产部门的资本有机构成和市场竞争的作用上，进一步研究利润、利润率运动的规律，对利润向平均利润的转化和利润率倾向下降的规律作出了说明。这是前三篇的内容。在接下来的三篇中，马克思具体考察了商品经营资本和货币经营资本、信用和虚拟资本、货币资本与现实资本等资本形式的运动特点及其相互关系，并说明了利润在企业主收入和利息之间的分割，说明了超额利润转化为地租的问题。这些内容形成了马克思的金融理论和地租理论，也包含着他在信用制度、股份公司制度等由市场经济的发展所创造出的组织工具与组织方式的性质、特点和作用问题上的极为深刻的思想。最后一篇"各种收入及其源泉"是全书的终结篇，马克思显然是准备以这一篇来对他发现了资本主义生产过程的秘密、发现了现代社会的经济运动规律的理论作一个总结。在已揭开了各种收入之源泉的基础上，阐述什么是阶级、什么事情形成阶级，也是这一篇的任务，但是很遗憾，正当我们看到马克思就要回答这个问题的时候，"手稿到此中断"。但在此之前的一章"分配关系与生产关系"（全书第五十一章）可被视为第三卷的基本结论。在这里，马克思指出，分配关系本质上与生产关系是同一的，是生产关系的背面；对资本主义生产方式的科学分析证明，这个生产方式，它的生产关系和分配关系，具有独特的、历史的和暂时的性质；它达到一定的成熟阶段就会被抛弃，并让位给较高级的形式。马克思以《资本论》这样一部皇皇巨著，证明了这个唯物主义历史观的根本结论。

《选编》选了第五篇"利润分为利息和企业主收入"中的"利息和企业主收入"（全书第二十三章）、"信用在资本主义生产中的作用"（全书第二十七章）、"货币资本和现实资本"（全书第三十章），第六篇"超额利润转化为地租"中的"导论"（全书第三十七章），第七篇"各种收入及其源泉"中的"阶级"（全书第五十二章）。通过这些章节，我们可以了解马克思关于利润、利息、地租、信用股份公司等问题的一些重要思想。当然，与整个《资本论》的巨大篇幅相比，《选编》所选的部分是极为有限的，有理论兴趣和耐心的人还是应当尽可能更多一些地阅读原著。

五、《资本论》的根本价值和学习意义

无论从哪种意义上看，《资本论》都是一部不朽的经典。它的方法和原理的科学性，它对资本主义生产方式的矛盾运动和历史发展趋势的深刻洞察，它所饱含的非凡学识和思想，它对人的现实苦难所怀有的大慈悲和对人类命运的深切关怀，它的由其作者卓越的经济学、哲学、历史学和文学才华所赋予的独特神韵，使它在人类思想史上——无论过去、现在还是未来——具有长久的影响力，使它成为一切关注人类社会发展的人们——不管其是否赞成马克思主义——都可以从中汲取思想和智慧的一个源泉。

《资本论》对现代社会（包括资本主义和社会主义）的进程产生了深刻的影响。同时，像任何经典一样，这部著作在长期、广泛的传播中，自不免会受到由简单化、教条化导致的误解，而误解也增加了对它的质疑和批评。种种误解以及多数批评，一般来说，是没有充分理解马克思的方法和逻辑所致，如对劳动价值论的一些质疑和批评就是如此。所以应当通过仔细阅读原著，来掌握马克思的方法和逻辑，从而达到对这部著作的正确理解。

《资本论》在经济学、哲学、经济与社会史、经济学说史的研究上创造了卓越的成就，具有多重科学价值。它的根本价值在于，它以唯物主义的历史观透彻地研究资本主义生产方式，以对其矛盾运动的深刻分析揭示了这个生产方式的本质、规律和历史趋势。在《资本论》中，马克思充

分、严谨地证明，资本主义生产方式由于其内在矛盾及其运动规律的作用，它的发展过程同时就是它的自我否定过程，它越是不断地发展，就越是不断地否定自己，不断地孕育、生长出新社会的因素，并最终让位于其物质存在条件在这个过程中成熟起来的新的更高的生产关系。资本主义生产方式的历史暂时性由此而来，社会主义代替资本主义的历史必然性由此而来。因此，根据马克思的理论，资本主义为社会主义所否定、所代替，不是一次行动，也不是一组行动，而是一个过程。是一个什么样的过程呢？马克思明确指出，这是一个自然的历史过程。

马克思的论证及其结论对不对？有一种常见的疑惑是：在《资本论》发表以后的 100 多年里，西方资本主义的活力似乎一直未减，并没有发生社会主义革命，这样的现实不是与马克思的结论相矛盾吗？不是证明马克思的观点错了吗？这种疑惑来自长期以来在资本主义和社会主义问题上的简单化认识，是以苏联式的教条化理论来看待资本主义和社会主义而造成的。正本清源，应当按照马克思理论的方法和逻辑来认识问题。这样，我们就可以清楚地看到，马克思关于社会历史趋势的上述思想是完全正确的，现当代资本主义的发展进程不是否定而是不断地证实着马克思对社会历史趋势的洞见。自《资本论》发表以来，资本主义发生了种种新的调整、新的变化，所有这些调整、变化的实质是什么？是生产社会化的不断发展所必然要求的资本社会化的发展。由生产社会化和资本社会化趋势所必然引起的这些调整、变化究竟证明了什么？它清楚地证明，资本主义不断走向自我否定，生产的新的社会形式的条件和因素（社会主义的条件和因素）不断生长发育这样一个自然的历史过程一直在我们眼前持续地、不可抗拒地展开着。但如果我们不能超越苏联模式及其教条化理论所造成的狭隘眼界，我们就看不到早已为马克思所洞察的这个真实的历史大趋势，这个自然的历史过程。相反，我们会把与马克思主义的科学社会主义相距甚远的苏联模式的失败当成社会主义的失败，以致以为社会主义在全世界、在世界现代文明进程中已举目无亲、孤立无援。这样，我们就在事实上脱离了唯物主义历史观，就不可能在科学的基础上确立真正坚定的社会主义信念，就不可能深刻理解超越苏联模式而真正贯彻了马克思主义基本精神和理论逻辑的中国特色社会主义。要避免这些思想理论上的迷误，有效的办法之一是深入阅读、研究马克思的著作，特别是《资本论》，从而在怎样认识资本主义、怎样认识社会主义等基本问题上进一步正本清源，返本而开新。今天学习《资本论》，尽管对研究经济学、研究市场经济的诸多理论与实际问题都具有重要意义，但其首要的根本的意义还是在这里。

（周为民）

经济学的哲学基础

——读马克思《致路·库格曼》

一、写作背景和意义

1867年9月，马克思的《资本论》第一卷出版了。一位德国经济学家在1868年7月4日的《德国中央文学报》上发表署名书评，认为《资本论》没有对价值概念加以论证和说明，并宣称："驳倒价值理论是反对马克思的人的唯一任务，因为如果同意这个定理，那就必然要承认马克思以铁的逻辑所做出的差不多全部结论。"① 1868年7月11日，马克思给为宣传《资本论》作出过很大贡献的路·库格曼医生写了一封信，简要阐明了自己对价值概念和价值规律的见解。列宁高度评价了这封信的意义，指出："从更全面和更深刻地弄懂马克思主义的观点来看，特别值得注意的是他在1868年7月11日写的一封信……我希望，凡是开始研究马克思和阅读《资本论》的人，在钻研《资本论》最难懂的头几章的时候，能把我们上面提到的那封信反复地读一读。"②

二、主要内容

在这封信中，马克思通过对攻击者的驳斥，指明和阐发了马克思主义政治经济学的哲学基础——历史唯物主义和辩证法。那位德国经济学家之所以将攻击的矛头对准马克思的价值理论，是因为他无法否认《资本论》本身的逻辑严密性，并企图通过驳倒作为《资本论》理论基础的劳动价值论，来推翻马克思的整个政治经济学体系。他说马克思没有对价值概念作

① 《马克思恩格斯全集》第16卷，人民出版社1964年版，第353页。
② 《列宁全集》第14卷，人民出版社2017年版，第374页。

出论证和说明，这既表明了他没有真正理解《资本论》，也暴露了他的唯心主义世界观和形而上学方法论。"胡扯什么价值概念必须加以证明，只不过是由于既对所谈的东西一无所知，又对科学方法一窍不通。"①　即便在《资本论》第一卷中没有单列一章论价值，马克思仍然在《资本论》第一卷第一篇"商品与货币"中就对价值范畴进行了大量分析和论述，并且在整个《资本论》中都贯穿着对现实价值关系的分析，只是他不像一些资产阶级经济学家那样把抽象的概念看成第一性的东西并把现实的经济关系看成概念的表现和运用，从而仅仅从概念出发对价值进行研究。基于彻底的历史唯物主义立场，马克思认为价值概念不过是对现实经济关系的一种抽象，因此他对价值的探讨是包含在对现实关系的分析中的。具体来说，他对价值的探讨是从现实的商品这个客观存在出发的。对马克思来说，政治经济学最初的考察对象既不是价值，也不是交换价值，而是商品，正如他在《评阿·瓦格纳的〈政治经济学教科书〉》一文中所指出的："我不是从'概念'出发，因而也不是从'价值概念'出发……我的出发点是劳动产品在现代社会所表现的最简单的社会形式，这就是'商品'。"②　商品能够满足人们的某种需要，也能够用来交换别的东西，这两种效用分别与商品的使用价值和交换价值相对应。正是从商品出发，马克思从商品的交换关系中抽象出价值来，进而从价值追溯到无差别的抽象的人类劳动，并进一步追溯到社会必要劳动时间。就质的方面而言，价值是物化在商品中的抽象劳动，是一般人类劳动的凝结；就量的方面而言，价值由社会必要劳动时间决定。实际上，商品交换就是人们各自劳动的相互交换，因此价值的社会本质就是一定历史条件下的生产者之间的社会关系。

由此可见，相对于价值，劳动是更为根本和更具普遍意义的。商品的价值只是"一定的历史形式"，它所表现的内容是"一切社会形式内都存在的东西"，即"作为社会劳动力的消耗而存在的劳动的社会性"。③　社会性的劳动是一切人类社会的基础，正是这种劳动，使人类社会得以存续和

①　《马克思恩格斯文集》第 10 卷，人民出版社 2009 年版，第 289 页。
②　《马克思恩格斯全集》第 19 卷，人民出版社 1963 年版，第 412 页。
③　《马克思恩格斯全集》第 19 卷，人民出版社 1963 年版，第 420—421 页。

发展。正如马克思在这封信中所说的，"任何一个民族，如果停止劳动，不用说一年，就是几个星期，也要灭亡，这是每一个小孩子都知道的"①。马克思这里所说的劳动，就是直接的物质资料的生产。"人们首先必须吃、喝、住、穿，然后才能从事政治、科学、艺术、宗教等等；所以，直接的物质的生活资料的生产，从而一个民族或一个时代的一定的经济发展阶段，便构成基础……"② 这正是历史唯物主义的基本观点，是马克思主义政治经济学最根本的哲学基础，也是揭开商品价值之谜的钥匙。特别值得注意的是，历史唯物主义的"物"不能狭义地理解为物质资料，而应理解为物质资料的生产，只有这样，才能避免滑向看似唯物、实则唯心的唯物质主义。

物质资料的生产必然面临着一系列的问题，如生产什么、生产多少、谁来生产等等，归根到底，就是如何分配社会劳动的问题。马克思指出，"小孩子同样知道，要想得到与各种不同的需要量相适应的产品量，就要付出各种不同的和一定量的社会总劳动量"③。为了满足人们对各种产品的不同需要，就必须要有分工，即不同的人从事不同的劳动并付出相应的社会劳动量。这是任何社会生产必然要遵循的客观规律。尽管按比例分配社会总劳动在不同历史条件下的实现形式有很大差别，但这种分配的客观必然性如同自然规律一样，不可能被社会生产的一定形式取消，而可能改变的只是它的表现方式。例如，"在社会劳动的联系体现为个人劳动产品的私人交换的社会制度下，这种按比例分配劳动所借以实现的形式，正是这些产品的交换价值"④。在以私有制为基础的商品经济条件下，人们的私人劳动只有通过劳动产品的交换才能得到社会的承认并被证明是社会总劳动的一部分，而交换价值就是一种商品与另一种商品交换的比例。为了确定这种比例，就必须把生产不同商品的劳动看作性质上相同的东西，将生产不同商品的社会必要劳动时间进行比较。这就是说，商品的价值量由生产这个商品的社会必要劳动时间决定，商品按照价值相等的原则进行交

---

① 《马克思恩格斯文集》第 10 卷，人民出版社 2009 年版，第 289 页。
② 《马克思恩格斯文集》第 3 卷，人民出版社 2009 年版，第 601 页。
③ 《马克思恩格斯文集》第 10 卷，人民出版社 2009 年版，第 289 页。
④ 《马克思恩格斯文集》第 10 卷，人民出版社 2009 年版，第 289 页。

换，这就是价值规律。因此，在以私有制为基础的商品经济条件下，按比例分配社会劳动的规律，通过价值规律的自发作用来实现。价值规律通过市场价格的波动，通过价格对价值的背离与回归，自发地调节生产资料和劳动力的配置，调节商品的生产和流通，从而调节社会总劳动在各个生产部门之间的分配。可见，价值规律既体现了价格与价值的矛盾、社会劳动与私人劳动的矛盾、社会分工与私有制的矛盾乃至生产力与生产关系的矛盾，又体现了普遍规律与其特殊的表现形式之间的矛盾，它本身就是辩证法作用的结果。

在这封信中，马克思还通过对劳动价值学说发展历史的回顾，对从事科学研究应采取的方法和态度进行了阐述。马克思说："科学的任务正是在于阐明价值规律是如何实现的。所以，如果想一开头就'说明'一切表面上与规律矛盾的现象，那就必须在科学之前把科学提供出来。"[1] 任何现代科学都必须有一个逻辑起点，因此现代科学往往建立于一些基本的公理和假设之上，如由亚当·斯密所奠基的微观经济学就建立于理性经济人假设之上，而这些公理和假设在这门科学自身之内是无法得到证明的。劳动价值论的发展历史就说明了"在科学之前把科学提供出来"会走入怎样的误区。在古典政治经济学发展史上，威廉·配第最先提出了劳动是价值源泉的观点，在他之后的亚当·斯密和大卫·李嘉图，都坚持劳动决定价值的学说。特别是作为古典政治经济学集大成者的大卫·李嘉图，曾经十分清楚地作出了商品价值决定于劳动时间这一规定，但是由于没有采取科学抽象的方法，他在《政治经济学和赋税原理》一书的第一章就着手分析资本主义商品生产，"把尚待阐明的一切可能的范畴都假定为已知的"[2]，不经过必要的中间环节，直接从抽象范畴跳到具体范畴，试图去证明生产价格等范畴与价值规律的一致性，从而未能完成阐明价值规律的实现机制这样一个重大科学任务。庸俗经济学家在马克思克服了李嘉图遇到的矛盾、详细阐明了价值规律如何实现之后，仍然要求马克思对价值概念作出论证和说明，可见他们对劳动价值论的理解远未达到古典政治经济学家的

---

[1] 《马克思恩格斯文集》第 10 卷，人民出版社 2009 年版，第 290 页。
[2] 《马克思恩格斯文集》第 10 卷，人民出版社 2009 年版，第 290 页。

水平。当他们看到交换关系和价值量从现象上看不等同时，自以为作出了伟大的发现，实际上他们看到的仅仅是外表，而没有看到藏在现象之下的交换关系与价值的内在一致性。庸俗经济学家不承认马克思对事物内在联系的揭示，反而抓住表面现象，用表面现象否认价值规律的客观性，这既是他们未掌握科学方法的体现，又是由他们的阶级利益所决定的。

三、学习意义

马克思致路·库格曼的这封信虽然篇幅很短，但是它既为我们把握马克思主义政治经济学的哲学基础和研究方法提供了重要的启示，又为我们加深对价值概念和价值规律等这样一些《资本论》核心内容的理解提供了关键的线索。此外，马克思对按比例分配社会劳动这个规律的客观必然性的强调，以及关于这个规律的表现形式在不同历史条件下可以改变的思想，为我们今天自觉地依据和运用价值规律，发挥价值规律配置资源的作用为社会主义市场经济服务，提供了深刻的指导原则。

（张严）

无产阶级国家政权的性质和作用

——读马克思《法兰西内战》

1870 年，路易·波拿巴挑起法兰西对普鲁士的战争，法国遭到惨败。以工人阶级为主的巴黎人民借机发动起义，推翻了第二帝国的统治，但政权落在资产阶级临时政府手中。面对逼近巴黎的普鲁士军队，临时政府签订了丧权辱国条约，并着手解除巴黎人民的武装。对于资产阶级的叛卖行为，巴黎人民给予了坚决还击，临时政府垮台。1871 年 3 月 28 日，由工人阶级代表组成的巴黎公社宣告成立。5 月 28 日，巴黎公社被普鲁士军队和法国资产阶级武装联手绞杀。5 月 30 日，马克思代表国际工人协会（即第一国际）总委员会发表了《国际工人协会总委员会宣言——致协会欧洲和美国全体会员》，即《法兰西内战》。《马克思恩格斯列宁著作选编》中的《法兰西内战》（节选），选自《法兰西内战》的第三部分。在这篇节选中，马克思通过对巴黎公社革命经验的总结，集中阐发了无产阶级国家政权的性质和作用。

一、改造资产阶级国家机器，建立无产阶级政权

在无产阶级与资产阶级的斗争中，国家政权问题始终是一个核心问题。资产阶级国家政权，是为资产阶级的政治经济统治服务的，是资产阶级镇压无产阶级的有组织的暴力工具。无产阶级革命斗争的第一个目标，就是推翻资产阶级国家政权。无产阶级夺取政权后，首先面临的是如何对待旧的国家机器的问题。关于这个问题，马克思明确指出，"工人阶级不能简单地掌握现成的国家机器，并运用它来达到自己的目的"[①]。不能简单地掌握现有的资产阶级国家机器，要用革命的暴力打碎它、改造它，马

[①] 《马克思恩格斯文集》第 3 卷，人民出版社 2009 年版，第 151 页。

克思的这一思想成为无产阶级革命的一条重要原则。

在《法兰西内战》中，马克思详细地追溯了实行中央集权的法国资产阶级国家政权的历史。中央集权的国家政权，包括它的各种机关，如常备军、警察局、官僚机构、教会和法院等，形成于封建社会晚期，客观上充当了新兴资产阶级反对封建制度的有力武器，发挥了一定程度的积极作用。资产阶级革命成功后，这一阶级依托中央集权的国家机器，建立起自己的政治统治。"国家政权在性质上也越来越变成了资本借以压迫劳动的全国政权，变成了为进行社会奴役而组织起来的社会力量，变成了阶级专制的机器。"① 随着无产阶级逐渐壮大，阶级斗争越来越激烈，资产阶级国家政权的压迫性质也越来越突出。以路易·波拿巴为首的法兰西第二帝国，踢开国民议会而将镇压之权几乎全部赋予行政机关，就是资产阶级国家政权压迫性达到极端的鲜明体现。正是基于这种历史背景，马克思才得出以下结论：中央集权的国家政权，"是新兴资产阶级社会当做自己争取摆脱封建制度的解放手段而开始缔造的；而成熟了的资产阶级社会最后却把它变成了资本奴役劳动的工具"②。不从根本上打碎旧的国家机器，不废除常备军、警察局、官僚机构、法院等国家政权的支柱，工人阶级及其他劳动人民就不可能得到解放。

用革命的暴力打碎资产阶级国家政权，并不是说无产阶级革命一成功就彻底废除国家政权。必须废除的，是资产阶级国家政权中具有压迫性质的部分，特别是官僚体制、暴力机关等等。资产阶级国家政权中具有社会服务职能的部分，暂时还要保留下来。马克思在《哥达纲领批判》中曾指出，在无产阶级革命胜利后建立的无产阶级专政的国家政权中，一些"同现在的国家职能相类似的社会职能保留下来"③。恩格斯也说过，"马克思和我从 1845 年起就持有这样的观点：……为了达到未来社会革命的这一目的以及其他更重要得多的目的，工人阶级应当首先掌握有组织的国家政权并依靠这个政权镇压资本家阶级的反抗和按新的方式组织社会"④。当

---

① 《马克思恩格斯文集》第 3 卷，人民出版社 2009 年版，第 152 页。
② 《马克思恩格斯文集》第 3 卷，人民出版社 2009 年版，第 154 页。
③ 《马克思恩格斯文集》第 3 卷，人民出版社 2009 年版，第 444—445 页。
④ 《马克思恩格斯全集》第 25 卷，人民出版社 2001 年版，第 609 页。

然，"这个国家或许需要作一些改变，才能完成自己的新职能"①。所谓"需要作一些改变"，核心之处就是废除国家政权的官僚体制，消除国家政权的反人民性质，使之成为无产阶级实行社会经济革命的工具。废除压迫性的官僚体制，保留相关的社会服务职能，是马克思主义在资产阶级国家政权问题上不同于无政府主义的鲜明标志。

无产阶级的最终目标，是要消灭阶级与阶级剥削本身。这个目标一达到，作为"一个阶级镇压另一个阶级的机器"的国家就消亡了。因此，恩格斯说："国家再好也不过是在争取阶级统治的斗争中获胜的无产阶级所继承下来的一个祸害；胜利了的无产阶级也将同公社一样，不得不立即尽量除去这个祸害的最坏方面，直到在新的自由的社会条件下成长起来的一代有能力把这国家废物全部抛掉。"②

二、无产阶级政权的政治措施

马克思、恩格斯在《共产党宣言》中说过，"工人革命的第一步就是使无产阶级上升为统治阶级，争得民主"③。无产阶级夺取政权后，要通过革命措施，将压迫劳动人民的旧政权改造成为无产阶级性质的"新的真正民主的国家政权"④。巴黎公社成立后所采取的各项措施，真正地体现了新型国家政权的无产阶级性质。正因为如此，马克思认为巴黎公社是"不但取代阶级统治的君主制形式、而且取代阶级统治本身的共和国"的"毫不含糊的形式"。⑤

普遍选举，是巴黎公社建立、运转的根本政治原则。巴黎公社本身，就是通过普选组成的。"公社是由巴黎各区通过普选选出的市政委员组成的。这些委员对选民负责，随时可以罢免。其中大多数自然都是工人或公认的工人阶级代表。"⑥ 公社成立之后，首要之务是废除旧国家政权的暴

---

① 《马克思恩格斯全集》第 25 卷，人民出版社 2001 年版，第 610 页。
② 《马克思恩格斯文集》第 3 卷，人民出版社 2009 年版，第 111 页。
③ 《马克思恩格斯文集》第 2 卷，人民出版社 2009 年版，第 52 页。
④ 《马克思恩格斯文集》第 3 卷，人民出版社 2009 年版，第 111 页。
⑤ 《马克思恩格斯文集》第 3 卷，人民出版社 2009 年版，第 154 页。
⑥ 《马克思恩格斯文集》第 3 卷，人民出版社 2009 年版，第 154 页。

力机构：废除常备军，代之以由工人组成的国民自卫军，由人民武装起来保卫自己；废除警察，代之以对公社而非中央政府负责的、随时可以罢免的工作人员；取消有着"虚假的独立性"外观的法官和审判官，使之和其他公务人员一样，由选举产生、对选民负责且可以罢免。由此也可以看出，普选制在公社建立与运转中的重要地位。正如马克思所说："普选权不是为了每三年或六年决定一次由统治阶级中什么人在议会里当人民的假代表，而是为了服务于组织在公社里的人民，正如个人选择权服务于任何一个为自己企业招雇工人和管理人员的雇主一样。……另一方面，如果用等级授职制去代替普选制，那是最违背公社精神不过的。"①

与旧的国家政权不同，巴黎公社所体现的无产阶级政权，采取新型组织形式。近代以来，资产阶级国家政权最基本的组织形式是三权分立。"公社是一个实干的而不是议会式的机构，它既是行政机关，同时也是立法机关。"② 而且，"先前由国家行使的全部创议权也都转归公社"③。在这里，马克思阐发了无产阶级国家政权组织形式的基本原则，那就是议行合一。在从资本主义到共产主义过渡的革命转变时期，无产阶级国家政权实行议行合一原则是非常必要的，它有利于集中各方面的力量，顺利推进对资本主义社会的革命改造。与此同时，公社也废除了旧政权的中央集权制度。马克思认为，公社制度应该在整个法国建立起来，全法国将形成一个以巴黎公社为核心的全国组织网络。公社将成为甚至最小村落的政治形式。每一个地区的农村公社，都通过设在中心城镇的代表会议处理公共事务，并向设在巴黎的国民代表会议派出代表。所有的代表，受选民给予他们的限权委托书的约束，可以随时罢免。村落或地区的公社，实质上是生产者的自治政府。当然，在各个层级的自治之外，尚有为数不多但很重要的职能需要中央政府履行。

在马克思看来，公社从组织上、体制上采取的措施，确保了"旧政权的纯属压迫性质的机关予以铲除，而旧政权的合理职能则从僭越和凌驾于

① 《马克思恩格斯文集》第 3 卷，人民出版社 2009 年版，第 156 页。
② 《马克思恩格斯文集》第 3 卷，人民出版社 2009 年版，第 154 页。
③ 《马克思恩格斯文集》第 3 卷，人民出版社 2009 年版，第 154 页。

社会之上的当局那里夺取过来，归还给社会的承担责任的勤务员"①。这样，巴黎公社也就体现出了无产阶级国家政权的性质与作用，因而也就成为工人阶级解放的政治形式。

三、无产阶级政权的经济社会措施

人的解放与全面自由发展，是马克思主义的最高命题。这个命题，可以从三个层面来理解。第一，在阶级社会，人的社会属性首先表现为阶级性。在资本主义社会，人的解放首先是受压迫最重、受剥削最深又代表了先进生产力的无产阶级的解放。第二，"解放"的性质与类型各有不同，无产阶级的解放，从根本上说是经济社会解放，即从资本的压迫下解放出来。政治上的解放当然也很重要，但这主要已经由资产阶级完成了——资产阶级废除了封建制度，以自由平等取代了等级特权，以民主政治取代了封建专制。第三，无产阶级夺取政权，废除资本主义私有制，建立适应社会化生产客观要求的生产资料公有制，消灭阶级剥削乃至阶级本身，实现所有人的自由全面发展。

对人的解放与全面自由发展而言，尽管资产阶级民主政治促进了人的政治解放，但它非但没有促进人的经济社会解放，而且阻碍了这一解放进程——资产阶级民主成为资本经济统治的政治工具。正是在这个意义上，恩格斯在《社会主义从空想到科学的发展》中指出：工人阶级的"平等的要求已经不再限于政治权利方面，它也应当扩大到个人的社会地位方面；不仅应当消灭阶级特权，而且应当消灭阶级差别本身"②。无产阶级夺取政权后，不仅要继续推进人的政治解放，更彻底地发展民主政治，更要借助自己的政治统治，实现经济社会关系的彻底改造，为人的全面自由发展创造条件。巴黎公社采取的经济社会措施，就体现了上述原理。正因为如此，马克思认为，"公社的真正秘密就在于：它实质上是工人阶级的政府，是生产者阶级同占有者阶级斗争的产物；是终于发现的可以使劳动在经济

---

① 《马克思恩格斯文集》第 3 卷，人民出版社 2009 年版，第 156 页。
② 《马克思恩格斯文集》第 3 卷，人民出版社 2009 年版，第 525 页。

上获得解放的政治形式"①。"劳动在经济上获得解放",意味着工人阶级和其他劳动者从资本的压迫与剥削下解放出来,通过劳动对资本的支配,来自由地支配自己的命运,发展自己多方面的才能。

经济基础决定政治上层建筑,政治上层建筑服务于并反作用于经济基础。无产阶级革命,"不是要实现什么理想,而只是要解放那些由旧的正在崩溃的资产阶级社会本身孕育着的新社会因素"②。无产阶级夺取政权后,必须通过政治手段使自己在经济上也成为统治阶级。"所以,公社要成为铲除阶级赖以存在、因而也是阶级统治赖以存在的经济基础的杠杆。劳动一解放,每个人都变成工人,于是生产劳动就不再是一种阶级属性了。"③ 要实现这个目标,公社要从体制上消除公职人员享有的一切特权及公务津贴,消除"民众的贫困同无耻的骄奢淫逸形成鲜明对比"的现象,包括公社委员在内的一切公职人员"都只能领取相当于工人工资的报酬"④。更重要的是,无产阶级政权要消灭生产资料私有制,消除资本主义私有制所导致的生产无政府状态。"公社是想要消灭那种将多数人的劳动变为少数人的财富的阶级所有制。它是想要剥夺剥夺者。它是想要把现在主要用做奴役和剥削劳动的手段的生产资料,即土地和资本完全变成自由的和联合的劳动的工具,从而使个人所有制成为现实。"⑤ 在生产者占有生产资料的条件下,社会将"按照共同的计划调节全国生产,从而控制全国生产,结束无时不在的无政府状态和周期性的动荡这样一些资本主义生产难以逃脱的劫难"⑥,最终实现共产主义。

除了政治措施、经济措施外,马克思也赞扬公社在铲除旧政权的物质力量后,"急切地着手摧毁作为压迫工具的精神力量"⑦。一方面,公社宣布政教分离,剥夺教会占有的所有财产,宗教信仰成为私人的事情。另一方面,"一切教育机构对人民免费开放,完全不受教会和国家的干涉。这

---

① 《马克思恩格斯文集》第 3 卷,人民出版社 2009 年版,第 158 页。
② 《马克思恩格斯文集》第 3 卷,人民出版社 2009 年版,第 159 页。
③ 《马克思恩格斯文集》第 3 卷,人民出版社 2009 年版,第 158 页。
④ 《马克思恩格斯文集》第 3 卷,人民出版社 2009 年版,第 154 页。
⑤ 《马克思恩格斯文集》第 3 卷,人民出版社 2009 年版,第 158 页。
⑥ 《马克思恩格斯文集》第 3 卷,人民出版社 2009 年版,第 159 页。
⑦ 《马克思恩格斯文集》第 3 卷,人民出版社 2009 年版,第 155 页。

样，不但人人都能受教育，而且科学也摆脱了阶级偏见和政府权力的桎梏"①。通过政治、经济、文化等领域的各项措施，公社要从根本上改造旧社会，为建立没有阶级、没有国家、没有剥削的新社会即共产主义社会创造条件。

四、理论价值和现实意义

马克思关于无产阶级国家政权的性质与作用的思想，对于巩固中国的人民民主专政的国家政权，建设中国特色社会主义民主政治，具有非常重要的理论价值和现实意义。

一方面，无产阶级国家政权，是为工人阶级及其他劳动者谋利益的。然而，如果没有完备的制度和体制，无产阶级国家政权的性质与功能就缺乏保障。马克思对普遍选举制的重视，对公务人员报酬的强调，主要目的是防范国家政权及其公务人员的异化变质。换言之，要彻底发展民主政治，建设廉洁为公的人民政府。这个思想，对马克思以后的共产党人影响很大。例如，朱镕基曾经指出："马克思在《法兰西内战》中讲过'廉价政府'这个词，实际上就是指一个精简的、成本很低的、不浪费人民血汗的政府"，"我们一定要奋发图强，励精图治，把我们的政府建设成一个廉洁的、高效的、廉价的政府"。② 要实现这一点，必须积极稳妥地推进政治体制改革，确保人民当家作主的政治地位。

另一方面，作为代表劳动者根本利益、体现新型民主理想的新型政权，无产阶级政权既要建设彻底民主的政治制度，也要建立合乎国情的经济制度，确保劳动者在政治、经济、社会等各个领域的主人翁地位。政治上的当家作主与相应的经济社会保障，缺一不可。从这一点来说，"公社给共和国奠定了真正民主制度的基础"③，使之在本质上区别于只注重政治程序的自由主义民主或资产阶级民主。在中国特色社会主义条件下，我们不仅要改革完善政治制度，而且要健全基本经济制度，确保人民当家作

---

① 《马克思恩格斯文集》第 3 卷，人民出版社 2009 年版，第 155 页。
② 《朱镕基讲话实录》第 3 卷，人民出版社 2011 年版，第 3 页。
③ 《马克思恩格斯文集》第 3 卷，人民出版社 2009 年版，第 157 页。

主在各个领域内得以实现。

由于时代的局限，巴黎公社采取的某些具体措施，如公务人员领取相对于工人工资的报酬、废除常备军等，并不具有普遍意义。具有普遍意义的，是马克思主义基本原理、基本精神。我们要以马克思主义关于无产阶级政权性质与作用的基本精神，指导中国特色社会主义民主政治建设特别是政权建设。进一步讲，发展社会主义民主，缩小收入差距、区域差距，大力发展教育、卫生等社会事业，全面提高人民各方面的素质和能力，是中国特色社会主义建设的根本任务。

（王中汝）

工人阶级必须建立
与一切旧政党不同的政党
——读马克思《国际工人协会共同章程》

《国际工人协会共同章程》（本文中简称《共同章程》）是马克思为国际工人协会起草的一个纲领性文件。它也是继《共产党宣言》之后，指导国际共产主义运动的重要文献。

一、写作背景

1848年革命后，欧洲资本主义有了快速发展。伴随资本主义世界市场的形成，资本主义各国的联系在不断加强，工人阶级的国际联系也增强了。1857—1859年，资本主义世界爆发了经济危机，加剧了社会的动荡。资产阶级力图转嫁危机到工人阶级和殖民地人民身上，激起了工人运动的新高潮，并出现了两个方面的明显趋势：一是工人阶级力图摆脱资产阶级的控制，开始走上了政治斗争的道路，并建立自己的独立组织；二是面对资产阶级开始的国际联合对付无产阶级，工人阶级已经意识到要克服分散斗争的势单力薄，必须加强工人的国际团结。直接促成第一国际成立的历史事件，是1863年波兰人民反抗沙皇俄国压迫的起义。1863年7月22日，英法两国工人在伦敦召开群众大会，声援波兰人民的正义斗争，会后决定着手建立工人阶级的国际组织，并建立了筹委会。

1864年9月28日，英国工联在伦敦圣马丁教堂召开群众大会，出席大会的除了法国工人代表团以外，还有德国、意大利、波兰、爱尔兰的工人代表。大会根据英法工人代表的提议，决定建立一个国际性的工人协会，并选出一个有21个成员的临时委员会（1864年10月18日改为中央委员会，1866年9月改为总委员会），国际工人协会宣告成立。马克思出席了国际工人协会成立大会，并被选为临时委员会成员。

　　国际工人协会，简称"国际"，第二国际成立后，始称第一国际。它的任务是在国际范围内组织各国工人阶级的力量，在工人运动的各种不同表现形式之间建立联系并把它们联合起来，保卫工人阶级的利益，为工人阶级的解放而斗争。为了阐明国际工人协会的原则、目标和组织机构，马克思受临时中央委员会委托，为协会起草了《国际工人协会成立宣言》和《协会临时章程》，它们于 1864 年 11 月 1 日中央委员会会议上获得通过。经 1866 年 9 月日内瓦代表大会讨论通过，《协会临时章程》改称为《国际工人协会章程》，后经 1871 年 9 月伦敦代表会议修改，称作《国际工人协会共同章程》。

二、主要内容

　　《共同章程》包括引言和条文两部分。引言部分集中论述了国际工人协会成立的目的，明确了国际工人协会成立的目标、手段等，提出了"劳动的解放"需要"最先进的国家在实践上和理论上的合作"。① 条文部分共十三条，分别规定了各国工人运动联合的目的、任务和组织原则等。章程的核心思想，就是规定了国际工人协会的使命、组织原则，强调了建立无产阶级独立政党的必要性。

（一）阐明了建立国际工人协会的目的和重要性

　　《共同章程》明确指出，成立国际工人协会"目的是要成为追求共同目标即工人阶级得到保护、发展和彻底解放的各国工人团体进行联络和合作的中心"②。只有建立一个广泛联络和合作的国际工人协会，并在这样的组织推动下，全世界的工人才能够联合起来，共同开展反对资本家及雇佣劳动制度的斗争。《共同章程》指出："劳动者在经济上受劳动资料即生活源泉的垄断者的支配，是一切形式的奴役的基础，是一切社会贫困、精神沉沦和政治依附的基础"；"因而工人阶级的经济解放是伟大的目标，一

---

① 《马克思恩格斯文集》第 3 卷，人民出版社 2009 年版，第 226 页。
② 《马克思恩格斯文集》第 3 卷，人民出版社 2009 年版，第 227 页。

切政治运动都应该作为手段服从于这一目标"。① 马克思分析了以往的一切努力为什么没有收到效果，其主要原因在于各个国家的工人阶级之间缺乏紧密的团结和联合。所以，他强调："目前欧洲各个最发达的工业国工人阶级运动的新高涨，在鼓起新的希望的同时，也郑重地警告不要重犯过去的错误，要求立刻把各个仍然分散的运动联合起来"②。

（二）明确了国际工人协会的组织构成和组织原则

《共同章程》摒弃了普鲁东、巴枯宁的个人绝对自由的无政府主义错误主张，规定了国际工人协会的组织原则，阐述了民主与集中关系的思想。

第一，规定了国际工人协会的最高权力机关是全协会工人代表大会。对于代表大会的权限，《共同章程》规定，每年召开由协会各支部选派代表组成的全协会工人代表大会。代表大会宣布工人阶级共同的要求，采取能使国际工人协会顺利进行活动的措施，并任命协会的总委员会。代表大会每年确定总委员会驻在地，并选举总委员会，规定下次代表大会召开的时间和地点。

第二，关于总委员会的构成和职能。总委员会由参加国际工人协会的各国工人代表组成。总委员会从其委员中选出处理各种事务的必要负责人，如财务委员、总书记、各国通讯书记等。总委员会是在协会各国的全国性组织和地方性组织之间进行联系的国际机关，也就是说，总委员会在工人代表大会闭会期间是国际工人协会的权力机关和执行机关。总委员会，有权在必要时改变集会地点，但无权推迟集会时间。在紧急情况下，总委员会可以早于规定的一年期限召开全协会代表大会。总委员会应主动向各国的全国性团体或地方性团体提出建议。为了加强联系，总委员会发表定期报告。《共同章程》对各国基层组织和国际工人协会的会员条件等还作了规定，要求各国每一支部对所接收会员的品行负责。

第三，强调国际工人协会的组织原则是少数服从多数。《共同章程》

---

① 《马克思恩格斯文集》第 3 卷，人民出版社 2009 年版，第 226 页。
② 《马克思恩格斯文集》第 3 卷，人民出版社 2009 年版，第 226 页。

第十二条强调了国际工人协会最高权力机关的组织原则是少数服从多数，规定"本章程可以在每次代表大会上进行修改，但须获得三分之二与会代表的赞同"①。

（三）进一步阐明了工人阶级必须建立与一切旧政党不同的政党的必要性

无产阶级要完成自己的伟大历史使命，必须建立自己的政党。这是马克思、恩格斯早就明确的一个思想。他们也始终把无产阶级政党的领导看作无产阶级获得解放的基本条件。他们在《共产党宣言》中就明确了如下这一点：无产阶级政党没有自己的特殊的利益，它代表的是无产阶级和劳动人民的利益。也就是说，无产阶级政党是无产阶级利益和意志的集中代表。《共同章程》进一步强调，"无产阶级在反对有产阶级联合力量的斗争中，只有把自身组织成为与有产阶级建立的一切旧政党不同的、相对立的政党，才能作为一个阶级来行动"②，并坚信只有建立这样的政党，并使党的支部变成工人联合会的中心和核心，才能使无产阶级独立自主地确定自己的目标和政策，使无产阶级摆脱资产阶级的影响，把无产阶级革命引向胜利。

（四）进一步提出了夺取政权是无产阶级的伟大历史使命

革命的根本问题是政权问题。从历史上看，统治阶级与被统治阶级之间的斗争，主要是围绕国家政权展开的。对无产阶级来说，要改变自己被压迫、被剥削的地位和命运，就必须推翻剥削阶级的统治，建立自己的政权。无产阶级通过革命从资产阶级手中夺取国家政权，这是无产阶级革命取得胜利的最根本的前提和首要的标志，也是无产阶级革命所要解决的中心问题。正因为如此，"国际从一开始，就把工人阶级夺取政权是社会解放的手段这一口号写在自己的旗帜上"③。《共同章程》强调："由于土地

---

① 《马克思恩格斯文集》第3卷，人民出版社2009年版，第229页。
② 《马克思恩格斯文集》第3卷，人民出版社2009年版，第228页。
③ 《马克思恩格斯全集》第33卷，人民出版社1973年版，第417页。

巨头和资本巨头总是要利用他们的政治特权来维护和永久保持他们的经济垄断，来奴役劳动，所以，夺取政权已成为无产阶级的伟大使命。"①

三、学习意义

《共同章程》阐明了国际工人协会的总原则，指出了建立无产阶级政党的必要性，发展了马克思主义关于无产阶级政党建设的理论，推动了国际工人运动发展。《共同章程》阐述的一些重要思想和基本原则，对于我们在新的条件下完成党的历史使命、加强党的建设，仍有重要意义。

（王莉）

---

① 《马克思恩格斯文集》第 3 卷，人民出版社 2009 年版，第 229 页。

生态文明的哲学基础

——读恩格斯《自然辩证法》

《自然辩证法》是恩格斯的主要著作之一。它在运用唯物主义的辩证法总结概括 19 世纪最重大的自然科学新成果的基础上，创立和发展了辩证自然观和辩证科学观，批判了自然科学领域的形而上学和唯心主义观念，为自然科学的研究和发展指明了方向。

一、写作背景

《自然辩证法》是恩格斯于 1873—1882 年陆续写作的一部未完成的手稿。在恩格斯生前，除了《劳动在从猿到人的转变中的作用》和《神灵世界中的自然科学》以外，其余均未发表。直到 1925 年，该手稿才由苏联第一次以德俄文对照本的形式正式出版。

恩格斯写作《自然辩证法》，既有当时自然科学发展的原因，也有当时现实的要求。一方面，19 世纪的自然科学取得了许多新的成就，尤其是其中的细胞学说、能量守恒定律、达尔文的进化论这三大发现有力地冲击着形而上学的自然观，越来越清晰地揭示出自然界普遍联系和永恒发展的辩证性质，这为一直高度关注自然科学的发展并具有很高自然科学素养的恩格斯研究写作《自然辩证法》提供了重要的科学基础。另一方面，写作《自然辩证法》，也是恩格斯捍卫唯物主义世界观、反对庸俗唯物主义的现实需要。庸俗唯物主义是 19 世纪 30 年代之后出现的一个唯物主义哲学派别，其代表人物有德国哲学家毕希纳等人。庸俗唯物主义认为，宇宙间一切都是物质的，精神也是物质的，精神这个物质是物质的人脑分泌出来的，如同肝脏分泌胆汁一样。这就把物质存在的形式庸俗化、简单化了。在社会领域，庸俗唯物主义以自然规律解释社会现象，甚至企图用遗传学解释阶级之间的区别，从而导向了社会达尔文主义。

　　针对庸俗唯物主义的流行，恩格斯打算写一部关于自然辩证法的著作，以回击这种攻击唯物辩证法的思潮。他在1873年5月30日给马克思的信中，叙述了撰写《自然辩证法》的宏大计划。1873年5月30日—1876年5月，恩格斯完成了几乎所有的札记和关于细节的研究。然而，为了批判杜林在哲学、政治经济学和社会主义领域宣扬的错误观点，回击杜林对马克思学说的攻击，恩格斯不得不中断对自然辩证法的研究，着手撰写《反杜林论》。

　　在写完《反杜林论》后，恩格斯回过头来继续已中断了两年的《自然辩证法》研究和写作。1878年8月，恩格斯为《自然辩证法》拟定了一个具体的计划即"1878年的计划"①并写完了几乎所有相关的论文。就在恩格斯期望"必须尽快地结束自然辩证法"的写作之际，1883年3月14日，马克思突然与世长辞。于是，恩格斯义不容辞地担当起了马克思遗稿《资本论》第二卷和第三卷的整理出版工作，再加上要领导国际工人运动，事实上就停止了《自然辩证法》的写作，致使这部著作最终没能全部完成。

二、节选部分的主要内容

　　《自然辩证法》共有10篇论文、169篇札记和片断、2个计划草案，由181个部分组成。《马克思恩格斯列宁著作选编》选取了《自然辩证法》中的《辩证法》《劳动在从猿到人的转变中的作用》两篇论文及《规律和范畴》《认识》等札记。

（一）关于《辩证法》及《规律和范畴》《认识》的主要内容

　　《辩证法》一文及《规律和范畴》《认识》等札记主要论述了辩证法的有关思想。恩格斯根据当时自然科学的材料分析了唯物辩证法的基本规律和几对重要范畴，以及辩证逻辑和辩证唯物主义认识论的一些主要思想。

　　在《辩证法》这篇未完成的论文中，恩格斯先明确了辩证法规律的内

---

① 《马克思恩格斯文集》第9卷，人民出版社2009年版，第401—402页。

容。他指出，辩证法的规律无非是从自然界的历史和人类社会的历史及人的思维本身中抽象出来的最一般的规律。辩证法的规律实质上可以归结为三个规律：量转化为质和质转化为量的规律、对立的相互渗透的规律和否定的否定的规律。但在黑格尔那里，这三个规律都曾经被他按照其唯心主义的方式当作纯粹的思维规律而加以阐明，其错误就在于"这些规律是作为思维规律强加于自然界和历史的，而不是从它们中推导出来的"①。恩格斯认为，辩证法规律是自然界的实在发展的规律，因而它对理论自然研究也是有效的。恩格斯着重从物理学、生物学和化学等学科角度具体分析了"量转化为质和质转化为量的规律"，指出在自然界中，质的变化只有通过物质或运动的量的增加或减少才能发生。针对一些人曾经诽谤量到质的转化是神秘主义和不可理解的先验主义，恩格斯强调："第一次把自然界、社会和思维的发展的一个一般规律以其普遍适用的形式表述出来，这毕竟是一项具有世界历史意义的勋业。"② 可见，他肯定了发现质量互变规律的伟大意义。

在《规律和范畴》这篇札记中，恩格斯首先分析了客观辩证法和主观辩证法的关系，指出客观辩证法是在整个自然界中起支配作用的，而主观辩证法不过是对在自然界中到处发生作用的、对立中的运动的反映。恩格斯通过对自然界和人类社会中的一些现象的描述，论证了事物内部及事物间的对立所具有的自身不断斗争和最终互相转化或向更高形式转化的客观辩证本性。《规律和范畴》这篇札记需要特别关注的地方在于，恩格斯详细阐述了辩证的思维方法和形而上学的思维方法的本质区别：第一，辩证的思维方法不承认什么僵硬和固定的界限，不承认普遍绝对有效的"非此即彼"，它是在事物的对立统一和发展变化中来理解事物的，除了"非此即彼"，又在恰当的地方承认"亦此亦彼"。第二，在矛盾的同一性问题上，旧形而上学意义上的同一律认为，每一事物都与自身同一，一切都是永恒的、静止的，一个事物不能同时既是自身又是他物，否定了事物的发展转化。在辩证的思维方法看来，同一性不是抽象的而是具体的，具体的

---

① 《马克思恩格斯文集》第 9 卷，人民出版社 2009 年版，第 463 页。
② 《马克思恩格斯文集》第 9 卷，人民出版社 2009 年版，第 469 页。

同一性中包含着差异，而正是这种差异的存在，才导致了事物内部及事物间的对立和斗争，从而推动着事物的发展变化。

在《规律和范畴》这篇札记中，恩格斯阐述了偶然性和必然性的辩证关系，指出，在偶然性和必然性的关系问题上，存在着两种错误的倾向：一是抬高必然性而贬低偶然性，"必然被说成是科学上唯一值得注意的东西，而偶然被说成是对科学无足轻重的东西"①；二是通过根本否认偶然性的办法来对付偶然性，这是"决定论"的观点，按照这种观点，在自然界中占统治地位的，只是单纯的直接的必然性。同上述论断相对立，恩格斯引用黑格尔的观点指出：偶然的东西是必然的，"偶然性融合在必然性中"②，必然性自我规定为偶然性。这就一定程度地交代了偶然性和必然性的辩证关系。在《规律和范畴》这篇札记中，恩格斯还阐述了事物的"相互作用"和"因果性"问题，指出："相互作用是我们从现今自然科学的观点出发在整体上考察运动着的物质时首先遇到的东西。"③ 事物的相互作用是事物普遍联系的表现，也是事物运动发展的"真正的终极原因"。在事物的普遍的相互作用中，必然要引出事物的因果关系。"由于人的活动，因果观念即一个运动是另一个运动的原因这样一种观念得到确证。"④

在《认识》这篇札记中，恩格斯重点论述了认识的属人性、相对性，以及判断、假说、归纳和演绎等认识的形式和方法。恩格斯特别阐述了人的认识的相对性问题，这表现为：其一，认识的时代相对性。这就是说，我们只能在我们时代的条件下去认识，这些条件达到什么程度，我们就只能认识到什么程度。其二，认识的适用范围的相对性。在恩格斯看来，"除了以地球为中心的物理学、化学、生物学、气象学等等，不可能有别的，而这些科学并不因为说它们是只适用于地球的并且因而只是相对的就损失了什么。如果人们把这一点看得很严重并且要求一种无中心的科学，

① 《马克思恩格斯文集》第 9 卷，人民出版社 2009 年版，第 478 页。
② 《马克思恩格斯文集》第 9 卷，人民出版社 2009 年版，第 486 页。
③ 《马克思恩格斯文集》第 9 卷，人民出版社 2009 年版，第 481 页。
④ 《马克思恩格斯文集》第 9 卷，人民出版社 2009 年版，第 482 页。

那就会使一切科学停顿下来"①。

（二）关于《劳动在从猿到人的转变中的作用》的主要内容

1. 关于劳动创造人的思想

《劳动在从猿到人的转变中的作用》一文由 25 个自然段组成。关于劳动创造人的思想主要反映在该文的前 16 个自然段中。在该文的第一个自然段，恩格斯就郑重提出了"劳动创造了人本身"这一著名论断，接下来具体论述了人类的各种生理及社会特征是如何在劳动中产生的若干细节问题。恩格斯的"劳动创造了人本身"的思想主要包括两层含义：劳动是使猿转化为人的根本动力；劳动是人根本区别于动物的标志。这篇论文实际上把自然辩证法和社会领域的辩证法即历史唯物主义衔接了起来。

2. 关于人和自然界的"一体性"及人的劳动要遵循自然规律的思想

这一思想主要反映在《劳动在从猿到人的转变中的作用》一文的最后 9 个自然段里。恩格斯指出，人与动物的最终的本质的差别，就是人在劳动的基础上对自然界所进行的改造。但人在改造自然的过程中不要过分陶醉于对自然界所取得的胜利，因为"我们连同我们的肉、血和头脑都是属于自然界和存在于自然界之中的"②，即人和自然界具有"一体性"。人在改造自然的过程中之所以比其他一切生物强，关键在于人"能够认识和正确运用自然规律"③。在恩格斯看来，"学会更正确地理解自然规律"的重要表现，就是充分察觉到人的改造自然的活动所造成的较近与较远后果的不一致性问题。

三、学习启示及意义

恩格斯的《自然辩证法》包含着丰富的哲学思想。其中，尤其需要我们认真学习并用以指导我们实践的，就是恩格斯所阐述的关于生态哲学的思想。

---

① 《马克思恩格斯文集》第 9 卷，人民出版社 2009 年版，第 496 页。
② 《马克思恩格斯文集》第 9 卷，人民出版社 2009 年版，第 560 页。
③ 《马克思恩格斯文集》第 9 卷，人民出版社 2009 年版，第 560 页。

（一）恩格斯对马克思主义生态哲学思想作了重要阐发

马克思主义生态哲学思想集中反映在《1844 年经济学哲学手稿》和《自然辩证法》等著作中。在《1844 年经济学哲学手稿》中，马克思主要阐述了这样一些生态哲学观点：第一，自然界是人的无机的身体的观点，表明了人与自然的高度统一性。第二，人是受动的自然存在物的观点。在马克思看来，一方面，人是能动的自然存在物；但另一方面，"人作为自然的、肉体的、感性的、对象性的存在物，同动植物一样，是受动的、受制约的和受限制的存在物"①。第三，没有自然界则工人什么也不能创造的观点。在马克思看来，自然界是工人的劳动得以实现、工人的劳动在其中活动、工人的劳动从中生产出和借以生产出自己的产品的材料，这表明了自然界及其资源条件对人的生产实践的基础性作用。第四，人同自然的关系也就是人和人之间的关系的观点，表明了这两种关系的相互依存、相互制约、相互转化的统一性。后来，马克思恩格斯在《德意志意识形态》中又论述了自然界和人的同一性的思想，恩格斯在《反杜林论》中则提出了自由在于认识自然规律并使自然规律为人的目的服务的思想。

在《自然辩证法》中，恩格斯在继续阐述人"自身和自然界的一体性"或同一性思想的同时，又着重表达了这样几种观点："自然界都对我们进行报复""认识和正确运用自然规律""学会认识我们对自然界习常过程的干预所造成的较近或较远的后果""到目前为止的一切生产方式，都仅仅以取得劳动的最近的、最直接的效益为目的"等。恩格斯的这些提法或观点不仅再一次集中阐发了马克思主义生态哲学思想，而且使这种思想得到了进一步的深化和升华，即恩格斯着重是从人的活动的角度特别是人的活动的较远的不良影响的角度来把握自然界对人的制约作用特别是自然界对人的报复性问题。这就把马克思主义生态哲学思想的发展推向了新的更高的阶段，是我们今天认识环境问题、进行环境保护的重要理论依据。

---

① 《马克思恩格斯文集》第 1 卷，人民出版社 2009 年版，第 209 页。

（二）恩格斯关于人"自身和自然界的一体性"思想，是我们当今建设生态文明、保护生态环境的重要理论依据

党的十九大报告提出了"人与自然是生命共同体，人类必须尊重自然、顺应自然、保护自然"的基本要求。作为全面建设社会主义现代化国家的重要目标之一，提出建设生态文明，无疑有着积极的时代意义和鲜明的实践导向作用。所谓生态文明，是指人类在改造自然界的同时又主动保护自然界，积极改善和优化人与自然的关系，建设良好的生态环境而取得的物质成果、精神成果和制度成果的总和。

我们建设生态文明，保护生态环境，走人与自然和谐发展之路，其中一个重要的理论依据，就是恩格斯所揭示的人与自然之间具有"一体性"或"统一性"的观点。当"人猿相揖别"、人从自然的怀抱中诞生出来之后，就有了人与自然的矛盾关系。在人与自然的矛盾关系中，既有对立性的一面，也有统一性的一面。所谓对立性，是指人类是一种自主、自觉的存在，而自然界是一种自在、自发的存在。虽然自然界是人类的"衣食父母"，但它不能现成和主动地提供人类生存和发展所需要的资料。大自然拥有肥沃的土地，但它不能主动生产人类所需要的五谷；大自然拥有各种矿藏，但它不能生产人类所需要的生活用品；大自然拥有洞穴和树荫，但它不能提供人类所需要的房屋。更重要的是，大自然时常以其暴虐和无常的一面或通过各种天灾来威胁、损害和阻碍人类的生存与发展。大自然的这种自在性、自发性及其对人而言的损毁性，就与人类及人类的生存发展具有了矛盾对立性。但人绝不会像动物那样"仅仅利用外部自然界"而过一种天然本能的动物式"生活"。换言之，人类正是在"人化自然"的劳动实践中，通过对自然界的改造变革，使自然界发生人所希望的变化，并在同自然界实现物质和能量的交换中实现自身的生存和发展的。

本来，人与自然之间的矛盾关系是辩证的，即对立中包含着统一，统一中又包含着对立。或者说，人类要在劳动实践的基础上，把改造自然、变革自然与建设自然、保护自然结合起来，而不能以形而上学的态度对待人与自然之间的关系，要么只看到人对自然改造、征服的一面，

以生态的破坏为代价来实现人类的进步；要么只看到人对自然适应和保护的一面，以限制甚至停止人类正常的生产和生活活动来换取对"自然权利"的维护——如西方一些学者所持的"动物解放论"认为，为了保护动物的权利，人类"必须停止为自己的饱餐而饲养和杀戮动物或在动物身上做实验的活动"。总之，这种割裂人与自然之间辩证关系的极端化的看法和做法，是不符合人与自然关系的本来面目的，也是不利于人类的可持续发展的。但很不幸的是，自告别了原始的渔猎文明，在创造农业文明特别是工业文明的进程中，人类一改远古时期"在自然力量面前还无能为力"的受奴役和压迫的状态，而逐步走上了一条"征服者"的"超人"之路。在日趋强盛发达的生产力和科学技术的推动与武装卜，人类把支配变革自然的一面推向了极致甚至极端化的状态，使人与自然之间的辩证关系发生了严重的扭曲：一方面向大自然索取物质的"精华"，另一方面却把"三废"毫不留情地回报给了自然界；只知在大自然面前张扬能动性，而不知人在自然面前还具有受动性。有人说，20 世纪是人类在征服自然的道路上凯歌高进的世纪，也是大自然对人类进行无情报复的世纪。在迄今日趋严重的生态危机面前，如果人类不把生态文明建设和生态保护放在优先地位加以考虑，大自然很有可能对人类实行"一票否决"，从而毁掉整个人类文明。

　　建设生态文明、保护生态环境，其实是对人的极端化的改造变革自然活动的一种反正。换言之，当我们举起"征服者之剑"向大自然进军的时候，切不可忘记："我们决不像征服者统治异族人那样支配自然界，决不像站在自然界之外的人似的去支配自然界——相反，我们连同我们的肉、血和头脑都是属于自然界和存在于自然界之中的"①。或者说，人尽管有孙悟空般"七十二变"的本领，但依然逃脱不出大自然这个"如来佛"的"掌心"，因为"我们连同我们的肉、血和头脑都是属于自然界和存在于自然界之中的"。以往的人类文明实践特别是物质文明实践基本上是一种征服和改造自然的文明，生态文明的提出及其建设使得人类文明的发展具有了绿化的方向和绿色的因素，这种绿化的方向将是一种把对自然的改造和

---

① 《马克思恩格斯文集》第 9 卷，人民出版社 2009 年版，第 560 页。

保护统一起来的正确方向，这样的实践方向无疑能确保人类文明的世代延续。

（三）恩格斯所强调的要遵从自然规律、协调人的活动的较近后果和较远后果的关系，为我们建设生态文明、保护生态环境提供了重要的方法论原则

和其他一切生物相比，人的强大和优势，不在于单向地对自然进行改造与征服，而在于在改造变革自然的实践中"能够认识和正确运用自然规律"。换言之，认识并遵循自然规律，是我们今天建设生态文明进而推行科学发展的首要的方法论原则。我们知道，物质世界包括自然界的运动变化是一个有规律的过程。自然界正是通过其内在的客观规律来约束并惩罚人的所作所为的。马克思于 1866 年 8 月 7 日在致恩格斯的信中就特意提到了这样一句话："不以伟大的自然规律为依据的人类计划，只会带来灾难"[①]。在某种意义上说，人类目前所面临的一系列严重的发展问题特别是生态环境问题，在很大程度上就是人违背客观规律包括自然规律的结果。在山上一般要植树造林，在湖里一般要放养鱼虾，而不是反向行事，如在山上伐树种粮，在湖里围湖造田，可能一时增加了粮食，但违背了自然规律，最终会导致大自然的惩罚和报复，使人类遭受沉重的代价。早在我国古代就有"顺天而动"、遵循自然规律的思想。例如，《管子·小匡》指出："山泽各以其时而至，则民不苟。"这要求人们必须按照山林川泽自然发展的规律取用，合理利用其间的生物资源。今天，我们提出并建设生态文明，实现又好又快的科学发展，不仅是对自然规律的一种遵从，而且要求我们在自然规律作用的方向上用力，而不能南辕北辙、反其道而行之。那些"人有多大胆，地有多高产"以及揠苗助长、拽着自己头发上月球的种种言行，貌似聪明，实则是违背事物规律的蠢举，只能招来无谓的损失和牺牲。

人的活动，就其结果或后果而言，具有双重性或双效应性。从活动结果的空间维度上看，有正面的、积极的结果，也有负面的、消极的结果；

---

①　《马克思恩格斯全集》第 31 卷，人民出版社 1972 年版，第 251 页。

从活动结果的时间维度上看，有最初的或较近的积极结果，也有较远的或第二步、第三步等的消极结果；等等。恩格斯着重论述了人的活动的最初的或较近的结果与较远的或长远的结果之间的关系问题。恩格斯指出，对于人对自然界的每一次胜利，自然界都报复了人。因为在最初人确实取得了预期的结果，"但是往后和再往后却发生完全不同的、出乎预料的影响，常常把最初的结果又消除了"①。例如，"美索不达米亚、希腊、小亚细亚以及其他各地的居民，为了得到耕地，毁灭了森林，但是他们做梦也想不到，这些地方今天竟因此而成为不毛之地，因为他们使这些地方失去了森林，也就失去了水分的积聚中心和贮藏库。阿尔卑斯山的意大利人，当他们在山南坡把那些在山北坡得到精心保护的枞树林砍光用尽时，没有预料到，这样一来，他们就把本地区的高山畜牧业的根基毁掉了；他们更没有预料到，他们这样做，竟使山泉在一年中的大部分时间内枯竭了，同时在雨季又使更加凶猛的洪水倾泻到平原上"②。人在改造自然领域所表现出的这种出人意料的较远结果，在社会领域也普遍地存在着。

那么，造成这种人的活动的较近结果和较远结果的对立性的原因是什么呢？恩格斯指出："到目前为止的一切生产方式，都仅仅以取得劳动的最近的、最直接的效益为目的。"③ 这种对眼前"最近的、最直接的效益"的过度追求，可以说是造成人的活动的较近结果和较远结果相对立的根本原因，也是造成日益严重的环境问题的根本原因。这同时也提醒我们，要想减少或缓解人的活动的较远影响对自然界的危害性，优化人与自然界的关系，就必须在"正确理解自然规律"的基础上，还要"学会认识我们对自然界习常过程的干预所造成的较近或较远的后果"④，具体说就是要处理好人的眼前利益和长远利益的关系，在兼顾人的活动的最近的追求和长远的影响的同时，确保人类社会的可持续发展。可见，恩格斯不仅是一般地从人的活动的角度来谈论自然界对人的反作用的，而且是从人的活动的双重结果的角度来具体论述人对自然界的不良影响及自然界对人的报复作

---

① 《马克思恩格斯文集》第 9 卷，人民出版社 2009 年版，第 560 页。
② 《马克思恩格斯文集》第 9 卷，人民出版社 2009 年版，第 560 页。
③ 《马克思恩格斯文集》第 9 卷，人民出版社 2009 年版，第 562 页。
④ 《马克思恩格斯文集》第 9 卷，人民出版社 2009 年版，第 560 页。

用的。根据恩格斯的论述，我们建设生态文明，保护生态环境，重点要对人的活动进行约束，特别是要处理好人的活动的较近的影响与较远的影响的关系，在具体的实践活动中，要有一种"瞻前顾后"的战略眼光。

（邱耕田）

未来社会的分配原则

——读马克思《哥达纲领批判》

《哥达纲领批判》是马克思关于科学共产主义的重要著作，写于1875年4月至5月初，1891年1月由恩格斯在《新时代》杂志上公开发表。在这部著作中，马克思围绕过渡时期和无产阶级专政、未来社会的发展阶段和分配原则等一系列重大问题作了理论上的阐述，为人们认识未来社会的建设和发展提供了新的理论起点。

一、写作背景

1875年，德国工人运动中的两派即爱森纳赫派和拉萨尔派，达成合并协议。在制定统一的新党纲时，爱森纳赫派的领导人在协商中作了无原则的妥协，把一些拉萨尔主义的错误观点写进纲领草案中。马克思认为，党的纲领是在全世界面前树立起的一个可供人们用以判定党的运动水平的界碑，绝不能降低党的理论水平，用原则来做交易。因此，他写了《对德国工人党纲领的几点意见》，随函寄给爱森纳赫派的领导人威·白拉克等。这就是后来以《哥达纲领批判》著称的一部经典性著作。

马克思在世期间，《哥达纲领批判》没有公开发表。1891年1月，恩格斯为了抑制德国党内正在抬头的机会主义思潮，消除拉萨尔主义的影响，帮助德国社会民主党制定正确的纲领，将这一著作发表在《新时代》杂志上，并写了一篇序言。马克思于1875年5月5日给威·白拉克的信也与这一著作同时发表。恩格斯在发表《哥达纲领批判》时，删去了一些针对个别人的尖锐的词句和评语。这一著作发表后，无论是在德国党内还是在其他国家的社会主义者中，都受到了很大的关注。一些国家的社会主义者把这一著作看作国际社会主义运动的纲领性文献。

二、节选部分的主要内容

《哥达纲领批判》这部著作阐述的问题很多。《马克思恩格斯列宁著作选编》只节选了其中有关未来社会分配问题的论述。在这里，我们就所节选的内容作一个简要的介绍。

（一）关于社会总产品的分配原理

马克思针对拉萨尔的"劳动所得"应当"不折不扣"地分配给社会一切成员的错误观点，提出并阐述了社会总产品的分配原理。马克思认为，无论在什么社会，"不折不扣"的说法都是不切实际的。社会总产品在分配之前，除了要扣除用来补偿消费掉的生产资料、扩大再生产的基金和后备基金，还要扣除国家管理费用、社会福利事业费用、社会保险费用等。因此，"'不折不扣的劳动所得'已经不知不觉地变成'有折有扣的'了，虽然从一个处于私人地位的生产者身上扣除的一切，又会直接或间接地用来为处于社会成员地位的这个生产者谋利益"[①]。

（二）关于未来社会发展不同阶段的分配原则

马克思认为，未来共产主义是一个发展着的社会形态，在其发展的不同阶段，有不同的分配方式。共产主义社会第一个阶段是刚刚从资本主义社会产生出来的，在经济、道德和精神等各个方面都还带着它脱胎出来的那个旧社会的痕迹。在这个阶段，消费资料的分配，只能实行按劳分配的原则。也就是，"每一个生产者，在作了各项扣除以后，从社会领回的，正好是他给予社会的。他给予社会的，就是他个人的劳动量"[②]。只有到了共产主义社会高级阶段，生产力有了高度发展，社会产品极大丰富，劳动不再是谋生的手段，而是生活的第一需要，"社会才能在自己的旗帜上写上：各尽所能，按需分配！"[③]

---

① 《马克思恩格斯文集》第 3 卷，人民出版社 2009 年版，第 433 页。
② 《马克思恩格斯文集》第 3 卷，人民出版社 2009 年版，第 434 页。
③ 《马克思恩格斯文集》第 3 卷，人民出版社 2009 年版，第 436 页。

（三）关于分配与生产条件相联系的思想

马克思指出："消费资料的任何一种分配，都不过是生产条件本身分配的结果"，"如果生产的物质条件是劳动者自己的集体财产，那么同样要产生一种和现在不同的消费资料的分配"。① 也就是说，生产资料的所有制形式，决定了消费资料的分配形式。生产资料归谁所有，谁就能支配生产过程并占有生产成果。

（四）关于按劳分配依然是形式上平等的观点

马克思认为，以劳动时间或强度作为统一的尺度，度量每一个劳动者的劳动，体现了平等的原则。但是，"这种平等的权利，对不同等的劳动来说是不平等的权利"②。也就是说，以劳动为同一尺度的平等，也只是体现了形式上的平等，因为它默认了不同等的个人天赋、不同等的工作能力是"天然特权"。权利绝不能超出社会的经济结构以及由经济结构制约的社会的文化发展。因此，劳动者富裕程度上的差别，这种事实上的不平等在共产主义第一阶段是无法避免的。

三、学习意义

重读马克思的《哥达纲领批判》，学习马克思关于未来社会分配原则的论述，对于我们加深对社会发展规律的认识，坚持社会发展的正确方向，不断发展和完善现实的分配制度，有重要的意义。

面对马克思的有关思想，我们应首先明确这样一点，那就是马克思对未来社会的发展阶段及分配原则的阐述，不是依据实践经验的总结，而是主要来自对资本主义社会的分析和对各种错误思想的批判。资本主义社会的弊端，资本主义社会孕育出的新社会因素，是他展望未来的基本依据和灵感来源。马克思用发展的眼光、辩证的观点通过对资本主义的批判来认

---

① 《马克思恩格斯文集》第 3 卷，人民出版社 2009 年版，第 436 页。
② 《马克思恩格斯文集》第 3 卷，人民出版社 2009 年版，第 435 页。

识未来社会的问题，展望的只是未来社会的大致轮廓和发展方向。他所提供的是研究新情况、解决新问题的出发点和方法，是社会主义建设理论的生长点，而不可能是一套如何建设社会主义的现成方案。

社会主义产生在经济文化比较落后的国家，缺乏充分的物质条件，有着"先天不足"的弱点，其成熟和完善，更需要一个长期的历史过程，这与马克思的设想有很大的不同。在经济文化比较落后的国家进行社会主义实践，是一个新课题，这也就有了一个在现实的基础上要不断探索和创新的过程。马克思设想，未来社会生产资料归社会直接占有，商品经济将被有计划的产品经济代替，每一个人的劳动都直接表现为社会劳动，个人消费资料的分配也不再需要以商品交换的形式出现。在我国现阶段，公有制和按劳分配是主体，同时还有多种所有制经济和多种分配方式的存在，而且个人劳动还必须借助于商品货币关系才能转化为社会必要劳动。在理论设想与现实条件差异较大的情况下，简单地套用马克思的有关思想来解释或规范现实生活，既是行不通的，也不符合马克思主义经典作家的意愿。因此，在社会主义市场经济的条件下，马克思关于按劳分配思想的某些论断需要结合新的实际予以丰富和发展。马克思认为，即使在完全实现了生产资料社会占有的条件下，劳动者因个人能力及家庭状况等各方面的差异，也会在富裕程度上产生差距。在我国社会发展现阶段，导致劳动者富裕程度差距拉大的因素更多，如何缩小差距，体现社会相对公平，也是需要我们进行新的思考和研究的。

（秦刚）

跨越资本主义制度的"卡夫丁峡谷"

——读马克思《给〈祖国纪事〉杂志编辑部的信》《给维·伊·查苏利奇的复信》

一、写作背景

经历 1861 年的农奴制改革后，俄国的资本主义快速发展，原有的农村公社体制遭到严重破坏。与此同时，1872 年《资本论》第一卷俄文版出版，在俄国引发了激烈的争论。自由主义者和民粹主义者就"俄国农村公社向何处去"展开了讨论。自由主义者认为，《资本论》反映了社会历史发展的一般规律，强调俄国走资本主义道路的合理性。民粹主义者则认为，《资本论》是对资本主义社会的批判，强调资本主义的不合理性及必然会灭亡，并以此来为自己的农村社会主义理论辩护，否认俄国走资本主义道路的必然性。

1877 年，俄国自由派杂志《欧洲通讯》第九册刊登了尤·加·茹柯夫斯基的文章《卡尔·马克思和他的〈资本论〉一书》，紧接着尼·康·米海洛夫斯基在《祖国纪事》杂志上发表了一篇题为《卡尔·马克思在尤·茹柯夫斯基先生的法庭上》的文章，对尤·加·茹柯夫斯基观点进行了反驳。马克思看了这篇文章后认为，尼·康·米海洛夫斯基对《资本论》有错误的解读，他把《资本论》关于西欧资本主义起源的历史概述变成一般发展道路的历史哲学理论，这是强加给马克思的。于是，马克思给《祖国纪事》编辑部写了一封书信，这就是《给〈祖国纪事〉杂志编辑部的信》。这封信写好后，并没有公开发表。后来，恩格斯在整理马克思的遗稿时发现了它，并将它寄给了俄国"劳动解放社"成员维·伊·查苏利奇，望她酌情处理。这封信于 1886 年在《民意导报》第五期上发表，1888 年 10 月在俄国刊物《司法通报》上再次发表。

1881 年 2 月，维·伊·查苏利奇致信马克思，希望他谈谈俄国历史发展的前景，特别是俄国公社的命运，以及俄国公社如果能够存活下去，是否也必须经过资本主义的各个阶段。《给维·伊·查苏利奇的复信》，是马克思对这些问题的一个回应。为回答这些问题，马克思在回信的过程中反复斟酌，四易其稿。《马克思恩格斯列宁著作选编》选择了其中第三稿和复信部分。第三稿是对第一稿和第二稿思想的概括，同时还论述了不通过资本主义"卡夫丁峡谷"的可能性。复信则简约地概括了前三稿的主要内容，同时就俄国公社的实际前景和命运给予了谨慎的回答。

虽然这两封书信写作的对象不同，但回答的是同样的问题。

二、主要内容

在这两封书信中，马克思探讨了俄国历史发展的前景，特别是农村公社的命运。具体而言，在《给〈祖国纪事〉杂志编辑部的信》中，马克思宏观地回答了俄国可以走一条不同于资本主义国家的发展道路。在《给维·伊·查苏利奇的复信》中，他则更为细致地对该问题进行了分析和论证，提出了为什么俄国可以走一条不同于资本主义国家的发展道路。

（一）对"历史必然性"的阐释

在《资本论》中，马克思分析了西欧资本主义生产的起源，描述了使生产者同他们自己的生产资料分离，从而把他们自己变成雇佣工人，把生产资料占有者变成资本家的历史过程。尼·康·米海洛夫斯基把马克思关于西欧历史发展过程的阐述套用到俄国，认为在俄国也必须经历资本主义这个过程，称之为"历史的必然"。马克思指出，尼·康·米海洛夫斯基把《资本论》中关于西欧资本主义起源的历史概述彻底变成了一般发展道路的历史哲学理论，并认为一切民族，不管它们所处的历史环境如何，都注定要走这条道路，这是一个极大的误解。

马克思认为，人类历史发展道路是多样的，不能离开各国的历史环境和具体国情来谈论发展道路。在他看来，历史事件及其发展过程，都是在特定的历史环境中展开的，有其内在的规律性。"极为相似的事变发生在不同的历史环境中就引起了完全不同的结果。"① 他指出，《资本论》中关于原始积累的那一章，"只不过想描述西欧的资本主义经济制度从封建主义经济制度内部产生出来的途径"②。后来，他在《给维·伊·查苏利奇的复信》中也明确指出，分析资本主义生产的起源时所说的历史必然性，是指在资本主义制度的基础上，生产者和生产资料的彻底分离。马克思强调，这一运动的"历史必然性"是限制在西欧各国的范围内的。如果把它普遍化，认为它适用于一切国家，就不符合他的原意了。

马克思认为，就俄国来说，它面临的问题与西方是不同的。"在这种西方的运动中，问题是把一种私有制形式变为另一种私有制形式"，即以自己的劳动为基础的私有制转变为以剥削他人劳动即以雇佣劳动为基础的资本主义私有制。"相反，在俄国农民中，则是要把他们的公有制变为私有制。"③ 但并不是说这种制度根本就不适用于俄国。在特定的历史条件下，它才可以被应用到俄国去。"假如俄国想要遵照西欧各国的先例成为一个资本主义国家……它不先把很大一部分农民变成无产者就达不到这个目的；而它一旦倒进资本主义制度的怀抱，它就会和尘世间的其他民族一样地受那些铁面无情的规律的支配。"④ 因此，马克思认为，俄国究竟要走向哪一条道路是根据自身的实际情况决定的。

关于这一点，马克思在《给〈祖国纪事〉杂志编辑部的信》的最后还专门举了一个例子来加以说明。古代罗马平民最初都是独立经营的自由农民。在罗马历史发展的过程中，他们被迫与生产资料相分离，按照《资本论》中所论述的内容，这些自由平民将变成雇佣工人，但实际情况却是，他们成为无所事事的游民。他们同时发展起来的生产方式不是资本主义的而是奴隶制的。因此，我们必须对历史进行具体的分析，而不能由一般历史理论所支配，这样就又陷入唯心主义的泥泞中，无法认识真正的历史。因为"使用一般历史哲学理论这一把万能钥匙，那是永远达不到这种目的

① 《马克思恩格斯文集》第 3 卷，人民出版社 2009 年版，第 466 页。
② 《马克思恩格斯文集》第 3 卷，人民出版社 2009 年版，第 465 页。
③ 《马克思恩格斯文集》第 3 卷，人民出版社 2009 年版，第 583 页。
④ 《马克思恩格斯文集》第 3 卷，人民出版社 2009 年版，第 466 页。

的，这种历史哲学理论的最大长处就在于它是超历史的"①。因此，俄国公社完全可以走一条不同于欧洲已经走过而且正在走着的道路，超越"历史必然"。

（二）俄国跨越"卡夫丁峡谷"的可能性

在这两封信中，马克思谈论了俄国跨越"卡夫丁峡谷"的可能性。"通过卡夫丁峡谷"是一个历史典故。公元前 321 年古罗马军队在卡夫丁城附近的卡夫丁峡谷被萨姆尼特人击败，被迫接受从长矛交叉构成的"轭形门"下通过的耻辱。此后，"通过卡夫丁峡谷"就意指遭受奇耻大辱。马克思借用这个典故，说明人类社会历史经历资本主义阶段就像通过"卡夫丁峡谷"一样，要付出巨大的代价和牺牲，是人类感到耻辱的一个阶段。

马克思认为，农村公社并非只有俄国才有，西方曾经出现过类似于这种公社的日耳曼公社，它出现的时间很短暂，是从原生态向次生形态过渡的阶段，即从以公有制为基础的社会向以私有制为基础的社会过渡的阶段。它是资本主义发展的桎梏，随着社会的发展，农村公社逐渐消失。但出于各种原因，整个欧洲，俄国是在全国范围内保留农村公社制度的唯一国家。这说明俄国的资本主义尚处于起步阶段。当时的欧洲，正经历资本化的运动。面对这场运动，俄国农村公社的命运将如何？马克思认为，俄国由于自身独特的国情，"可以在发展它所特有的历史条件的同时取得资本主义制度的全部成果，而又可以不经受资本主义制度的苦难"②。

第一，俄国农村公社的"二重性"。俄国农村公社具有不同于古代公社的三大特点：一是古代公社是建立在公社社员的血缘亲属关系上的，而农村公社是以地缘关系结成的自由人的社会组织；二是古代公社一切都是公有的，而农村公社中房屋及其附属物——园地，是农民私有的；三是在古代公社中，生产是共同进行的，进行共同分配，而在农村公社中，农民可以把自己经营土地所得的产品留为己有。可以看出，俄国的农村公社既

---

① 《马克思恩格斯文集》第 3 卷，人民出版社 2009 年版，第 467 页。
② 《马克思恩格斯文集》第 3 卷，人民出版社 2009 年版，第 464 页。

具有公有制因素也具有私有制成分。马克思将其称为农村公社的"二重性"，也就是"它摆脱了牢固然而狭窄的血缘亲属关系的束缚，并以土地公有制以及公有制所造成的各种社会联系为自己的稳固基础；同时，各个家庭单独占有房屋和园地、小地块耕地和私人占有产品，促进了那种与较原始的公社机体不相容的个性的发展"①。

　　第二，俄国的农村公社与资本主义同时存在。当时的欧洲，大部分国家在进行资本化的运动，并创造出丰富的物质财富。与此同时，俄国并不是一个孤立的国家。在马克思看来，假如俄国是孤立的国家，那么它的公社就一定会随着社会的发展而灭亡，但是俄国是和西方生产同时存在并深受西方影响的，它可以把资本主义制度所创造的一切积极成果用到公社中来。"因此，它可以不通过资本主义制度的卡夫丁峡谷，而占有资本主义制度所创造的一切积极的成果。"② 在马克思那里，资本主义的发展史是一部血淋淋的掠夺史，但也创造出了机器、铁路等丰富的物质文明。俄国作为落后国家恰恰可以直接借助欧洲所创造的物质文明，而不需要经历这个痛苦的"分娩"过程。比如，俄国的土地就非常适宜于使用机器以联合劳作的方式代替小块耕作。

　　以上两点说明，农村公社土地公有制赋予了俄国以集体占有的自然基础，与资本主义并存给俄国提供了合法进行合作劳动的物质条件。于是，俄国可以不通过资本主义的"卡夫丁峡谷"，直接进入共产主义。当然，马克思虽然肯定了农村公社是俄国"新的支点"，但还对俄国公社的发展充满担心，因为俄国农村公社的"二重性"使它拥有两种选择：或者私有制因素战胜集体因素，或者集体因素战胜私有制因素，"一切都取决于它所处的历史环境"③。"如果俄国继续走它在 1861 年所开始走的道路，那它将会失去当时历史所能提供给一个民族的最好的机会，而遭受资本主义制度所带来的一切灾难性的波折"④，因此，"必须排除从各方面向它袭来

① 《马克思恩格斯文集》第 3 卷，人民出版社 2009 年版，第 586 页。
② 《马克思恩格斯文集》第 3 卷，人民出版社 2009 年版，第 587 页。
③ 《马克思恩格斯文集》第 3 卷，人民出版社 2009 年版，第 586 页。
④ 《马克思恩格斯文集》第 3 卷，人民出版社 2009 年版，第 464 页。

的破坏性影响，然后保证它具备自然发展的正常条件"①。

三、学习意义

这两封书信，反映了马克思晚年对东方社会及其发展道路的关注。他在书信中对俄国是否可以跨越资本主义的"卡夫丁峡谷"的探讨，给我们留下了很多启示。马克思所提出的关于"俄国可以不通过资本主义制度的卡夫丁峡谷"的论断，虽然在当时并没有成为直接的现实，但是就其"设想"本身而言，从历史观和方法论的角度来说，对于人们观察落后国家的社会发展道路问题，具有重要的理论和实践意义。

人类历史发展是多样的，不同的国情决定了不同的发展道路。例如，日耳曼人没有经历奴隶社会，美国没有经历封建社会，是因为二者有特定的国情。同样，中国走上社会主义道路，也是由中国国情决定的。认真研读这两封书信，可以对这一点有更加明确的认识。马克思在谈到俄国跨越资本主义制度"卡夫丁峡谷"的可能性时特别强调指出，实现这种跨越的一个重要前提是占有资本主义制度所创造的一切积极的成果。由此，我们也可以从中获得这样的启示：经济文化比较落后的国家走上社会主义道路以后，必须吸收资本主义所积累的文明成果。只有这样，才能实现真正意义上的"跨越"。

（崔丽华）

---

① 《马克思恩格斯文集》第 3 卷，人民出版社 2009 年版，第 590 页。

科学社会主义的入门

——读恩格斯《社会主义从空想到科学的发展》

一、写作背景

《社会主义从空想到科学的发展》出版于 1880 年（法文版），当时书名为《空想社会主义和科学社会主义》。发表这部著作的直接原因是应马克思的女婿、法国工人活动家保尔·拉法格的请求，主要目的则是向年轻一代工人阶级宣传和普及科学社会主义基本原理。

1871 年法国巴黎公社革命失败以后，资本主义有了新的发展，并开始从自由竞争向垄断过渡。到 19 世纪 70 年代末，欧洲工人运动又开始活跃，迫切需要科学理论的指导。在马克思疾病缠身的情况下，作为老一辈无产阶级革命导师，马克思的战友恩格斯当然要责无旁贷、义不容辞地担当起宣传和普及科学社会主义基本原理的重任。《社会主义从空想到科学的发展》产生于这样的历史环境之中。它的问世，要从恩格斯的论战性著作《反杜林论》说起。1876 年，德国柏林大学讲师欧根·杜林开始用小资产阶级社会主义观点和折中主义攻击并试图取代科学社会主义，在社会民主党内造成了很大的消极影响。于是，恩格斯不得不中断从哲学角度研究自然科学的工作，承担起批驳杜林观点的任务。在马克思的催促下，他从 1876 年秋季开始写作《欧根·杜林先生在科学中实行的变革》，并以论文的形式陆续发表在德国社会主义工人党的中央机关报《前进报》上。在俾斯麦的反社会党人非常法颁布以前，整部著作得以出版。在一封私人信件中，恩格斯把这本书称作《反杜林论》。1880 年，其中的引论的第一章、第三编"社会主义"的第一章和第二章由恩格斯抽取出来单独成册，由保尔·拉法格译成法文，经恩格斯本人校阅后以《空想社会主义和科学社会主义》为题发表在法国社会主义杂志《社会主义评论》第 3—5 期上，并出版了单行本。

马克思在该版序言中指出："在这本小册子中我们摘录了这本书（指《反杜林论》——引者注）的理论部分中最重要的部分；这一部分可以说是科学社会主义的入门。"① 正因如此，这部著作在工人中得到广泛的传播，发挥了宣传和普及马克思主义的巨大作用。后来，这本书被译成欧洲多种文字，书名也不尽相同。1883 年出版的德文版，书名为《社会主义从空想到科学的发展》。

二、基本思想

《反杜林论》全书由三个部分即三章组成，依次叙述了科学社会主义的思想来源、理论基础和基本原理，勾勒出了社会主义从空想到科学的思想轨迹。

（一）思想来源

现代社会主义概论。第一章的第一个自然段由三句话构成，表达了三层意思，可以视为"现代社会主义概论"。其一，"现代社会主义，就其内容来说，首先是对现代社会中普遍存在的有财产者和无财产者之间、资本家和雇佣工人之间的阶级对立以及生产中普遍存在的无政府状态这两个方面进行考察的结果"②。现代社会主义即 1789 年法国大革命以来的社会主义学说，西方一些学者认为其形成于 19 世纪 20—30 年代——这是关于社会主义起源的唯物主义解释，即它是资本主义生产方式在无产阶级头脑中的反映。其二，"但是，就其理论形式来说，它起初表现为 18 世纪法国伟大的启蒙学者们所提出的各种原则的进一步的、据称是更彻底的发展"③。这是对现代社会主义最初形态的描述，意思是它从启蒙学说发展而来。其三，"同任何新的学说一样，它必须首先从已有的思想材料出发，虽然它

---

① 《马克思恩格斯选集》第 3 卷，人民出版社 2012 年版，第 743 页。
② 《马克思恩格斯文集》第 3 卷，人民出版社 2009 年版，第 523 页。
③ 《马克思恩格斯文集》第 3 卷，人民出版社 2009 年版，第 523 页。

的根子深深扎在物质的经济的事实中"①。这是叙述"社会主义从空想到科学的发展"的方法。"从已有的思想材料出发"引申出第二、三自然段对启蒙学说的述评。②

启蒙学说述评。启蒙学说是资产阶级的思想体系。"18世纪法国伟大的启蒙学者们所提出的各种原则",概括地说就是"自由、平等、博爱"。这些口号不仅反映了资产阶级的愿望,而且表达了无产阶级的诉求,因此在反封建的斗争中成为资产阶级和无产阶级共同的思想基础。这是启蒙学说革命性的体现。但是,法国大革命后建立的资产阶级共和国,并没有在全社会范围内兑现这些诺言,这是启蒙学说的历史局限性所在,说明"18世纪伟大的思想家们,也同他们的一切先驱者一样,没有能够超出他们自己的时代使他们受到的限制"③。于是,无产阶级抓住了这个"话柄",把它变成了自己的战斗口号,并从中发展出现代社会主义。但社会主义也有自己的独立起源和发展历程。

思想源流追溯。社会主义的产生以无产阶级的出现为前提。无产阶级和资产阶级相伴而生,但二者是天然敌对的阶级,故历史上"每一个大的资产阶级运动中,都爆发过作为现代无产阶级的发展程度不同的先驱者的那个阶级的独立运动"④,即早期的共产主义运动。第一章列举了几个重大事件和主要代表人物:德国宗教改革和农民战争时期的再洗礼派和托马斯·闵采尔,英国大革命时期的平等派,法国大革命时期的巴贝夫。早期的共产主义运动虽因历史条件不成熟而归于失败,但"伴随着一个还没有成熟的阶级的这些革命暴动,产生了相应的理论表现"⑤:16、17世纪"对理想社会制度的空想的描写"——1516年,英国伦敦代理行政长官托马斯·莫尔(1478—1535)发表《乌托邦》一书,标志着社会主义思想的诞生。"乌托邦"意为"没有的地方",故后人将莫尔开创的社会主义称作"空想社会主义"或"空想共产主义"。到了17世纪,欧洲大陆也产生了

---

① 《马克思恩格斯文集》第3卷,人民出版社2009年版,第523页。
② 《马克思恩格斯文集》第3卷,人民出版社2009年版,第523页。
③ 《马克思恩格斯文集》第3卷,人民出版社2009年版,第524页。
④ 《马克思恩格斯文集》第3卷,人民出版社2009年版,第525页。
⑤ 《马克思恩格斯文集》第3卷,人民出版社2009年版,第525页。

一批空想共产主义小说。18 世纪出现了"直接共产主义理论",即直接提出了财产公有、按需分配的主张,其代表人物有法国的摩莱里和马布利,他们将平等的要求从政治权力扩大到个人的社会地位方面,不仅要求消灭阶级特权,而且提出应当消灭阶级差别本身。但是,这三个世纪中的社会主义思想也是以启蒙学说的面目存在,只是在法国大革命的影响下,19 世纪初产生的"三个伟大的空想主义者"——法国的圣西门和傅立叶、英国的欧文,才使社会主义思想自成体系。他们平生没有谋过面,思想主张也不尽相同,是法国经济学家日洛姆·阿道夫·布朗基在其 1839 年出版的《欧洲经济学说史》中将三人并称并把他们及其追随者贬低为"乌托邦社会主义者",此后也就有了"空想社会主义者""空想社会主义""三大空想家"等说法。马克思和恩格斯虽然沿用这些说法,但对这三个人充满敬意,认为他们的思想是"本来意义的社会主义和共产主义的体系"即"批判的空想的社会主义和共产主义",意思是说这是科学社会主义的直接思想来源,社会主义从空想到科学的发展主要是从三个空想家的思想到科学社会主义的转化。因此,第一章的主要内容是对三个空想家积极思想成果的介绍。

三个"空想主义者"简介。按照先共性后个性的顺序,恩格斯首先揭示了三个"空想主义者"的共同点:"他们都不是作为当时已经历史地产生的无产阶级的利益的代表出现的。他们和启蒙学者一样,并不是想首先解放某一个阶级,而是想立即解放全人类。他们和启蒙学者一样,想建立理性和永恒正义的王国;但是他们的王国和启蒙学者的王国是有天壤之别的。按照这些启蒙学者的原则建立起来的资产阶级世界也是不合理性的和非正义的,所以也应该像封建制度和一切更早的社会制度一样被抛到垃圾堆里去。"① "天壤之别"使他们的主张已经"进一步"了,但两个"一样"则说明他们还没有完全摆脱启蒙学说的影响,只能说"据称是更彻底"。言外之意,只有科学社会主义才是"彻底革命的意识"。这些特点反映了资本主义发展初期社会主义者的思想水平。因为"这种历史情况也决定了社会主义创始人的观点。不成熟的理论,是同不成熟的资本主义生产

---

① 《马克思恩格斯文集》第 3 卷,人民出版社 2009 年版,第 525—526 页。

状况、不成熟的阶级状况相适应的。解决社会问题的办法还隐藏在不发达的经济关系中，所以只有从头脑中产生出来。社会所表现出来的只是弊病，消除这些弊病是思维着的理性的任务。于是，就需要发明一套新的更完善的社会制度，并且通过宣传，可能时通过典型示范，从外面强加于社会。这种新的社会制度是一开始就注定要成为空想的，它越是制定得详尽周密，就越是要陷入纯粹的幻想"①。尽管如此，他们的学说中已显露出"天才的思想萌芽和天才的思想"。接下来对他们逐一进行了点评。

——圣西门（1760—1825）。该书着重介绍了圣西门的如下观点：在推翻封建贵族以后，科学和工业应当承担起领导责任；随时随地首先关心"人数最多和最贫穷的阶级"的命运；人人应当劳动；政治是关于生产的科学，政治将完全融化在经济中，对人的统治应当变成对物的管理和对生产过程的领导。尤其是圣西门的经济思想更为深刻，被认为具有"历史远见""天才的远大眼光"。

——傅立叶（1772—1837）。傅立叶的思想主要集中在对资本主义制度的辛辣和深刻的批判上，该书认为最了不起的地方是他对社会历史的看法，即他认为社会发展有上升期，也有下降期，并把到资本主义社会为止的全部历史分为四个发展阶段，即蒙昧、野蛮、宗法和文明，资本主义包含在文明阶段之中，但是它在"恶性循环"中运动，过剩产生了贫困。同时，傅立叶还用辩证法思考了人类社会的未来。

——欧文（1771—1858）。欧文的主要活动和事迹是社会改良的实践。为此，他认为必须教育和改造人。他用以指导改造社会的理论基础是，人的性格是先天组织和人在自己一生中特别是在发育时期所处的环境这两方面的产物。因此，要把人的性格塑造同改变环境结合起来。他把改良失败的原因归结为"三大障碍"，即私有制、宗教和现在的婚姻形式，这使其思想具有了共产主义特征。

空想社会主义是早期无产阶级运动的理论表现。这种运动同资本主义的简单协作和工场手工业阶段相适应，因内部的竞争和单纯的经济动机而处于分散自发状态，从而导致派系林立，思想多元。发源于英国的工业革

---

① 《马克思恩格斯文集》第3卷，人民出版社2009年版，第528—529页。

命推动了资本主义生产方式从工场手工业到机器大工业的过渡。在这个背景下，19 世纪 30、40 年代欧洲爆发的三大工人运动，促进了无产阶级反对资产阶级的斗争从自发到自觉、从分散到联合的转变以及阶级意识的形成，尤其是 1847 年工人阶级组建了共产党，产生了用科学理论统一思想指导实践的迫切要求。但是，"为了使社会主义变为科学，就必须首先把它置于现实的基础之上"①。"置于"则需要用新的世界观启发工人阶级的头脑。

（二）理论基础

社会主义的"空想"和"科学"的区别源自世界观的分野。前者从"理性"即"人性"和"自然状态"出发。后者则建立在"现实"——无产阶级有组织地反对资产阶级革命斗争的基础上。唯物史观和剩余价值学说的创立，论证了这种斗争的历史必然性，为社会主义从空想到科学的发展提供了理论基础。第二章从辩证法切入叙述了这个哲学变革的过程。

辩证法。自然界、人类历史以及人们的精神活动始终呈现出相互联系、彼此作用的状态，处于运动、变化、生成和消逝的过程中。这种现象在人们头脑中的反映就是运动、转变、联系和发展的观念即"辩证法"的要素。尽管辩证法古已有之，但受生产力和科学技术水平的制约，先人还不足以认识事物的各个细节。科学研究的动力由此而生。不论是自然科学还是历史科学，都要遵循"记述—分类—说明"的研究步骤，但只有对自然现象和历史事实的"记述"或者说材料积累达到一定程度时，才可能对其作出批判的整理和比较，或者说进行纲、目和种的划分。精确的自然研究在古希腊就开始了，只是在 15 世纪下半叶真正的自然科学兴起以后，人们才基于各种自然过程和对象分类研究极大地提高了认识水平。但这种分门别类的研究方法一旦从自然科学中转移到哲学中就会造成思维上的局限性即"形而上学"，按照这种方法，"事物及其在思想上的反映即概念，是孤立的、应当逐个地和分别地加以考察的、固定的、僵硬的、一成不变

---

① 《马克思恩格斯文集》第 3 卷，人民出版社 2009 年版，第 537 页。

的研究对象"，即所谓"只见树木，不见森林"。① 克服这种局限性、片面性需要恢复辩证法这一最高的思维形式，由此引申出对近代黑格尔哲学的叙述。

黑格尔辩证法。德国哲学家黑格尔的辩证法第一次"把整个自然的、历史的和精神的世界描写为一个过程，即把它描写为处在不断的运动、变化、转变和发展中，并企图揭示这种运动和发展的内在联系"②。这是黑格尔的理论贡献。但他只是提出了问题，并没有解决问题。原因有三：一是黑格尔本身有限知识的限制，二是那个时代知识水平的限制，更重要的是第三即黑格尔坚持唯心主义的世界观。黑格尔的辩证法当然也承认联系、运动、变化和发展，但是在本体问题上，"一切都被头足倒置了，世界的现实联系完全被颠倒了"③。这就是说，黑格尔的辩证法是"观念"或"精神"的辩证法，而不是"物质"的辩证法；"观念"已从"现实"中独立出来；结果不是思想反映不断变化的事物，而是这个世界被塞在既有的"观念"中。物质不断运动，人们的认识永无止境，但黑格尔的体系自称已经成为关于自然和历史的无所不包的、最终完成的认识体系，已经发现了绝对真理，这种保守性与辩证法的革命性也在他那里发生了冲突。克服这种局限性则需要恢复唯物主义的权威，同时还要破除机械的、形而上学的思维。这样，一种新的世界观——唯物辩证法或唯物史观便呼之欲出了。

唯物史观。三大工人运动作为资本主义生产方式中出现的新的事实，"迫使人们对以往的全部历史作一番新的研究，结果发现：以往的全部历史，除原始状态外，都是阶级斗争的历史；这些互相斗争的社会阶级在任何时候都是生产关系和交换关系的产物，一句话，都是自己时代的经济关系的产物；因而每一时代的社会经济结构形成现实基础，每一个历史时期的由法的设施和政治设施以及宗教的、哲学的和其他的观念形式所构成的全部上层建筑，归根到底都应由这个基础来说明"④。这个新的事实，使

① 《马克思恩格斯文集》第 3 卷，人民出版社 2009 年版，第 539—540 页。
② 《马克思恩格斯文集》第 3 卷，人民出版社 2009 年版，第 542 页。
③ 《马克思恩格斯文集》第 3 卷，人民出版社 2009 年版，第 542—543 页。
④ 《马克思恩格斯文集》第 3 卷，人民出版社 2009 年版，第 544 页。

无产阶级和资产阶级的阶级斗争公开化了；隐藏在意识形态背后的物质利益的决定性作用已被揭示出来。这个新的事实，决定社会主义已经"不再被看做某个天才头脑的偶然发现，而被看做两个历史地产生的阶级即无产阶级和资产阶级之间斗争的必然产物。它的任务不再是构想出一个尽可能完善的社会制度，而是研究必然产生这两个阶级及其相互斗争的那种历史的经济的过程；并在由此造成的经济状况中找出解决冲突的手段"①。这样一来，"唯心主义从它的最后的避难所即历史观中被驱逐出去了，一种唯物主义的历史观被提出来了，用人们的存在说明他们的意识，而不是像以往那样用人们的意识说明他们的存在这样一条道路已经找到了"②。这就是说，无产阶级的解放必须通过有组织地反对资产阶级的革命斗争才能实现，这就是"科学"的含义。用唯物史观剖析资本主义生产方式，必然会发现"剩余价值"。

剩余价值学说。三大工人运动表明，资产阶级和无产阶级的关系，不像资产阶级启蒙思想家所设想的那样完全协调一致；他们之间的矛盾，也不像空想社会主义者主张的那样可以通过改良加以解决。按照唯物史观，"交换"是人与人之间关系的本质。导致阶级斗争的根本原因，并不是不同"观念"的冲突，而是物质利益上的矛盾即"不平等交换"。道理很简单：工人阶级的劳动同生产资料及劳动对象的结合是价值的源泉，但工人阶级只拥有"劳动力"，因此他们的所得不过是劳动力的"价格"；资产阶级则凭借着对生产资料和劳动对象的私人占有，能够无偿占有工人阶级创造的"剩余价值"——这就是剩余价值学说，它论证了无产阶级夺回劳动成果的历史必然性。"夺回"不能靠道德说教，只能通过暴力革命。当然，和平赎买再好不过。但不论如何，这些劳动成果将转交给全社会。

由于"这两个伟大的发现"——唯物史观和通过剩余价值揭开资本主义生产的秘密，社会主义变成了科学。这是对唯物史观和剩余价值学说意义的概括。既然社会主义已经变为科学，接下来的任务就是系统地阐发科学社会主义的基本原理。

---

① 《马克思恩格斯文集》第3卷，人民出版社2009年版，第545页。
② 《马克思恩格斯文集》第3卷，人民出版社2009年版，第544—545页。

（三）基本原理

第三章第一自然段叙述的是研究社会主义的唯物主义方法："生产以及随生产而来的产品交换是一切社会制度的基础；在每个历史地出现的社会中，产品分配以及和它相伴随的社会之划分为阶级或等级，是由生产什么、怎样生产以及怎样交换产品来决定的。所以，一切社会变迁和政治变革的终极原因，不应当到人们的头脑中，到人们对永恒的真理和正义的日益增进的认识中去寻找，而应当到生产方式和交换方式的变更中去寻找；不应当到有关时代的哲学中去寻找，而应当到有关时代的经济中去寻找。"[1] 按照这个思路，"现代社会主义是怎么回事"的答案即科学社会主义基本原理蕴含在资本主义的历史进程之中。

资本主义的起源。资本主义起源于欧洲，是社会生产力发展到一定阶段的产物。这个"一定阶段"是指欧洲中世纪晚期。具体地说，14、15世纪欧洲地中海沿岸商品经济的发展和技术的进步，促进了社会分工，出现了简单协作，产生了私人劳动和社会劳动的矛盾，造成了两极分化，孕育出早期的无产阶级和资产阶级，从而使这种生产方式在今天意大利北部的一些城市的冶金业、造船业、纺织业破土而出。随着新航路的开辟，资本主义的重心转移到大西洋沿岸，从16世纪初开始了真正的资本主义时代和世界历史。资产阶级通过思想革命、政治革命和产业革命的长期过程，摧毁了封建制度和小生产的生产方式，逐步确立了自己的政治统治和社会化大生产。但是，"大工业得到比较充分的发展时就同资本主义生产方式对它的种种限制发生冲突了"[2]。这种冲突就是资本主义与生俱来的矛盾的根源。

资本主义的矛盾。把资本主义生产方式和封建生产方式进行对比就会发现：在中世纪，小生产和生产资料的个人占有相适应。和封建社会不同，资本主义条件下的生产达到了高度的社会化，即生产资料使用的社会化、生产过程的社会化以及劳动产品的社会属性。社会化生产要求生产资

---

[1] 《马克思恩格斯文集》第 3 卷，人民出版社 2009 年版，第 547 页。

[2] 《马克思恩格斯文集》第 3 卷，人民出版社 2009 年版，第 548 页。

料应为全社会共同占有，生产过程由联合起来的劳动者共同领导，劳动成果由全体社会成员共同享用；但与封建社会相同的是，生产资料仍然掌握在私人手里，大部分劳动产品以"剩余价值"的形式落入私有者腰包，只不过私有者的身份发生了从封建贵族到资本家的变化。因此，"社会化生产和资本主义占有的不相容性"①，即"社会化生产和资本主义私人占有之间的矛盾"就鲜明地表现出来了。这种矛盾，在社会关系上表现为无产阶级和资产阶级的对立，在经济领域表现为个别工厂中生产的组织性和整个社会中生产的无政府状态之间的对立。占人口多数的无产阶级承受了这一矛盾带来的后果。

资本主义矛盾的后果。资本主义矛盾带来了两极分化和经济危机。"两极"是指无产阶级和资产阶级；"分化"是说，一极表现为资产阶级方面的财富的积累，另一极则表现为无产阶级方面的贫困、劳动折磨、受奴役、无知、粗野和道德堕落的积累。经济危机一方面表现为"生产过剩"，另一方面造成了无产阶级的贫困化，这就是傅立叶所说的"恶性循环"。生产力要不断得到解放和发展必然"要求消除这种矛盾，要求摆脱它作为资本的那种属性，要求在事实上承认它作为社会生产力的那种性质"②。由此产生了消灭私有制的客观要求。资产阶级也试图克服危机、缓和矛盾，其办法是把个别资本家的财产转化为股份公司的财产，甚至实行资本主义的"国有化"。但是，资本主义国家的阶级属性堵塞了这条改良道路，因为"无论向股份公司和托拉斯的转变，还是向国家财产的转变，都没有消除生产力的资本属性"，"现代国家，不管它的形式如何，本质上都是资本主义的机器，资本家的国家，理想的总资本家"。③ 资本家也会因"国有化"的排挤而使其有一定的限度。

资本主义矛盾的解决途径。解决资本主义矛盾有两种途径：将社会化大生产变为小生产，但这是历史的倒退；因而唯一的途径是，变革资本主义生产关系。正是在这个意义上，《共产党宣言》把共产党人的理论概括

---

① 《马克思恩格斯文集》第 3 卷，人民出版社 2009 年版，第 551 页。
② 《马克思恩格斯文集》第 3 卷，人民出版社 2009 年版，第 557 页。
③ 《马克思恩格斯文集》第 3 卷，人民出版社 2009 年版，第 559 页。

成一句话即"消灭私有制"。"资本主义生产方式日益把大多数居民变为无产者，从而就造成一种在死亡的威胁下不得不去完成这个变革的力量。这种生产方式日益迫使人们把大规模的社会化的生产资料变为国家财产，因此它本身就指明完成这个变革的道路。无产阶级将取得国家政权，并且首先把生产资料变为国家财产。"① 这就是工人革命的"第一步"。一旦生产资料变为无产阶级专政国家的财产，也就意味着私有制的消灭，这样一来也就消灭了社会划分为两大对立阶级的经济前提，消灭了阶级本身，消灭了一切阶级差别和阶级对立；阶级消灭了，一个阶级统治另一个阶级的暴力机关——国家也便因"多余"而自行消亡。经过无产阶级专政这个"过渡时期"，社会成员将以自由人的身份结成一个新社会——"自由人联合体"，在那里，通过社会化生产，不仅可以保证一切社会成员有富足和一天比一天充裕的物质生活，而且还可能保证他们的体力和智力获得充分的自由发展和运用。这就是马克思恩格斯基于资本主义的矛盾推演出来的未来社会主义新社会。

未来社会的轮廓。马克思恩格斯所生活的时代，社会主义还没有作为制度而存在。因此，对未来社会的轮廓只能进行大致的描绘："一旦社会占有了生产资料，商品生产就将被消除，而产品对生产者的统治也将随之消除。社会生产内部的无政府状态将为有计划的自觉的组织所代替。个体生存斗争停止了。于是，人在一定意义上才最终地脱离了动物界，从动物的生存条件进入真正人的生存条件。人们周围的、至今统治着人们的生活条件，现在受人们的支配和控制，人们第一次成为自然界的自觉的和真正的主人，因为他们已经成为自身的社会结合的主人了。"② 这就是一个以公有制、产品经济、联合劳动为基本特征的新社会，也是阶级斗争的最终结局：整个社会受到革命改造，斗争的无产阶级和资产阶级同归于尽。

三、现实意义

从《反杜林论》出版算起 140 多年过去了，社会主义不仅没有在世界

---

① 《马克思恩格斯文集》第 3 卷，人民出版社 2009 年版，第 561 页。
② 《马克思恩格斯文集》第 3 卷，人民出版社 2009 年版，第 564 页。

范围内取得最终胜利，而且还处于初始阶段。相反，资本主义还在继续稳定发展。但是，《社会主义从空想到科学的发展》则为认识这种新情况提供了科学方法，由此使这部著作的现实意义得以体现。

趋势的必然性。社会主义代替资本主义是历史的趋势，其必然性源于生产力的发展和资本主义的矛盾运动。在人类社会分裂为不同的阶级或等级、进入文明时代以后，处于社会底层的人民群众一再产生重建社会秩序的要求："王侯将相，宁有种乎"，"吾疾贫富不均，今为汝均之"，"等贵贱，均贫富"，"均田免粮"，等等。但历史的结局则是"青山依旧在，几度夕阳红"。只有人类进入资本主义时代才出现了实现这个理想的曙光。社会主义应该建立在资本主义充分发展的基础之上。今天，资本主义处于相对稳定的发展阶段，这说明其革命性并未终结；但"资本主义"这个名称就意味着它仍然"滴着血和肮脏的东西"。正是这种矛盾不断推动其自身的发展，这种发展并不是向封建社会和早期资本主义的倒退，而是社会主义因素的增长。因此，当今资本主义的新变化说明它不但没有摆脱历史逻辑的制约，反而是社会主义历史必然性的生动体现。

过程的长期性。马克思恩格斯把毕生的精力献给了工人阶级的解放事业，都想在有生之年目睹共产主义的实现，思想中的一些乐观乃至急于求成情绪在所难免。实际上，那个时代的资本主义，与其说处于"上升"时期，还不如说是"起步"阶段，它的全貌和长期性并没有向人们充分展示出来，倒是阶段性的特征如无产阶级的贫困化、阶级斗争的尖锐化比较突出。套用恩格斯的话说，这种历史情况也决定了科学社会主义创始人的观点。他们只看到了生产力的发展加剧社会矛盾的一面，而对资本主义制度调节社会关系的能力认识不足。恰恰是随着生产力的发展，资本主义国家两极分化的势头削弱，"中等阶级"群体逐步膨胀，资产阶级也积累了治国理政的经验，具备了缓和社会矛盾的物质手段，从而使革命形势至少在发达国家不复存在。这些新的事实说明，在全世界范围内，社会主义代替资本主义还有待时日。

道路的多样性。马克思恩格斯为工人阶级指出了一条暴力革命的道路。即使这条道路唯一可行，后来也有俄国十月革命以及中国新民主主义革命与社会主义改造等不同方式。在当代资本主义出现新变化的情况下，不能进行暴力革命必然要和平发展，工人阶级和劳动群众绝不会而且也没有必要铤而走险——这绝不是被某种思想"麻痹"所致，而是他们的生活条件使然。20 世纪社会主义建设的历史经验也表明，社会主义的生产关系也没有一套固定不变的模式。社会主义始终在统一性和多样性的辩证运动中向前发展——正所谓"道生一，一生二，二生三，三生万物"，"万物同归而殊途"。因此，科学社会主义基本原理的实际运用，正如其创始人所要求的那样，随时随地都要以当时的历史条件为转移。

（刘海涛）

文明时代的产生及文明时代的基础

——读恩格斯《家庭、私有制和国家的起源》

《家庭、私有制和国家的起源》（本文中简称《起源》）是恩格斯进一步完善和发展唯物史观，特别是马克思主义社会发展观和国家理论的代表作。在这部著作中，恩格斯科学地分析了人类早期的历史，解释了原始社会制度解体和以私有制为基础的阶级社会形成的过程，阐明了阶级社会的一般特征，分析了各个不同社会形态中家庭关系发展的特点，剖析了国家的起源和实质，并论证了国家随着阶级的产生而产生并将随着阶级的消失而消亡的历史发展过程。

一、写作背景

《起源》是恩格斯在 1884 年 3 月底至 5 月底写成的。恩格斯撰写《起源》的原因有以下三个方面。

其一，当时自由资本主义开始向垄断资本主义过渡，无产者与资产者之间的阶级斗争日益尖锐，资产阶级学者为维护资本主义制度，极力掩饰资本主义社会固有的对抗性矛盾和种种弊端，大肆宣扬私有制、阶级在人类社会出现时就已经存在，国家问题更是被他们搅得混乱不堪。为彻底破除对国家的迷信和误解，让无产阶级正确认识私有制、阶级和国家等问题，必须从理论上阐明它们的实质及其产生的历史根源。

其二，19 世纪 50 年代以后，地质学、考古学、人类学、民族学、社会学等相继创立。学者们对印度、俄国、日耳曼、爱尔兰古代农村公社陆续有了新的发现，19 世纪 60—70 年代出现了一批关于古代社会的文化学和人类学文献，特别是美国社会学家摩尔根的《古代社会》，开辟了原始社会史研究的新时代，为恩格斯深化唯物史观的研究提供了有力的学术资源。

其三，恩格斯写作该书的直接动因是完成马克思生前没有来得及完成的一项任务——运用历史唯物主义的基本观点评述摩尔根所著的《古代社会》一书的研究成果，揭示文明时代的产生及文明时代的基础。恩格斯在整理马克思的手稿时，发现了马克思在 1880—1881 年对摩尔根的《古代社会》一书所作的详细摘要，其中包含有马克思对《古代社会》所作的许多批语和马克思自己的论点，以及其他补充材料。恩格斯研究了这个摘要以后，确信摩尔根这本书证实了马克思和他两人所制定的唯物主义历史观以及他们对原始社会的看法。因此，他认为有必要充分利用马克思的批语以及摩尔根这本书中的某些结论和实际材料，来写一部专门的著作，完成"亡友未能完成的工作"。恩格斯在《起源》第一版序言中把这称作"在某种程度上是实现马克思的'遗愿'"。他在给考茨基的信中说道："在论述社会的原始状况方面，现在有一本像达尔文的著作对于生物学那样具有决定意义的书，这本书当然也是马克思发现的，这就是摩尔根的《古代社会》（1877 年版）。"①

在撰写这部著作的过程中，恩格斯充分利用了马克思的摘要、批语和他对摩尔根《古代社会》一书的结构的改造，而且以自己对希腊和罗马、古代爱尔兰、古代德意志人等等的研究成果为基础，拓展了对古代社会的研究。

二、基本问题阐释

恩格斯的《起源》先后出了六版，其中第二版和第三版是第一版的翻印，第五版和第六版是第四版的翻印。《起源》的基本结构包括第一版序言、第四版序言和九章正文。在第一版序言和第四版序言中，恩格斯分别阐述了写作《起源》的动机、两种生产理论和关于家庭史的研究概况。第一章叙述了史前文化阶段和原始社会分期问题；第二章叙述了家庭发展的历史形式；第三至八章描写了易洛魁人、希腊人、雅典人、罗马人、凯尔特人和德意志人的氏族制度及国家的形成；第九章作为全书的总结，系统

---

① 《马克思恩格斯文集》第 10 卷，人民出版社 2009 年版，第 512—513 页。

阐述了原始氏族制度解体以及私有制、阶级、国家形成与消亡的历史必然性。恩格斯阐述的主要理论问题有以下几个方面：两种生产理论；氏族理论；家庭制度理论；社会分工理论；国家理论及文明起源理论。

（一）两种生产理论

在 1884 年《起源》第一版序言中，恩格斯就从唯物主义的视角阐明了两种生产理论的内涵。他认为，"历史中的决定性因素，归根结底是直接生活的生产和再生产"①。通过研读摩尔根的《古代社会》和马克思就《古代社会》所作的摘要和批语，恩格斯对人类生产有了崭新的认识。他将生产分为两种。"一方面是生活资料即食物、衣服、住房以及为此所必需的工具的生产；另一方面是人自身的生产，即种的繁衍。"② 恩格斯由此展开对家庭制度的分析，并剖析了阶级对立的基础以及阶级冲突导致的以地区团体取代血族团体的新社会即国家的形成。他指出："一定历史时代和一定地区内的人们生活于其下的社会制度，受着两种生产的制约：一方面受劳动的发展阶段的制约，另一方面受家庭的发展阶段的制约。劳动越不发展，劳动产品的数量，从而社会的财富越受限制，社会制度就越在较大程度上受血族关系的支配。然而，在以血族关系为基础的这种社会结构中，劳动生产率日益发展起来；与此同时，私有制和交换、财产差别、使用他人劳动力的可能性，从而阶级对立的基础等等新的社会成分，也日益发展起来；这些新的社会成分在几个世代中竭力使旧的社会制度适应新的条件，直到两者的不相容性最后导致一个彻底的变革为止。以血族团体为基础的旧社会，由于新形成的各社会阶级的冲突而被炸毁；代之而起的是组成为国家的新社会，而国家的基层单位已经不是血族团体，而是地区团体了。在这种社会中，家庭制度完全受所有制的支配，阶级对立和阶级斗争从此自由开展起来，这种阶级对立和阶级斗争构成了直到今日的全部成文史的内容。"③

---

① 《马克思恩格斯文集》第 4 卷，人民出版社 2009 年版，第 15 页。
② 《马克思恩格斯文集》第 4 卷，人民出版社 2009 年版，第 15—16 页。
③ 《马克思恩格斯文集》第 4 卷，人民出版社 2009 年版，第 16 页。

《马克思恩格斯列宁著作选编》所选的第九章，是《起源》的总结部分，是对前面几章的概括和总结。这一章是全书的重点，从头至尾深刻体现了历史唯物主义的光辉思想。在这一章中，恩格斯着重从社会经济状况入手系统地说明氏族的解体、阶级的产生、国家的形成以及文明时代的基本特征，集中阐释了氏族的解体及私有制产生的基础，集中阐释了马克思主义的社会分工理论、国家理论及文明起源理论。

（二）氏族的解体及私有制产生的基础

第九章的开头说明了该章研究的主旨，描述了氏族制度的主要特征及其经济基础。恩格斯沿用摩尔根对占代社会的分期，将人类历史的演进分为蒙昧时代——野蛮时代——文明时代。"氏族在蒙昧时代中级阶段发生，在高级阶段继续发展起来，就我们现有的资料来判断，到了野蛮时代低级阶段，它便达到了全盛时代。"[①]

氏族制度的主要特征是：氏族有一套完整的氏族组织；它是自然长成的结构；它能够处理社会内部一切可能发生的冲突；对外的冲突，则由战争来解决；在氏族制度内部，权利和义务完全统一。氏族制度的经济基础是：地广人稀，生产力不发达；分工是纯粹自然产生的，它只存在于两性之间；家户经济是共产制的，凡是共同制作和使用的东西，都是共同财产。

该章通过分析原始社会中的三次大分工及在此基础上私有制的形成、阶级的产生和国家的起源，剖析了氏族被阶级社会代替的历史规律。

（三）社会分工理论

马克思恩格斯在《德意志意识形态》中就曾注意到社会分工对推进社会发展的重大作用。在《起源》中，恩格斯进一步论述了如下这一点：三次社会大分工、所有制和阶级关系等历史演变的过程，同时也是氏族社会向国家逐步演变的过程。

原始社会后期，社会生产力得到提高，生产工具得以改进。劳动生产

---

① 《马克思恩格斯文集》第 4 卷，人民出版社 2009 年版，第 177 页。

率的提高导致了剩余产品的不断增加，从而使产品和财富的私人占有成为可能。同时，生产力的发展也导致了社会分工。恩格斯详细描述了三次社会大分工的缘由、过程及其带来的变化。

"第一次社会大分工"指的是"游牧部落从其余的野蛮人群中分离出来"①。第一次社会大分工使产品经常的交换成为可能。这次社会分工虽然导致了畜群等动产的私有制，但还没有形成土地等不动产的私有制。

"第二次社会大分工"指的是手工业和农业的分离。这次社会分工进一步刺激了贸易的增长，出现了以交换为目的的商品生产。分工和贸易的发展，直接促进了公社土地所有制向土地私有制的转变。第二次社会大分工，不仅"出现了直接以交换为目的的生产，即商品生产"②，而且使"在前一阶段上刚刚产生并且是零散现象的奴隶制，现在成为社会制度的一个根本的组成部分"③。

文明时代是在第三次社会大分工基础上产生的。第三次社会大分工是商业与其他生产领域的分离，其标志是商人阶级的出现。恩格斯认为，商人阶级的出现意味着一个地地道道的剥削阶级的形成。与商人阶级一道出现的还有金属货币。金属货币作为商品很快便成为商人阶级统治世界的手段。在商品经济的冲击下，公社土地所有制彻底瓦解。完全的、自由的土地所有权同时也意味着土地兼并的可能性。所有这些，最终导致了纯粹按照财产关系进行的阶级关系的划分。奴隶主阶级和奴隶阶级之间的斗争，是国家产生的直接动力。

恩格斯在谈到分工的巨大作用时讲道："氏族制度已经过时了。它被分工及其后果即社会之分裂为阶级所炸毁。它被国家代替了。"④ 从恩格斯的分析可以看出，私有制和阶级的产生完全是社会生产力发展的结果，是社会经济发展到一定阶段的必然产物。财富私人占有、劳动个体化和商品及其交换本身也是社会生产力发展的产物，它们之间是相互交织、相互渗透的。这表明，氏族制度是被分工及其后果炸毁的，分工是社会分裂为

---

① 《马克思恩格斯文集》第 4 卷，人民出版社 2009 年版，第 179 页。
② 《马克思恩格斯文集》第 4 卷，人民出版社 2009 年版，第 182 页。
③ 《马克思恩格斯文集》第 4 卷，人民出版社 2009 年版，第 182 页。
④ 《马克思恩格斯文集》第 4 卷，人民出版社 2009 年版，第 188 页。

阶级的直接原因；分工及其后果还是国家产生的一个直接根源。分工使社会产生分化，从而导致阶级对立。所以说社会大分工是文明起源的根本动力。恩格斯把三次社会大分工与文明的起源相联系，符合人类社会历史发展的事实。

（四）国家理论

马克思主义国家理论是历史唯物主义的重要组成部分。"因为它比其他任何问题更加牵涉到统治阶级的利益"①，所以马克思主义经典作家历来高度关注这一问题，"因为这是全部政治的基本问题，根本问题"②。马克思和恩格斯在《共产党宣言》《哥达纲领批判》《资本论》等著作中都曾论述过国家问题。在《起源》中，恩格斯从国家的起源、国家产生模式、国家的本质、国家的消亡等方面系统地阐释了马克思主义国家理论。

1. 国家的起源

恩格斯认为，国家的产生是社会内部发展的结果。在原始社会条件下，没有产生国家的条件。随着生产力的发展，社会生产率不断提高，剩余产品开始产生，伴随着社会分工的发展，私人占有和阶级陆续出现，社会财富日益集中到少数人手中，两极分化的过程逐渐显著。穷人和富人之间的对立不但不能调和，还日益尖锐化。从那种没有任何内部对立的社会中生长出来的氏族制度，"面对着没有它的参与而兴起的新因素，它显得软弱无力"③。当人类社会发展到这个阶段，"所缺少的只是一件东西，即这样一个机关，它不仅保障单个人新获得的财富不受氏族制度的共产制传统的侵犯，不仅使以前被轻视的私有财产神圣化，并宣布这种神圣化是整个人类社会的最高目的，而且还给相继发展起来的获得财产从而不断加速财富积累的新的形式，盖上社会普遍承认的印章；所缺少的只是这样一个机关，它不仅使正在开始的社会分裂为阶级的现象永久化，而且使有产者阶级剥削无产者阶级的权利以及前者对后者的统治永久化"④。在这样的

①《列宁专题文集　论辩证唯物主义和历史唯物主义》，人民出版社 2009 年版，第 283 页。
②《列宁专题文集　论辩证唯物主义和历史唯物主义》，人民出版社 2009 年版，第 282 页。
③《马克思恩格斯文集》第 4 卷，人民出版社 2009 年版，第 187 页。
④《马克思恩格斯文集》第 4 卷，人民出版社 2009 年版，第 125 页。

社会条件下，氏族制度显然已经过时了，它必将被国家代替。

恩格斯从社会的物质生活关系和阶级对立中寻找国家的起源，从社会生产力的提高和经济的发展所导致的阶级对立和冲突中去揭示国家的起源，坚持了历史唯物主义原理，抓住了国家起源问题的根本和核心。

2. 国家产生模式

根据各民族不同的条件，国家产生的途径也是多样的。恩格斯列举了国家产生的几种模式：希腊式、罗马式和德意志式。他认为，"雅典是最纯粹、最典型的形式：在这里，国家是直接地和主要地从氏族社会本身内部发展起来的阶级对立中产生的。在罗马，氏族社会变成了封闭的贵族制，它的四周则是人数众多的、站在这一贵族制之外的、没有权利只有义务的平民；平民的胜利炸毁了旧的血族制度，并在它的废墟上面建立了国家，而氏族贵族和平民不久便完全溶化在国家中了。最后，在战胜了罗马帝国的德意志人中间，国家是直接从征服广大外国领土中产生的，氏族制度不能提供任何手段来统治这样广阔的领土"①。在分别描述了雅典国家、罗马国家、德意志国家的形成过程后，恩格斯对国家的起源作了经典性的概括："国家决不是从外部强加于社会的一种力量。国家也不像黑格尔所断言的是'伦理观念的现实'，'理性的形象和现实'。确切地说，国家是社会在一定发展阶段上的产物；国家是承认：这个社会陷入了不可解决的自我矛盾，分裂为不可调和的对立面而又无力摆脱这些对立面。而为了使这些对立面，这些经济利益互相冲突的阶级，不致在无谓的斗争中把自己和社会消灭，就需要有一种表面上凌驾于社会之上的力量，这种力量应当缓和冲突，把冲突保持在'秩序'的范围以内；这种从社会中产生但又自居于社会之上并且日益同社会相异化的力量，就是国家。"②

3. 国家的本质

恩格斯在把国家与旧的氏族制度对比以后阐述了国家的本质。他指出国家的本质具有二重性：公共权力和维护统治的工具。

首先，国家的本质特征，是和人民大众分离的公共权力。恩格斯在

---

① 《马克思恩格斯文集》第 4 卷，人民出版社 2009 年版，第 188—189 页。
② 《马克思恩格斯文集》第 4 卷，人民出版社 2009 年版，第 189 页。

《起源》中指出："国家的本质特征，是和人民大众分离的公共权力。"①他还进一步阐明了这种公共权力与人民相分离的表现和过程。国家不同于旧的氏族组织的地方就是它按地区来划分它的国民。"允许公民在他们居住的地方实现他们的公共权利和义务，不管他们属于哪一氏族或哪一部落。"② 因为在以往的氏族社会中，社会成员之间的联系是以血缘关系为纽带的。氏族成员自己参与管理氏族的内部的事务。但是，当"社会一天天成长，越来越超出氏族制度的范围；即使是最严重的坏事在它眼前发生，它也既不能阻止，又不能铲除了。但在这时，国家已经不知不觉地发展起来"③。这时，最初因分工而在各种城市劳动部门间形成新的集团，随之这些集团逐渐设置了各种公职。这就"对氏族制度起了双重的破坏作用：第一，它造成了一种已不再直接等同于武装起来的全体人民的公共权力；第二，它第一次不依亲属集团而依共同居住地区为了公共目的来划分人民"④。国家有了公共权力的设立，"为了维持这种公共权力，就需要公民缴纳费用——捐税"⑤。官吏掌握着公共权力和征税权，他们作为社会机关而凌驾于社会之上。

其次，国家是占统治地位的阶级镇压和剥削被压迫阶级的新手段。"由于国家是从控制阶级对立的需要中产生的，由于它同时又是在这些阶级的冲突中产生的，所以，它照例是最强大的、在经济上占统治地位的阶级的国家，这个阶级借助于国家而在政治上也成为占统治地位的阶级，因而获得了镇压和剥削被压迫阶级的新手段。"⑥ 这就从政治和经济的关系上论述了国家是经济上占统治地位的阶级用来剥削被压迫阶级的工具。

恩格斯还进一步揭露了资产阶级民主共和国的本质。恩格斯指出，它与奴隶制及封建制实行财富直接统治不同，它是用财富的间接统治来欺骗人民的，它通过普选制来实现其统治，似乎很平等、很民主，但实质上

---

① 《马克思恩格斯文集》第 4 卷，人民出版社 2009 年版，第 135 页。
② 《马克思恩格斯文集》第 4 卷，人民出版社 2009 年版，第 190 页。
③ 《马克思恩格斯文集》第 4 卷，人民出版社 2009 年版，第 131 页。
④ 《马克思恩格斯文集》第 4 卷，人民出版社 2009 年版，第 131 页。
⑤ 《马克思恩格斯文集》第 4 卷，人民出版社 2009 年版，第 190 页。
⑥ 《马克思恩格斯文集》第 4 卷，人民出版社 2009 年版，第 191 页。

"在这种国家中，财富是间接地但也是更可靠地运用它的权力的"①，"在现今的国家里，普选制不能而且永远不会提供更多的东西"②。国家仍然是阶级统治的工具，"在这一点上民主共和国并不亚于君主国"③。

4. 国家的消亡

国家是一个历史范畴，它是一定历史阶段的产物。正如社会经济发展到一定历史阶段，阶级矛盾不可调和的时候必然产生国家一样，随着社会经济的发展，私有制和阶级的存在成为经济发展的障碍，私有制和阶级就必然消失，国家也必将随着阶级的消失而归于消亡。这是历史发展的必然规律。恩格斯指出："国家并不是从来就有的。曾经有过不需要国家，而且根本不知国家和国家权力为何物的社会。在经济发展到一定阶段而必然使社会分裂为阶级时，国家就由于这种分裂而成为必要了。现在我们正在以迅速的步伐走向这样的生产发展阶段，在这个阶段上，这些阶级的存在不仅不再必要，而且成了生产的真正障碍。阶级不可避免地要消失，正如它们从前不可避免地产生一样。随着阶级的消失，国家也不可避免地要消失。在生产者自由平等的联合体的基础上按新方式来组织生产的社会，将把全部国家机器放到它应该去的地方，即放到古物陈列馆去，同纺车和青铜斧陈列在一起。"④

从这段关于国家消亡问题的论述中，我们可以得出这样的结论：第一，无产阶级专政取代资产阶级专政是国家消亡的前提。按照恩格斯的论述，国家消亡的前提是不再需要镇压的社会阶级，阶级统治和根源于至今的生产无政府状态的生存斗争已被消除。因而，对资产阶级国家来说，它是不会自行消亡的，而只能用无产阶级革命来解决。

第二，自行消亡的国家指的是无产阶级国家。按照恩格斯的论述，自行消亡的国家具备两个条件：首先，它以社会的名义占有生产资料；其次，国家政权对社会关系的干预在各个领域成为多余的事。

---

① 《马克思恩格斯文集》第 4 卷，人民出版社 2009 年版，第 192 页。
② 《马克思恩格斯文集》第 4 卷，人民出版社 2009 年版，第 193 页。
③ 《马克思恩格斯文集》第 3 卷，人民出版社 2009 年版，第 111 页。
④ 《马克思恩格斯文集》第 4 卷，人民出版社 2009 年版，第 193 页。

（五）文明起源理论

在阐明唯物史观文明起源论时，恩格斯以劳动实践二重性为内在根据，形成了"物质生产—社会关系"上的双重标准，这一点集中表现在恩格斯《起源》的第九章中。在这里，文明形成的两大标志是：第一，文明形成的生产力标志——第三次社会大分工；第二，文明形成的社会关系标志——在家庭、私有制、阶级逐步形成基础上国家的形成。正如恩格斯指出的："国家是文明社会的概括，它在一切典型的时期毫无例外地都是统治阶级的国家，并且在一切场合在本质上都是镇压被压迫被剥削阶级的机器。"[①]

摩尔根在《古代社会》中认定文字是文明的首要标志，恩格斯在《起源》中没有否定文明是重要标志，但他提出了一个新的观点，即"国家是文明社会的概括"。因为国家并不是从来就有的，它是经济发展到一定阶段而必然使社会分裂为阶级时的产物，是文明的最集中的体现。恩格斯在《起源》第九章中阐述社会分工—阶级分化—国家产生的过程。经过多年考古学研究的证明，虽然关于文明的定义有许多种，但恩格斯的"国家是文明社会的概括"这个论断还是最精当的。

在《起源》这本书中，恩格斯对文明起源理论的深刻论述，有助于我们加深对人类文明发展进程的认识。按照唯物史观，家庭的起源、私有制的起源和国家的起源这三个起源，实际上是一个主题，就是文明起源。

三、学习意义

在《起源》中，恩格斯通过运用大量关于原始社会的历史资料，阐释了家庭、私有制和国家的起源，坚持和发展了马克思主义的唯物史观，这部著作在今天仍然具有重要的理论和现实意义。

《起源》具有重大的理论价值，尤其在推进历史唯物主义方面有重大意义。《起源》通过对原始社会的深入研究，揭示了唯物史观的基本特征

---

① 《马克思恩格斯文集》第4卷，人民出版社2009年版，第195页。

和发展规律，可以使人们深化对唯物史观的认识。马克思和恩格斯于 19世纪 40 年代创立的唯物史观，主要基于对近现代资本主义工业文明的分析。对于原始社会，由于当时资料匮乏，尚未作深入的研究。恩格斯在《起源》中通过高度评价摩尔根的研究成果，有力地捍卫了关于人类原始历史的研究领域中的唯物主义方向，科学地论证了社会主义代替资本主义的历史必然性。《起源》澄清了人们对家庭、私有制、阶级和国家的起源及本质等问题的认识。资产阶级学者认为私有制、阶级古已有之，国家问题更是被他们搅得混乱不堪。恩格斯坚持历史唯物主义原理，从生产力发展的高度，从经济与政治之关系的角度深刻论述了私有制、阶级和国家的起源及本质，揭露了资产阶级学者在这些问题上的荒谬观点，为我们正确理解这些问题指明了方向。

学习《起源》同样具有重要的现实意义。阅读《起源》可以使我们正确认识私有制与阶级的关系。阶级是一个历史的、经济的范畴。阶级是在生产力发展到一定水平时的产物，要想达到《共产党宣言》中提出的消灭私有制的目标，就一定要重视私有制与阶级的关系，客观地认识它产生、发展和灭亡的规律。研究《起源》可以帮助我们正确认识资产阶级及资本主义的国家职能。恩格斯指出，国家的本质是经济上占统治地位的阶级用来镇压、剥削被压迫阶级的工具，尽管国家在不同的历史阶段表现这种本质的形式会有不同，但就资本主义的议会而言，无论资产阶级采取何种形式来实现它的统治，资本主义国家仍是少数人统治多数人的工具，它维护的是资产阶级的利益，维护的是资本主义私有制和资本剥削雇佣制度。学习《起源》可以帮助我们正确认识社会主义国家及其职能。不可否认，社会主义国家同样具有阶级属性，但它是在打碎旧的国家机器的基础上建立起来的新型的国家，是无产阶级和劳动人民掌权的国家，社会主义国家维护的是全体人民的利益，维护的是社会主义公有制和按劳分配制度。学习《起源》可以从马克思主义文明起源理论中汲取丰富的营养。《起源》运用逻辑和历史的方法形成了"物质生产——社会关系"上的标准，这是后人研究文明起源的可资借鉴的可靠方法。《起源》深刻阐明了人类历史的发展规律，从宏观上给我们展现了社会发展的客观进程。按照唯物史观的生产力标准，人类社会的发展是一个由低级到高级发展的历史过程，这是生产力发展的客观结果，是不以人的意志为转移的。

（李宏伟）

哲学领域的历史性变革

——读恩格斯《路德维希·费尔巴哈 和德国古典哲学的终结》

恩格斯在《路德维希·费尔巴哈和德国古典哲学的终结》（本文中简称《费尔巴哈论》）这部著作中，回顾了德国古典哲学解体和马克思主义哲学产生的过程，阐述了马克思主义哲学的基本观点，展现了马克思主义在哲学领域的革命变革。在当代社会深刻变革的历史条件下，重读恩格斯的这部经典著作，有助于我们掌握科学的世界观和方法论，提高观察问题、分析问题和解决问题的能力。

一、时代背景简介

恩格斯写作《费尔巴哈论》这部著作，主要有以下三个方面的原因。

第一，为了实现马克思的一个愿望。德国古典哲学是马克思主义哲学的直接理论来源，因此，马克思主义哲学和德国古典哲学有不解之缘。全面阐述马克思主义哲学与德国古典哲学的关系，这是马克思多年的愿望。早在 19 世纪 40 年代，马克思就打算写这方面的著作，为此他在 1845 年春留下了一个"匆匆写成的供以后研究用的笔记"[①]，即《关于费尔巴哈的提纲》。而后，1845 年秋—1846 年，马克思和恩格斯合著了《德意志意识形态》，阐述了主要由马克思制定的唯物主义历史观。"与德国哲学的意识形态的见解的对立，实际上是把我们从前的哲学信仰清算一下。这个心愿是以批判黑格尔以后的哲学的形式来实现的。"[②] 可见，《关于费尔巴哈的提纲》和《德意志意识形态》，比较系统地阐述了马克思主义哲学和德

---

① 《马克思恩格斯选集》第 4 卷，人民出版社 1995 年版，第 212 页。
② 《马克思恩格斯选集》第 4 卷，人民出版社 1995 年版，第 211 页。

国古典哲学的关系问题。但是，这两部著作当时都没有发表。在此后的40年，马克思和恩格斯都没有机会再回到这个题目上来。1883年马克思逝世以后，这个任务历史地落在了恩格斯的身上。恩格斯写作《费尔巴哈论》，就是为了完成其亡友未竟的事业，实现马克思生前的夙愿。

第二，为了批判当时的一股错误思潮。19世纪70—80年代，在欧洲兴起了新康德主义和新黑格尔主义思潮。这种思潮否认社会发展规律，用道德原则和观念解释人类社会历史，宣扬伦理社会主义，主张社会主义是不可认识、也不能实现的彼岸世界，其目的是让工人阶级放弃社会主义。这股错误思潮，在德国工人阶级政党内部产生了不良的影响，引起了思想上的混乱。因此，批判错误思潮，宣传和捍卫马克思主义哲学，就成为一项紧迫的任务。可见，恩格斯写作《费尔巴哈论》，是当时思想斗争的需要。

第三，为了写作一篇书评。丹麦哲学家施达克出版了一本研究费尔巴哈的著作，书名就叫《路德维希·费尔巴哈》。在这本小册子中，施达克宣扬了一些错误观点。当时的《新时代》杂志编辑部，邀请恩格斯写一篇书评——评施达克的这本书。恩格斯欣然接受，并于1886年完成了书评的写作，将之分两期发表在《新时代》杂志上。1888年，恩格斯准备把两年前写的书评作为单行本出版。此时，恩格斯在整理马克思的遗物，他发现了马克思在1845年春写的《关于费尔巴哈的提纲》。恩格斯认为，《关于费尔巴哈的提纲》"作为包含着新世界观的天才萌芽的第一个文件，是非常宝贵的"[①]。于是就把它作为《费尔巴哈论》的附录一同出版。因此，我们学习恩格斯的《费尔巴哈论》要和学习马克思的《关于费尔巴哈的提纲》联系起来。

二、主要内容解读

恩格斯的《费尔巴哈论》，主要由四章构成。第一章，批判改造黑格尔哲学，阐述唯物辩证法的发展观；第二章和第三章，批判改造费尔

---

① 《马克思恩格斯选集》第4卷，人民出版社1995年版，第213页。

巴哈哲学，阐述哲学基本问题和马克思主义的实践观点以及现实的人的思想；第四章，说明马克思主义哲学的创立过程，集中阐述历史唯物主义的基本观点。

第一章，批判黑格尔哲学，阐述唯物辩证法的发展观

1. 黑格尔哲学的"合理内核"与唯物辩证法的发展观

恩格斯开篇指出："我们面前的这部著作使我们返回到一个时期，这个时期就时间来说离我们不过一代之久，但是它对德国现在的一代人却如此陌生，似乎已经整整一个世纪了。"① "我们面前的这部著作"，就是恩格斯要评的施达克的《路德维希·费尔巴哈》这本小册子。"返回到一个时期"，就是指1848年德国资产阶级革命的准备时期。当时的德国，经济上千疮百孔，政治上四分五裂，正在酝酿着一场资产阶级革命。这个时期距离恩格斯写作这部著作不过40年的时间，然而德国现在的一代人已经把这个时期淡忘了。

"正像在18世纪的法国一样，在19世纪的德国，哲学革命也作了政治崩溃的前导。但是这两个哲学革命看起来是多么不同啊！"② 这就是说，德国资产阶级革命和法国资产阶级革命，既有相同之处，也有不同之处。相同之处是，哲学革命是政治革命的先导，哲学革命在政治革命中发挥引领作用。这在社会大转折时期表现得更加突出。紧接着，恩格斯又指出，德国革命和法国革命也有不同之处。在18世纪法国大革命中，法国资产阶级哲学家举起唯物主义的旗帜，和封建统治者进行公开的斗争，而他们自己随时都可能进巴士底狱。法国大革命的结果是把国王送上断头台，这是一场彻底的资产阶级革命。比较而言，19世纪德国资产阶级革命却不同，德国的资产阶级具有两面性：既向往革命，又害怕革命。这种两面性，集中表现为黑格尔哲学的两重性，即在晦涩的言辞中隐藏着革命的激情。正是由于黑格尔"用来表达这些思想的晦涩的哲学语言，既把作者和

---

① 《马克思恩格斯选集》第4卷，人民出版社1995年版，第214页。
② 《马克思恩格斯选集》第4卷，人民出版社1995年版，第214页。

读者弄得昏头昏脑，同样也把检查官的眼睛蒙蔽了"①。黑格尔哲学的晦涩，使当时的许多人都没有真正理解黑格尔哲学，以至于黑格尔哲学引起了普鲁士王国的感激，被推崇为国家哲学，并引起了资产阶级自由派的愤怒。之所以造成这样的结果，是因为他们都没有真正读懂黑格尔哲学。但我们不能由此否认黑格尔哲学的阶级本质。黑格尔哲学是德国资产阶级的哲学，或者说，在黑格尔哲学笨拙枯燥的词句背后，隐藏着革命的愿望。在当时，理解黑格尔哲学的人并不多。在这些人中，理解得多的当属德国的诗人海涅。

"举个例子来说吧。"恩格斯通过一个哲学命题来分析黑格尔哲学。黑格尔在《法哲学原理》序言中有一个著名的哲学命题："凡是现实的都是合乎理性的，凡是合乎理性的都是现实的。"② 从文字的表面看，黑格尔是在为普鲁士王国唱赞歌。然而，只有真正理解黑格尔哲学的人，才能够发现这个命题中所隐藏着的革命性质。恩格斯指出了黑格尔这个命题的真实内涵。为了理解这个命题，必须区别"现存"和"现实"两个概念。现存，是指当下存在的事物；现实，则是与必然性相联系的事物，"现实性这种属性仅仅属于那同时是必然的东西"③，现实高于现存。况且，合理性也不是事物固有的属性。任何事物并不永远具有合理性，随着条件的变化和时间的推移，事物曾经具有的合理性就会逐渐丧失。相反，"一种新的、富有生命力的现实的东西就会代替正在衰亡的现实的东西"④。因此，"这样一来，黑格尔的这个命题，由于黑格尔的辩证法本身，就转化为自己的反面：……凡是现实的都是合乎理性的这个命题，就变为另一个命题：凡是现存的，都一定要灭亡"⑤。尽管某些事物当下存在，但它已经丧失了合理性，丧失了存在的理由。这样的事物必然是要灭亡的；与此相反，凡是合乎理性的事物，尽管现在还没有出现，但它终究是要产生的。以黑格尔的辩证法思想观察当时的德国状况，普鲁士王国已经丧失了合理

---

① 《马克思恩格斯选集》第 1 卷，人民出版社 1995 年版，第 492—493 页。
② 《马克思恩格斯选集》第 4 卷，人民出版社 1995 年版，第 215 页。
③ 《马克思恩格斯选集》第 4 卷，人民出版社 1995 年版，第 215 页。
④ 《马克思恩格斯选集》第 4 卷，人民出版社 1995 年版，第 216 页。
⑤ 《马克思恩格斯选集》第 4 卷，人民出版社 1995 年版，第 216 页。

性，因而它终究要灭亡；资产阶级革命是合乎理性的，所以它一定要爆发。普鲁士政府是恶劣的，而"政府的恶劣可以从臣民的相应的恶劣中找到理由和解释"①。恶劣现象的存在，固然是有条件的。但是，现存绝不意味着永存。随着条件的变化和时间的推移，任何现存的事物必将走向它的反面。所以，普鲁士政府的灭亡是必然的。

随后，恩格斯揭示了黑格尔哲学的"合理内核"，并阐述了唯物辩证法的革命本质，即发展的观点。通过对黑格尔上述命题的分析，恩格斯发现了黑格尔哲学的"合理内核"，即黑格尔哲学的辩证法思想。黑格尔哲学的"真实意义和革命性质，正是在于它彻底否定了关于人的思维和行动的一切结果具有最终性质的看法"②。在黑格尔看来，真理不再是教条，而是不断发展的过程。人的认识是在长期的历史发展中不断从低级阶段向高级阶段上升的，但它永远不会达到永恒不变的绝对真理，即人们只能停留在那里而不能再前进一步，"除了袖手一旁惊愕地望着这个已经获得的绝对真理，就再也无事可做了"③。同样，人类社会也不是永恒的，而是一个不断从低级到高级的发展过程，它永远不会以一种完美的理想状态结束。所谓绝对完美的社会只是一种幻想。通过对黑格尔辩证法思想的分析，恩格斯在这里提出了"两个不可能"：人的认识不可能最终完成；人类社会也不可能停滞不前。在对黑格尔辩证法思想批判改造的基础上，恩格斯指出："这种辩证哲学推翻了一切关于最终的绝对真理和与之相应的绝对的人类状态的观念。在它面前，不存在任何最终的东西、绝对的东西、神圣的东西；它指出所有一切事物的暂时性；在它面前，除了生成和灭亡的不断过程、无止境地由低级上升到高级的不断过程，什么都不存在。它本身就是这个过程在思维着的头脑中的反映。诚然，它也有保守的方面：它承认认识和社会的一定阶段对它那个时代和那种环境来说都有存在的理由，但也不过如此而已。这种观察方法的保守性是相对的，它的革命性质是绝对的——这就是辩证哲学所承认的唯一绝对的东西。"④　恩格

---

① 《马克思恩格斯选集》第 4 卷，人民出版社 1995 年版，第 215 页。
② 《马克思恩格斯选集》第 4 卷，人民出版社 1995 年版，第 216 页。
③ 《马克思恩格斯选集》第 4 卷，人民出版社 1995 年版，第 216 页。
④ 《马克思恩格斯选集》第 4 卷，人民出版社 1995 年版，第 217 页。

斯在这里阐述了唯物辩证法的发展观。第一，在唯物辩证法看来，任何事物都具有暂时性，根本不存在最终的、绝对的和神圣的东西。所有的事物都是一个过程。没有永恒不变的事物。当然，也没有永恒不变的认识。第二，唯物辩证法认为，主观辩证法是对客观辩证法的反映。客观事物本身是一个辩证的发展过程，认识的辩证法是对事物的辩证法的反映。事物的辩证法决定认识的辩证法，而不是相反。这是唯物辩证法和黑格尔辩证法的本质区别。第三，唯物辩证法主张，静止和稳定是相对的，运动、变化和发展是绝对的。辩证法并不否认静止和稳定，而是强调静止总是包含着运动，稳定总是蕴藏着发展。正如马克思指出："辩证法在对现存事物的肯定的理解中同时包含对现存事物的否定的理解，即对现存事物的必然灭亡的理解……辩证法不崇拜任何东西，按其本质来说，它是批判的和革命的。"① 批判就是辩证否定，革命就是发展变化。

2. 黑格尔哲学体系与方法的矛盾

在分析了辩证法的革命性质之后，恩格斯明确指出，黑格尔并没有自觉地得出革命的结论。原因在于，除了德国资产阶级的软弱性之外，黑格尔哲学体系的唯心主义性质，使他的思想带有极大的保守性。尽管黑格尔哲学的方法是革命的，但他的哲学体系却是保守的。方法的革命性和体系的保守性，就是黑格尔哲学的内在矛盾——唯心主义体系和辩证法的矛盾。黑格尔是唯心主义者，他认为绝对精神是世界的本质，绝对精神是能动的。它的运动从纯概念开始，然后"外化"为自然界，最后又回到绝对观念自身。绝对精神的运动过程，同时也是绝对精神自我认识的过程。黑格尔哲学作为绝对观念的体现，完成了绝对精神的自我认识，并成为绝对真理。也就是说，黑格尔的哲学是一个绝对真理的体系，一切认识在它那里都结束了。可见，黑格尔的哲学体系是封闭的。然而，按照他的辩证法，人的认识是无止境的，是不断发展的。"但是这样一来，黑格尔体系的全部教条内容就被宣布为绝对真理，这同他那消除一切教条东西的辩证方法是矛盾的；这样一来，革命的方面就被过分茂密的保守的方面所窒

---

① 《马克思恩格斯选集》第 2 卷，人民出版社 1995 年版，第 112 页。

息。"① 由于唯心主义的体系，黑格尔不可能把辩证法贯彻到底。"彻底革命的思维方法竟产生了极其温和的政治结论。"②

恩格斯进一步指出，尽管黑格尔的哲学体系是唯心主义的，但我们不能否认黑格尔哲学所包含的丰富的辩证法思想。恩格斯告诉我们，黑格尔建造了一个庞大的哲学体系，但是，"人们只要不是无谓地停留在它们面前，而是深入到大厦里面去，那就会发现无数的珍宝，这些珍宝就是在今天也还保持充分的价值"③。尽管黑格尔哲学体系与方法的矛盾，使得包括黑格尔哲学在内的以往全部哲学解体了，但黑格尔给我们留下了一份宝贵的哲学遗产，这就是他的辩证法思想，这就是辩证法所揭示的人类认识的矛盾。"总之，哲学在黑格尔那里完成了，一方面，因为他在自己的体系中以最宏伟的方式概括了哲学的全部发展（建造了哲学的迷宫——引者注）；另一方面，因为他（虽然是不自觉地）给我们指出了一条走出这些体系的迷宫而达到真正地切实地认识世界的道路。"④

黑格尔哲学体系与方法的矛盾，让我们懂得了一个深刻的道理：辩证法是无情的。即使是伟大的思想家，也不能故步自封。只对别人讲辩证法，对自己不讲辩证法，最终会走向自己的反面。

3. 黑格尔哲学的解体和费尔巴哈哲学的出现

黑格尔哲学曾经产生了巨大的影响，但黑格尔哲学体系与方法的矛盾，必然导致黑格尔哲学的解体。黑格尔哲学解体的过程，表现为两次分化。第一次是，黑格尔哲学分化为保守的老年黑格尔派和激进的青年黑格尔派。第二次是，青年黑格尔派内部的分化。

恩格斯更加关注的是第二次分化，即在青年黑格尔派内部，产生了与唯心主义对立的费尔巴哈的唯物主义。费尔巴哈批判了黑格尔的唯心主义，消除了黑格尔唯心主义的统治地位，恢复了唯物主义的权威。费尔巴哈哲学在当时发挥了巨大的思想解放作用，对马克思恩格斯的哲学思想产生了深刻影响。"那时大家都很兴奋：我们一时都成为费尔巴哈派了。马

---

① 《马克思恩格斯选集》第 4 卷，人民出版社 1995 年版，第 218 页。
② 《马克思恩格斯选集》第 4 卷，人民出版社 1995 年版，第 218 页。
③ 《马克思恩格斯选集》第 4 卷，人民出版社 1995 年版，第 219 页。
④ 《马克思恩格斯选集》第 4 卷，人民出版社 1995 年版，第 220 页。

克思曾经怎样热烈地欢迎这种新观点，而这种新观点又是如何强烈地影响了他（尽管还有种种批判性的保留意见），这可以从《神圣家族》中看出来。"① 需要指出的是，马克思哲学思想的转变，除了受费尔巴哈唯物主义的影响之外，更重要的还在于马克思关注社会生活。他在参加社会实践中，"作为《莱茵报》的编辑，第一次遇到要对所谓物质利益发表意见的难事"②，发现了黑格尔唯心主义和现实生活的矛盾，从而开始了对黑格尔唯心主义的怀疑、批判和改造，实现了从唯心主义到唯物主义的转变。

恩格斯最后指出，费尔巴哈对待黑格尔哲学的态度是错误的。费尔巴哈批判了黑格尔哲学，但他并没有真正战胜黑格尔哲学。原因在于，他对黑格尔哲学采取了全盘否定的态度，在批判黑格尔唯心主义的同时，抛弃了黑格尔的辩证法。事实上，"像对民族的精神发展有过如此巨大影响的黑格尔哲学这样的伟大创作，是不能用干脆置之不理的办法来消除的"③。对待黑格尔哲学的正确态度，不是抛弃它，而是扬弃它，克服其唯心主义，拯救出辩证法。费尔巴哈没有也不可能完成这个任务，这个任务是由马克思完成的。

第二章，批判费尔巴哈哲学，阐述哲学基本问题

1. 哲学基本问题和科学的实践观

恩格斯指出："全部哲学，特别是近代哲学的重大的基本问题，是思维和存在的关系问题。"④ 这也可以说是精神和物质的关系问题。这个问题在远古时代就产生了，表现为人的灵魂和身体的关系问题。只是到了近代，思维和存在的关系问题才被明确地提了出来。

哲学基本问题包括两个方面的内容。第一个方面的内容是：思维和存在何者第一性？精神和物质哪个是世界的本原？对上述问题的不同回答，形成了唯物主义和唯心主义。主张物质是世界的本原，就是唯物主义；认为精神是世界的本原，属于唯心主义。唯物主义和唯心主义只能在这个意

---

① 《马克思恩格斯选集》第 4 卷，人民出版社 1995 年版，第 222 页。
② 《马克思恩格斯选集》第 2 卷，人民出版社 1995 年版，第 31 页。
③ 《马克思恩格斯选集》第 4 卷，人民出版社 1995 年版，第 223 页。
④ 《马克思恩格斯选集》第 4 卷，人民出版社 1995 年版，第 223 页。

义上，而不能在别的意义上使用，否则就会造成极端的混乱。哲学基本问题的第二个方面的内容是：思维和存在有没有统一性？精神能否认识物质世界，能否达到对事物本质的认识？对这两个问题的不同回答，形成了哲学上的可知论和不可知论。包括彻底的唯心主义哲学家在内的大多数哲学家是可知论者。但确有一些哲学家，否认思维和存在的统一性，这就是不可知论者。哲学基本问题的第一个方面是本体论问题，第二个方面是认识论问题。这两个方面的问题是联系在一起的，这种联系必然产生主观和客观的关系问题，必然产生对人的认识能力的追问。所以，关于人的认识能力问题，在近代表现得尤为突出。然而，对这个问题的解决经历了一个过程。

西方近代不可知论的主要代表人物是休谟和康德。他们否认人们认识世界的可能性，或者否认人们彻底认识世界的可能性。他们从感觉论或经验论出发陷入了不可知论。英国哲学家休谟主张，感觉经验是认识的源泉，人的认识不能超出感觉经验。在他看来，感觉的源泉不可知，甚至在感觉之外是否存在什么也不可知。德国古典哲学的创始人康德，通过对人的认识能力的考察，主张人们只能认识"现象"，不能认识"物自体"。一旦人们企图去认识本体的时候，就会陷入"二律背反"（矛盾）。因此，在康德看来，思维和存在没有统一性。人们不可能达到对"现象"背后的"物自体"的认识。"物自体"不可能被认识，只能成为信仰的对象。黑格尔在唯心主义的立场上批判了康德的不可知论。黑格尔认为，康德把思维和存在绝对对立起来，这是错误的。"绝对精神"是世界的本质，"绝对精神"认识世界的过程，也就是"绝对精神"的自我认识的过程。所以，思维和存在是完全能够统一的。黑格尔对康德的批判是深刻的。然而，他把"绝对精神"作为思维和存在统一的基础，是由他的唯心主义本质决定的。尽管费尔巴哈承认思维和存在的统一性，但他对不可知论的批判，"与其说是深刻的，不如说是机智的"[①]。原因在于，他把思维对存在的认识理解为直观的反映。所以，黑格尔和费尔巴哈都没有从根本上驳倒不可知论。恩格斯指出："对这些以及其他一切哲学上的怪论最令人信服的驳斥

---

① 《马克思恩格斯选集》第4卷，人民出版社1995年版，第225页。

是实践，即实验和工业。"① 只要我们通过实践活动把我们所需要的东西制造出来，就证明我们已经认识到了事物的本质。可见，只有实践的观点才能真正驳倒不可知论，也只有以实践为基础才能解决认识问题。正如马克思在《关于费尔巴哈的提纲》中指出："人的思维是否具有客观的真理性，这不是一个理论的问题，而是一个实践的问题。人应该在实践中证明自己思维的真理性，即自己思维的现实性和力量，自己思维的此岸性。"②

马克思主义作为改变世界的实践哲学，既得益于资产阶级启蒙运动，又超越了以理性主义为代表的启蒙哲学。资产阶级冲破了封建神学的束缚，确立了理性的绝对权威。但是，以理性主义为代表的启蒙运动陷入了新的蒙昧，即绝对理性主义的蒙昧。实践哲学立足社会实践批判绝对理性主义，是一次新兴的启蒙。实践哲学为中国道路的开辟发挥了引领作用。在中国，以实践为基础的思想解放运动，就是用实践冲破教条主义和传统观念的束缚，在实践探索中找到中国的发展道路。

2. 揭露旧唯物主义的局限性

费尔巴哈批判黑格尔的唯心主义，同唯心主义决裂，走向唯物主义，这是哲学上的一个进步。当然，费尔巴哈不是把自己的哲学称作唯物主义，而是称之为人本主义。其中的原因在于，他把唯物主义和在当时对唯物主义的庸俗化的理解混为一谈，把唯物主义的基本观点和唯物主义在近代的表现形态混为一谈。

恩格斯指出了近代唯物主义的三大局限性：机械性，即把一切运动都归结为机械运动，企图用力学来解释一切现象；形而上学，即不把自然界理解为一个不断发展的历史过程；唯心史观，即历史领域中的非历史的观点，把人类社会看作偶然事件的堆积，否认社会发展的客观规律。费尔巴哈尽管不同于 18 世纪的唯物主义，他仍然没有摆脱上述旧唯物主义的局限性。

3. 批判施达克的错误

施达克认为，只要有精神追求，相信人类进步，就是唯心主义；而追

---

① 《马克思恩格斯选集》第 4 卷，人民出版社 1995 年版，第 225 页。
② 《马克思恩格斯选集》第 1 卷，人民出版社 1995 年版，第 55 页。

求物质享受，大吃大喝，就是唯物主义。

恩格斯指出，施达克划分唯物主义和唯心主义的标准，是完全错误的。如果具有追求理想和意图的人就是唯心主义者，"那么任何一个发育稍稍正常的人都是天生的唯心主义者了，怎么还会有唯物主义者呢？"①可见，划分哲学唯物主义和唯心主义的标准，只能是对思维和存在何者第一性的回答，而不能另立标准。否则，就会造成极端的混乱。

第三章，批判费尔巴哈的唯心史观，从抽象的人转变为现实的人

1. 批判费尔巴哈的宗教观

费尔巴哈用宗教解释历史。他把宗教归结为人的情感，又把情感归结为性爱，并企图建立一种所谓爱的宗教。他不仅用宗教解释人与人的关系，而且用宗教解释人类历史的发展。

恩格斯指出，费尔巴哈颠倒了人类社会发展史和宗教史的关系。宗教确有其演变的历史，但宗教总是伴随着人类社会的发展而演变的。因此，我们不能用宗教解释历史，而只能用历史解释宗教。宗教的变迁只有在历史的发展中才能得到正确的理解。

2. 批判费尔巴哈的伦理观

费尔巴哈的伦理观，比黑格尔的还肤浅。黑格尔承认"恶"在历史发展中的作用，这是深刻的。费尔巴哈不仅否认"恶"历史的作用，而且离开具体的历史条件谈论幸福，认为追求幸福的欲望是生来就有的，人们追求幸福的权利是平等的，并把追求幸福的欲望作为道德的基础。这种抽象地谈论人的权利的做法是荒谬的。

恩格斯认为，费尔巴哈的道德原则是根本行不通的。"追求幸福的欲望只有极微小的一部分可以靠观念上的权利来满足，绝大部分却要靠物质的手段来实现"②。离开物质条件抽象地谈论幸福，不过是一种心理的安慰。尽管物质条件的丰富不一定能够给人带来幸福，但物质条件的匮乏必定是不幸的。我们只有在发展生产力的基础上，不断提高人们的物质生活

---

① 《马克思恩格斯选集》第 4 卷，人民出版社 1995 年版，第 232 页。
② 《马克思恩格斯选集》第 4 卷，人民出版社 1995 年版，第 239 页。

水平，才能为人们追求幸福提供基本的条件和手段。

3. 从抽象的人转变为现实的人

费尔巴哈错误的根源，在于他对人的理解是抽象的。尽管费尔巴哈自称属于人本主义，但是他所说的人，是抽象的人，而不是具体的人；是纯粹的自然人，而不是从事历史活动的人。费尔巴哈用抽象的人批判黑格尔抽象的理性，不过是用一种抽象代替另一种抽象。因而"费尔巴哈不能找到从他自己所极端憎恶的抽象王国通向活生生的现实世界的道路"①。恩格斯认为："要从费尔巴哈的抽象的人转到现实的、活生生的人，就必须把这些人作为在历史中行动的人去考察。"② 只有考察人的历史活动，特别是人的生产实践活动，才能从费尔巴哈抽象的人转变为现实的人。从本质上说，人不是自然的人，而是社会的人。只有从现实的人出发，从人的生产实践活动出发，才能创立历史唯物主义。费尔巴哈没有也不可能完成这个任务。"费尔巴哈没有走的一步，必定会有人走的。对抽象的人的崇拜，即费尔巴哈的新宗教的核心，必定会由关于现实的人及其历史发展的科学来代替。这个超出费尔巴哈而进一步发展费尔巴哈观点的工作，是由马克思于 1845 年在《神圣家族》中开始的。"③

第四章，马克思主义哲学的创立和历史唯物主义的基本观点

1. 马克思主义哲学是"真正结出果实的派别"

恩格斯指出："从黑格尔学派的解体过程中还产生了另一个派别，唯一的真正结出果实的派别。这个派别主要是同马克思的名字联系在一起的。"④ 这就是说，德国古典哲学，特别是黑格尔的哲学和费尔巴哈的哲学，是马克思主义哲学的直接理论来源。恩格斯在这里说明了他和马克思的关系。马克思主义是马克思和恩格斯共同创立的，为什么以马克思的名字来命名？对此，恩格斯作了说明："我和马克思共同工作 40 年，在这以前和这个期间，我在一定程度上独立地参加了这一理论的创立，特别是对

---

① 《马克思恩格斯选集》第 4 卷，人民出版社 1995 年版，第 240 页。
② 《马克思恩格斯选集》第 4 卷，人民出版社 1995 年版，第 241 页。
③ 《马克思恩格斯选集》第 4 卷，人民出版社 1995 年版，第 241 页。
④ 《马克思恩格斯选集》第 4 卷，人民出版社 1995 年版，第 242 页。

这一理论的阐发。但是绝大部分基本指导思想（特别是在经济和历史领域内），尤其是对这些指导思想的最后的明确的表述，都是属于马克思的。我所提供的，马克思没有我也能够做到，至多有几个专门的领域除外。至于马克思所做到的，我却做不到。……马克思是天才，我们至多是能手。没有马克思，我们的理论远不会是现在这个样子。所以，这个理论用他的名字命名是理所当然的。"① 可见，马克思是这个理论的主要创立者，恩格斯既是这个理论的创立者，又是这个理论的阐发者。他们既有分工，又彼此合作，为这个理论的创立和传播作出了不朽的贡献。

马克思和恩格斯创立的哲学，实现了"两个超越"。一个是对唯心主义的超越：批判改造黑格尔的辩证法，把它建立在唯物主义基础上，创立了彻底的辩证法。"这样一来，黑格尔哲学的革命方面就恢复了，同时也摆脱了那些曾经在黑格尔那里阻碍它贯彻到底的唯心主义装饰。"② 因而，"世界不是既成事物的集合体，而是过程的集合体"③。我们不仅在口头上承认辩证法，更重要的是在实践中贯彻辩证法。只有如此才是彻底的辩证法。另一个是对旧唯物主义的超越：批判改造费尔巴哈的唯物主义，创立了彻底的唯物主义，即历史唯物主义。"在这里第一次对唯物主义世界观采取了真正严肃的态度，把这个世界观彻底地（至少在主要方面）运用到所研究的一切知识领域里去了。"④ 这就指出，马克思的唯物主义不同于旧唯物主义，而是一种新唯物主义。

恩格斯还论述了唯物辩证法产生的自然科学基础。与辩证法相对立的形而上学的思维方式，是和自然科学的研究方法联系在一起的。18 世纪自然科学处在对自然现象的分门别类的研究阶段，形而上学的思维方式在当时占统治地位。19 世纪自然科学进入了对自然现象的综合的研究阶段，特别是自然科学的"三大发现"——细胞学说、能量守恒和转化定律、达尔文的进化论——为唯物辩证法的诞生奠定了自然科学基础，从而使辩证的思想方式取代了形而上学的思维方式。

---

① 《马克思恩格斯选集》第 4 卷，人民出版社 1995 年版，第 242 页。
② 《马克思恩格斯选集》第 4 卷，人民出版社 1995 年版，第 244 页。
③ 《马克思恩格斯选集》第 4 卷，人民出版社 1995 年版，第 244 页。
④ 《马克思恩格斯选集》第 4 卷，人民出版社 1995 年版，第 242 页。

2. 历史唯物主义的基本观点

首先，论述了社会的发展规律，强调了历史进程的客观性。恩格斯指出，历史唯物主义的任务，"归根到底，就是要发现那些作为支配规律在人类社会的历史上起作用的一般运动规律"①。恩格斯指出，人类社会当然不同于自然界。自然界的发展是各种盲目的力量相互作用的结果；社会发展则是人的自觉的力量相互作用的结果。但是，这种状况并不能改变社会具有客观规律的事实。"尽管各个人都有自觉预期的目的，总的说来在表面上好像也是偶然性在支配着。人们所预期的东西很少如愿以偿，许多预期的目的在大多数场合都互相干扰，彼此冲突……这样，无数的单个愿望和单个行动的冲突，在历史领域内造成了一种同没有意识的自然界中占统治地位的状况完全相似的状况。"② 也就是说，尽管人们都有自己的动机和愿望，但这种动机和愿望并非都能如愿以偿，甚至是事与愿违。原因在于，无数个别的愿望往往是相互冲突的。因此，历史绝不是按照个别人的意志，而是按照许多人的意志相互作用所形成的合力的方向发展，这个合力就是历史的规律。可见，人的目的性"丝毫不能改变这样一个事实：历史进程是受内在的一般规律支配的"③。问题只是在于如何发现这些规律。历史规律的最大特点就在于，它是人的活动的规律，它始终是和人的目的联系在一起的。因此，研究"历史合力"，必须研究作为历史主体的人的活动。

其次，指出了研究社会规律的途径，确立了人民的历史主体地位。如何才能发现社会规律呢？在此，恩格斯为我们提供了研究社会规律的方法和途径。第一，要研究人的思想背后的物质动因。"旧唯物主义在历史领域内自己背叛了自己，因为它认为在历史领域中起作用的精神的动力是最终原因，而不去研究隐藏在这些动力后面的是什么，这些动力的动力是什么。不彻底的地方并不在于承认精神的动力，而在于不从这些动力进一步追溯到它的动因。"④ 事实上，人的动机在社会历史进程中只具有从属的

---

① 《马克思恩格斯选集》第 4 卷，人民出版社 1995 年版，第 247 页。
② 《马克思恩格斯选集》第 4 卷，人民出版社 1995 年版，第 247 页。
③ 《马克思恩格斯选集》第 4 卷，人民出版社 1995 年版，第 247 页。
④ 《马克思恩格斯选集》第 4 卷，人民出版社 1995 年版，第 248 页。

意义，在人的动机背后隐藏着更深层的原因。因此，我们必须寻找引起动机的动力，即寻找思想动机背后的物质动因。第二，要研究大多数人的思想动机和动因，要研究人民群众的历史活动。"与其说是个别人物、即使是非常杰出的人物的动机，不如说是使广大群众、使整个整个的民族，并且在每一民族中间又是使整个整个阶级行动起来的动机；而且也不是短暂的爆发和转瞬即逝的火光，而是持久的、引起重大历史变迁的行动。……这是能够引导我们去探索那些在整个历史中以及个别时期和个别国家的历史中起支配作用的规律的唯一途径。"① 可见，社会的发展规律是和大多数人的活动联系在一起的。人民是历史的主体，研究社会规律，必须研究群众的活动；尊重社会规律，必须尊重人民的选择。

最后，阐明了社会发展的客观规律，即生产力和生产关系、经济基础和上层建筑的矛盾运动。唯物史观所发现的社会发展的客观规律是什么呢？生产力和生产关系的矛盾运动是社会发展的根本动力，生产力是人类社会发展的最终决定力量。"这个矛盾必然要求通过改变生产方式来使生产力摆脱桎梏。"② 经济基础决定上层建筑，无论国家、法律，还是哲学、宗教，所有上层建筑都是由经济基础决定的。"国家的意志总的说来是由市民社会的不断变化的需要，是由某个阶级的优势地位，归根到底，是由生产力和交换关系的发展决定的。"③ 尽管思想上层建筑远离经济基础，使它们和经济基础的关系变得模糊了，但归根到底它们是由经济基础决定的。"更高的即更远离物质经济基础的意识形态，采取了哲学和宗教的形式。在这里，观念同自己的物质存在条件的联系，越来越错综复杂，越来越被一些中间环节弄模糊了。但是这一联系是存在着的。"④ 这就表明，生产力决定生产关系，并通过经济基础决定上层建筑。只有同生产力水平相适应的生产关系和上层建筑，才能促进生产力的发展。相反，同生产力水平不相适应的生产关系和上层建筑，必然阻碍生产力的发展。由此可见，生产力的发展是全部社会历史的基础，选择同生产力水平相适应的生

① 《马克思恩格斯选集》第 4 卷，人民出版社 1995 年版，第 249 页。
② 《马克思恩格斯选集》第 4 卷，人民出版社 1995 年版，第 251 页。
③ 《马克思恩格斯选集》第 4 卷，人民出版社 1995 年版，第 251 页。
④ 《马克思恩格斯选集》第 4 卷，人民出版社 1995 年版，第 253—254 页。

产关系和上层建筑是实现生产力发展的不竭动力。

上述几个方面表明：要实现我国经济社会持续健康发展，必须研究和遵循社会发展规律，毫不动摇地坚持科学发展；必须研究人民的历史活动，毫不动摇地坚持以人为本；必须正确处理生产力决定作用同生产关系、上层建筑反作用的关系。坚持发展和改革相结合，在改革中求发展，在发展中促改革。

3. 马克思主义哲学创立的重大意义

由于历史唯物主义的创立，"这种历史观结束了历史领域内的哲学，正如辩证的自然观使一切自然哲学都成为不必要的和不可能的一样。现在无论在哪一个领域，都不再要从头脑中想出联系，而要从事实中发现联系了。这样，对于已经从自然界和历史中被驱逐出去的哲学来说，要是还留下什么的话，那就只留下一个纯粹思想的领域：关于思维过程本身的规律的学说，即逻辑和辩证法"①。恩格斯认为，现代唯物主义不再从头脑出发，不是在头脑中构造事物的联系，而是从现实出发，在事实中发现事物之间的联系。这样一来，以德国古典哲学为代表的西方传统哲学，作为"似乎凌驾于一切专门科学之上并把它们包罗在内的科学的科学"必将解体，取而代之的是马克思主义哲学。以往的哲学在思维领域中被保留下来，其主要的内容就是研究思维规律的学说，即逻辑学和辩证法。

德国古典哲学的终结，意味着西方传统哲学的解体和新哲学的诞生。马克思恩格斯创立的哲学，批判改造了前人的优秀思想成果，实现了哲学领域的伟大革命。这场哲学革命，说到底就在于从以往的"解释世界"的哲学转变为"改变世界"的哲学。以往的哲学家"只是用不同的方式解释世界，问题在于改变世界"②。马克思主义哲学批判改造了以往的哲学，实现了哲学的伟大变革，把"理论哲学"转变为"实践哲学"。

三、当代价值提要

学习《费尔巴哈论》这部经典著作的当代价值，就在于坚持恩格斯在

---

① 《马克思恩格斯选集》第 4 卷，人民出版社 1995 年版，第 257 页。
② 《马克思恩格斯选集》第 1 卷，人民出版社 1995 年版，第 61 页。

这部著作中阐述的马克思主义哲学的基本观点，并运用这些观点研究中国社会发展中的重大现实问题。

第一，坚持唯物辩证法的发展观，弘扬批判精神，在斗争中开创新局面。唯物辩证法的本质是批判的和革命的，批判就是辩证否定，革命就是发展变化。事物的发展是辩证否定和矛盾运动的过程。只有不断解决矛盾，才能实现发展。因而，发展离不开批判、革命和斗争，要研究和解决问题。社会的发展，不是自发的，而是自觉的，我们是在批判中发展，在斗争中壮大，在革命中进步。"以史为鉴、开创未来，必须进行具有许多新的历史特点的伟大斗争。"① 今天，要把中国特色社会主义建设事业推向前进，需要批判、革命和斗争。要把我们党建设成为始终走在时代前列的马克思主义政党，需要不断进行自我革命。只有弘扬伟大的斗争精神，才能继续推进党的建设新的伟大工程，才能继续推进我国社会主义现代化建设的伟大事业，才能实现中华民族伟大复兴的伟大梦想。

第二，坚持思维和存在的统一，必须做到追求真理和坚守信仰的统一。我们主张思维和存在的统一，主张认识论和本体论的统一，就是要做到实事求是和为人民服务的统一。实事求是，这是共产党人的认识论；为人民服务，这是共产党人的本体论。坚持实事求是，就是按客观规律办事。马克思主义主张，人民是历史的主体。我们要尊重历史规律，就必须尊重人民的选择。坚持一切从实际出发，就要从人民的根本利益出发，始终坚持以人民为中心，全心全意为人民谋利益。"我们讲宗旨，讲了很多话，但说到底还是为人民服务这句话。我们党就是为人民服务的。"② 不忘初心，牢记使命，坚定共产党人的理想信念，永葆先进性和纯洁性，"是我们必须回答好、解决好的一个根本性问题。……忘记这个初心和使命，党就会改变性质、改变颜色，就会失去人民、失去未来"③。江山就是人民，人民就是江山。中国共产党根基在人民、血脉在人民、力量在人民。

---

① 习近平：《在庆祝中国共产党成立 100 周年大会上的讲话》，人民出版社 2021 年版，第 17 页。

② 习近平：《在河北省阜平县考察扶贫开发工作时的讲话》，《求是》2021 年第 4 期。

③ 习近平：《牢记初心使命，推进自我革命》，《求是》2019 年第 15 期。

第三，坚持现实的人的观点，正确认识人的社会属性和自然属性的关系，必须用社会属性说明人的行为。社会属性和自然属性是人的两种属性，社会属性是人的本质属性。在社会生活中，人的自然属性不断被社会化。人的社会属性决定其自然属性。"人体解剖对于猴体解剖是一把钥匙。"① 我们只有认识了高级现象，才能理解低级现象；只有认识了现在，才能理解过去。正是从这个意义上说，我们只能用现在说明过去，用高级现象说明低级现象，用人的社会属性说明人的自然属性，而不能相反。否则，就会导致抽象的人，就会陷入历史唯心主义。

第四，坚持历史唯物主义的基本观点，正确认识和处理发展与改革的关系，必须迪过改单解决发展的问题。历史唯物主义认为，社会基本矛盾是社会发展的根本动力。生产力和生产关系、经济基础和上层建筑的矛盾，是人类社会的基本矛盾。这两对基本矛盾运动推动社会发展。生产力决定生产关系，并通过经济基础决定上层建筑。只有同生产力水平相适应的生产关系和上层建筑，才能促进生产力的发展。相反，就会阻碍生产力的发展。我们要适应生产力发展的要求，变革生产关系和上层建筑，促进生产力的发展和社会进步。发展是根本任务，改革是关键之举。建设中国特色社会主义，必须始终坚持把发展生产力作为根本任务。中国特色社会主义进入新时代，我们必须立足新发展阶段，贯彻新发展理念，构建新发展格局，实现高质量发展。要实现这一宏伟的奋斗目标，必须用改革的思维和改革的办法解决发展中的问题，在全面深化改革中为发展不断注入生机和活力。

结　语

德国的资产阶级上升为统治阶级之后，失去了理论的兴趣。工人阶级则渴望科学理论。所以，"德国人的理论兴趣，只是在工人阶级中还没有衰退，继续存在着"②。原因在于工人阶级需要科学的理论。"科学越是毫

---

① 《马克思恩格斯选集》第 2 卷，人民出版社 1995 年版，第 23 页。
② 《马克思恩格斯选集》第 4 卷，人民出版社 1995 年版，第 258 页。

无顾忌和大公无私，它就越符合工人的利益和愿望。"① 理论的科学性就在于发现规律，而尊重规律和满足工人阶级、劳动人民的利益，从根本上说是统一的。所以，只有工人阶级才是德国古典哲学的真正继承人。

满足工人阶级需要的马克思主义哲学，是"在劳动发展史中找到了理解全部社会史的锁钥的新派别"②。用劳动解释历史，也就是用劳动人民解释历史。历史是劳动者创造的，是人民创造的。要尊重历史，就必须尊重劳动，尊重人民。这是马克思主义的世界观、历史观和价值观，是马克思主义哲学本质的集中体现。

（边立新）

---

① 《马克思恩格斯选集》第 4 卷，人民出版社 1995 年版，第 258 页。
② 《马克思恩格斯选集》第 4 卷，人民出版社 1995 年版，第 258 页。

历史过程中的决定性因素

——读恩格斯《致约·布洛赫》《致瓦·博尔吉乌斯》

恩格斯的《致约·布洛赫》《致瓦·博尔吉乌斯》，是关于马克思主义唯物史观的两封重要书信。

一、写作背景

唯物史观是马克思的两个伟大发现之一。唯物史观的创立实现了社会历史观的伟大变革。但一些资产阶级思想家对马克思主义的唯物史观进行肆意歪曲，认为唯物史观是完全排斥人的主观能动性的唯经济主义。一些自称为马克思主义者的人，则把唯物史观看成是经济决定论或经济唯物主义，过分强调经济的决定作用，忽视上层建筑和意识形态的相对独立性和反作用。这样一些错误看法，误导了一些人尤其是青年学生对马克思主义唯物史观的认识。1890 年 9 月 3 日，正在柏林大学学习的约·布洛赫给恩格斯写信，就历史发展过程中经济基础是不是唯一的因素等问题进行请教。1890 年 9 月 21 日，恩格斯就布洛赫提出的问题写了回信。1894 年 1 月或稍早一点时间，德国大学生瓦·博尔吉乌斯写信给恩格斯，请恩格斯对经济关系在社会发展中的作用等问题作进一步的解答。1894 年 1 月 25 日，恩格斯给博尔吉乌斯写了回信，解答了他所提出的问题。

二、主要内容

恩格斯在《致约·布洛赫》的回信中，对唯物史观应如何考察社会发展的动力和原因等问题进行了深刻的阐述，并提出了历史发展中的"合力"思想。

经济因素是历史发展的决定性因素，但并不是说它就是唯一的因素，这是恩格斯明确强调的一个观点。恩格斯指出："根据唯物史观，历史过程中的决定性因素归根到底是现实生活的生产和再生产。"① 也就是说，经济因素在历史发展过程中的作用是具有根源性的，经济状况决定着历史发展的进程，历史发展的终极原因必须在经济中寻找。恩格斯认为，强调经济因素对历史发展起着决定性作用，并不是说经济因素就是历史发展的"唯一决定性的因素"，除了经济因素还有上层建筑等其他各种因素。"这里表现出这一切因素间的相互作用，而在这种相互作用中归根到底是经济运动作为必然的东西通过无穷无尽的偶然事件……向前发展。"② 上层建筑等其他各种因素虽然也对历史发展产生作用，但并非同经济因素起同等的决定作用。"如果有人在这里加以歪曲，说经济因素是唯一决定性的因素，那么他就是把这个命题变成毫无内容的、抽象的、荒诞无稽的空话。"③ 在这里，恩格斯充分肯定了经济因素的最终决定作用，同时也肯定了上层建筑等其他因素的作用，这既坚持了唯物论，又坚持了辩证法。

历史是人们在一定条件下自己创造的，历史的结局往往是无数互相交错的力量形成合力的结果，这也是恩格斯明确强调的一个观点。恩格斯指出："我们自己创造着我们的历史，但是第一，我们是在十分确定的前提和条件下创造的。其中经济的前提和条件归根到底是决定性的。但是政治等等的前提和条件，甚至那些萦回于人们头脑中的传统，也起着一定的作用，虽然不是决定性的作用。"④ 人是社会历史的主体，没有人的活动，也就没有历史。但历史并不是随意地创造的，而是人们在既定的前提和条件下创造的。在这些前提和条件中，有起决定作用的经济的条件，还有政治等方面的条件。历史最终的结果，是由各种意志和力量形成的合力造成的。恩格斯指出："历史是这样创造的：最终的结果总是从许多单个的意志的相互冲突中产生出来的，而其中每一个意志，又是由于许多特殊的生活条件，才成为它所成为的那样。这样就有无数互相交错的力量，有无数个力的平行四边形，由此就产生出一个合力，即历史结果，而这个结果又

① 《马克思恩格斯文集》第 10 卷，人民出版社 2009 年版，第 591 页。
② 《马克思恩格斯文集》第 10 卷，人民出版社 2009 年版，第 591—592 页。
③ 《马克思恩格斯文集》第 10 卷，人民出版社 2009 年版，第 591 页。
④ 《马克思恩格斯文集》第 10 卷，人民出版社 2009 年版，第 592 页。

可以看做一个作为整体的、不自觉地和不自主地起着作用的力量的产物。"① 人们在创造历史的过程中，由于不同的条件而产生了不同的意志，不同的意志又表现为不同的活动。这些不同的意志和活动相互作用，最终形成总的合力，产生了历史的结局。各种意志和力量在历史发展中都起着一定的作用，但任何单个的意志和力量都不能决定历史的命运。这也说明，历史的发展有自己固有的客观规律性，是不以人们的意志为转移的。

恩格斯还特别向布洛赫指出，要"根据原著来研究这个理论，而不要根据第二手的材料来进行研究"②。只有根据第一手材料去研究马克思主义理论，才能原原本本地理解马克思主义经典作家的思想和精神实质。根据第二手材料去研究，虽然比较容易、省事，但难以完整准确地理解马克思主义理论，甚至还会产生片面的错误理解。恩格斯提出的这样一个方法，对我们学习和研究马克思主义经典著作仍然具有很重要的指导意义。

恩格斯在《致瓦·博尔吉乌斯》的回信中，对唯物史观的基本原理作了更加辩证的阐述。

恩格斯首先阐明了对历史发展起决定性作用的经济关系的内涵。他认为，这种经济关系就是指人们生产生活资料和彼此交换产品的方式，包括生产和运输的全部技术，包括经济关系赖以发展的地理基础以及由过去沿袭下来的各经济发展阶段的残余，也包括社会的外部环境等。在恩格斯看来，生产和运输的全部技术"也决定着产品的交换方式以及分配方式……决定着阶级的划分，决定着统治关系和奴役关系，决定着国家、政治、法等等"③。因此技术必然属于经济关系的范畴。他还指出，社会需要是技术发展的强大动力，更是科学发展的强大动力。技术与科学之间有相互依赖的关系，但科学更依赖于技术的状况和社会需要。科学不是从天上掉下来的。

恩格斯在强调经济条件是制约着历史发展的决定性因素的同时，还阐明经济基础与上层建筑之间的关系。他指出："政治、法、哲学、宗教、

---

① 《马克思恩格斯文集》第 10 卷，人民出版社 2009 年版，第 592 页。
② 《马克思恩格斯文集》第 10 卷，人民出版社 2009 年版，第 591 页。
③ 《马克思恩格斯文集》第 10 卷，人民出版社 2009 年版，第 667 页。

文学、艺术等等的发展是以经济发展为基础的。但是，它们又都相互作用并对经济基础发生作用。"① 在恩格斯看来，虽然上层建筑的各个方面以经济为基础并受经济发展条件的制约，但它们具有相对的独立性，也对经济基础发生作用。所以，在历史发展过程中，并不是"只有经济状况才是原因，才是积极的，其余一切都不过是消极的结果"②。

在这封书信中，恩格斯还对历史发展中偶然性和必然性的问题作了阐述。他指出，人们并不是按照共同意志，根据一个共同计划来创造自己的历史。因为人们的意向是相互交错的，所以，历史的发展"都是那种以偶然性为其补充和表现形式的必然性占统治地位"，"通过各种偶然性来为自己开辟道路的必然性，归根到底仍然是经济的必然性"。③ 他认为，某个伟大人物在一定时间出现于某一国家，这是一种偶然现象。如果这个人物不出现，其角色也会由别人来扮演。也即是说，很多事物看似偶然，实际上具有必然性。必然性是事物发展中一定要发生的、不可避免的趋势，而偶然性是事物发展中不确定的趋向。偶然性是必然性的表现形式和必要补充，偶然性背后隐藏着必然性并受其制约，没有脱离必然性的纯粹偶然性。事物的必然性总是通过大量的偶然性表现出来，由此为自己开辟道路。

三、学习意义

在《致约·布洛赫》《致瓦·博尔吉乌斯》这两封书信中，恩格斯对马克思主义的唯物史观作了完整准确的阐述。学习恩格斯的这两封书信，有助于我们加深对唯物史观的理解，提高对历史和现实生活的认识。这两封书信的内容，对我们从整体上掌握和运用马克思主义基本原理，也具有思想方法上的指导意义。

（王彦民）

---

① 《马克思恩格斯文集》第 10 卷，人民出版社 2009 年版，第 668 页。
② 《马克思恩格斯文集》第 10 卷，人民出版社 2009 年版，第 668 页。
③ 《马克思恩格斯文集》第 10 卷，人民出版社 2009 年版，第 669 页。

未来新社会的本质规定

——读恩格斯《致朱·卡内帕》

1894 年，在恩格斯去世的前一年，意大利人朱泽培·卡内帕请求恩格斯为即将出版的《新纪元》周刊找一段题词，用简短的词句来表述未来新纪元的精神。恩格斯在《致朱·卡内帕》这封回信中选择了《共产党宣言》中的这样一句话："代替那存在着阶级和阶级对立的资产阶级旧社会的，将是这样一个联合体，在那里，每个人的自由发展是一切人的自由发展的条件。"[1] 并强调："马克思是当代唯一能够和那位伟大的佛罗伦萨人相提并论的社会主义者"；"除了《共产主义宣言》中的下面这句话，我再也找不出合适的了"。[2] 恩格斯在这里提到的"那位伟大的佛罗伦萨人"就是诗人但丁。但丁说过的一句话即"一些人统治，另一些人受苦难"，被视为对旧纪元的界定。恩格斯从《共产党宣言》中选出的这句话，不仅与但丁的话相对应，而且很重要的是反映了这句话在恩格斯心目中的重要地位，以及这句话在整个马克思主义学说中的重要意义。根据恩格斯的这封回信，我们可以明确地认识到，在马克思和恩格斯的思想理论中，实现人的自由而全面发展是未来新社会即社会主义、共产主义社会区别于其他一切社会的本质规定，也是马克思主义的最高价值追求。

自从人类社会产生了阶级剥削、阶级压迫，有了不公正、不平等，就有了人们对争取人的解放、实现人的自由全面发展的追求。资本主义社会取代封建社会，实现了人类社会一次大的解放。但资本主义消除了专制对人的控制，消除了特权对利益的垄断，却又给人与社会套上了私有资本的枷锁；它创造了巨大的社会生产力，却又带来了私有资本对劳动的剥削，并由此产生了新的阶级对立和利益分化，使人与人、人与社会之间的关系

---

① 《马克思恩格斯文集》第 10 卷，人民出版社 2009 年版，第 666 页。
② 《马克思恩格斯文集》第 10 卷，人民出版社 2009 年版，第 666 页。

产生了新的扭曲。怎样才能使整个社会永远摆脱阶级剥削、阶级压迫和阶级对立，实现人的彻底解放，使每一个人都能获得自由全面发展的条件，这是社会历史发展提出的一个大课题。马克思主义的应运而生，正是为了回应和解答这样一个历史性的大课题。争取人的彻底解放，实现人的自由全面发展，也就成为马克思主义的出发点和落脚点，其基本理论和所提出的基本原则都是围绕这样一个问题展开的。

在马克思和恩格斯看来，以往所有阶级社会尤其是资本主义社会的根本缺陷，就在于一部分人的发展以另一部分人的牺牲为代价，整体的发展以个人的牺牲为代价。因此，代替资本主义的新社会必然要以实现人的自由全面发展为目标，并为每一个人自由全面发展创造条件。马克思的早期著作就已经明确地表达了这一思想，并进行了相应的探索。在《共产党宣言》中，马克思和恩格斯对这一思想作了一个经典性的概括，此后他们又多次重申这个思想。例如，马克思在《资本论》中，把"每个人的全面而自由的发展"概括为比资本主义更高级的社会形式的"基本原则"。① 恩格斯也特别强调过："我们的目的是要建立社会主义制度，这种制度将给所有的人提供健康而有益的工作，给所有的人提供充裕的物质生活和闲暇时间，给所有的人提供真正的充分的自由。"② 马克思和恩格斯的有关论述，不仅阐述了人的自由全面发展的意义，而且明确了社会的全体发展和个体发展的关系，实现一切人的自由发展，首先要促进每个人的自由发展。

马克思和恩格斯的这个思想，揭示了人类社会发展的必然趋势，也明确了建设社会主义、共产主义新社会的本质要求。我们共产党人以马克思主义为指导来认识社会、改造社会，这样的历史活动就是一种争取人的解放、实现人的自由全面发展的历史活动，我们的全部理论和实践都蕴含着争取人的解放、实现人的自由全面发展的意义和要求。

（秦刚）

---

① 《马克思恩格斯选集》第2卷，人民出版社1995年版，第239页。
② 《马克思恩格斯全集》第21卷，人民出版社1965年版，第570页。

关于俄国革命前景的观察和思考

——读恩格斯《〈论俄国的社会问题〉跋》

一、写作背景

19 世纪 60 年代以后，马克思恩格斯十分关注俄国问题，特别是俄国农民公社及其发展命运问题。从更一般的意义上讲，这一问题实际上就是东方落后国家的发展道路问题。1894 年 1 月，恩格斯在把自己以前发表的《论俄国的社会问题》一文收入《〈人民国家报〉国际问题论文集(1871—1875)》时专门为该文写了一篇跋，对这一问题作了明确系统的阐述。

二、主要内容

《〈论俄国的社会问题〉跋》是恩格斯论述俄国农民公社和俄国革命前景的重要著作。在这篇跋中，恩格斯阐述了几十年来他本人以及马克思关于俄国社会问题的一些基本观点。

（一）批判俄国民粹派不顾客观社会历史条件，把农民公社当作直接过渡到社会主义社会的手段的看法

在当时俄国的民粹派看来，土地公有的俄国农民公社是俄国未来社会的雏形，比西方私有制的资本主义社会形态更接近社会主义。甚至俄国的伟大思想家车尔尼雪夫斯基也把俄国农民公社看作从现存社会形式过渡到新的发展阶段的手段，这个新阶段一方面高于俄国的公社，另一方面高于阶级对立的西欧资本主义社会。俄国拥有这种手段，而西方却没有这种手段。这种想法说明俄国的民粹派没有认识到社会主义是对资本主义的否定，是在生产力高度发展基础上建立的高度文明化的公有制社会形态，而

把它想象为某种同粗陋的原始共产主义相似的东西。

恩格斯对这种幼稚的观点进行了深刻的批判。恩格斯指出，土地公有是一种在原始时代曾经盛行于一切印度日耳曼语系各民族中的占有形式，是一种随历史发展正在衰亡中的占有形式。仅靠孤立存在的俄国农民公社，是绝不能产生出现代社会主义的。"俄国的公社存在了几百年，在它内部从来没有出现过要把它自己发展成高级的公有制形式的促进因素"①。"事实上，从氏族社会遗留下来的农业共产主义在任何地方和任何时候除了本身的解体以外，都没有从自己身上生长出任何别的东西。"② 在这种土地公有制下生活的 5000 万俄国人，既没有实现未来新社会的变革要求，又缺乏对未来新社会的理解。"较低的经济发展阶段解决只有高得多的发展阶段才产生了的和才能产生的问题和冲突，这在历史上是不可能的。在商品生产和单个交换以前出现的一切形式的氏族公社同未来的社会主义社会只有一个共同点，就是一定的东西即生产资料由一定的集团共同所有和共同使用。但是单单这一个共同特性并不会使较低的社会形式能够从自己本身产生出未来的社会主义社会，后者是资本主义社会的最独特的最后的产物。每一种特定的经济形态都应当解决它自己的、从它本身产生的问题；如果要去解决另一种完全不同的经济形态的问题，那是十分荒谬的。"③

（二）分析在何种条件下俄国农民公社能够成为
向未来社会主义发展的起点

俄国农民公社并非没有这样一种可能，即不经受资本主义制度的大部分苦难而取得它的全部成果，从而进入现代社会主义公有制，但这是有条件的。恩格斯指出："不仅可能而且毋庸置疑的是，当西欧各国人民的无产阶级取得胜利和生产资料转归公有之后，那些刚刚进入资本主义生产而仍然保全了氏族制度或氏族制度残余的国家，可以利用公有制的残余和与

① 《马克思恩格斯文集》第 4 卷，人民出版社 2009 年版，第 456—457 页。

② 《马克思恩格斯文集》第 4 卷，人民出版社 2009 年版，第 457 页。

③ 《马克思恩格斯文集》第 4 卷，人民出版社 2009 年版，第 458—459 页。

之相适应的人民风尚作为强大的手段，来大大缩短自己向社会主义社会发展的过程，并避免我们在西欧开辟道路时所不得不经历的大部分苦难和斗争。但这方面的必不可少的条件是：目前还是资本主义的西方作出榜样和积极支持。只有当资本主义经济在自己故乡和在它兴盛的国家里被克服的时候，只有当落后国家从这个榜样上看到'这是怎么回事'，看到怎样把现代工业的生产力作为社会财产来为整个社会服务的时候——只有到那个时候，这些落后的国家才能开始这种缩短的发展过程。然而那时它们的成功也是有保证的。这不仅适用于俄国，而且适用于处在资本主义以前的阶段的一切国家。"①

恩格斯在这篇跋中引述了马克思 1877 年《给〈祖国纪事〉杂志编辑部的信》中对俄国农民公社发展前景的判断。在信中，马克思指出："如果俄国继续走它在 1861 年所开始走的道路，那将会失去当时历史所能提供给一个民族的最好的机会，而遭受资本主义制度所带来的一切灾难性的波折。"② 也就是说，如果俄国资本主义继续发展，那它将会遭受和其他资本主义国家同样的危机、矛盾、痛苦与崩溃。恩格斯还引述了 1882 年在《共产党宣言》俄文版序言中自己和马克思对这一问题的认识。在这篇序言中，他们认为："俄国公社，这一固然已经大遭破坏的原始土地公共占有形式，是能够直接过渡到高级的共产主义的公共占有形式呢？或者相反，它还必须先经历西方的历史发展所经历的那个瓦解过程呢？对于这个问题，目前唯一可能的答复是：假如俄国革命将成为西方无产阶级革命的信号而双方互相补充的话，那么现今的俄国土地公有制便能成为共产主义发展的起点。"③ 以上论述表明，马克思恩格斯对这一问题的观点是一贯的、清楚的。

（三）指出俄国只有进行革命才能获得新生

在 1894 年恩格斯撰写《〈论俄国的社会问题〉跋》时，俄国资本主义

---

① 《马克思恩格斯文集》第 4 卷，人民出版社 2009 年版，第 459 页。
② 《马克思恩格斯文集》第 4 卷，人民出版社 2009 年版，第 462 页。
③ 《马克思恩格斯文集》第 4 卷，人民出版社 2009 年版，第 460 页。

经济与生产关系已经得到很大发展。虽然旧的沙皇专制制度还原封不动地继续保存下来，但是，为了进行战争就要修建铁路，而铁路又将促进工业、贸易和银行的发展。在这个过程中，原始农业自然走向瓦解，很大一部分农民从占有土地的状况中解放出来，越来越快地无产阶级化，而俄国也越来越快地转变为资本主义的工业国。"俄国在短短的时间里就奠定了资本主义生产方式的全部基础。但是与此同时也就举起了连根砍断俄国农民公社的斧头。"[1] 换言之，俄国正在滑向资本主义苦难、不幸的"卡夫丁峡谷"。

恩格斯认为，在这种情况下，俄国的出路全在于革命。要想保存这个残存的公社，要想已受破坏的公社能够同西欧的转变相配合而成为共产主义发展的起点，就必须在俄国进行革命，首先推翻沙皇专制制度。"俄国的革命不仅会把这个民族的大部分即农民从构成他们的'天地'、他们的'世界'的农村的隔绝状态中解脱出来，不仅会把农民引上一个大舞台，使他们通过这个大舞台认识外部世界，同时也认识自己，了解自己的处境和摆脱目前贫困的方法；俄国革命还会给西方的工人运动以新的推动，为它创造新的更好的斗争条件，从而加速现代工业无产阶级的胜利；没有这种胜利，目前的俄国无论是在公社的基础上还是在资本主义的基础上，都不可能达到社会主义的改造。"[2] 只有革命才有可能为俄国带来新生。

三、学习意义

在《〈论俄国的社会问题〉跋》中，恩格斯始终坚持运用历史唯物主义分析问题。不论是对俄国农村公社的认识，还是对未来社会主义的认识，恩格斯都是从社会的经济生活中寻找它们的最终根据，依据生产方式来进行分析。只有如此，才能准确把握一种社会历史现象以及社会形态的本质。这篇跋对俄国农村公社命运的分析也非常鲜明地体现了马克思主义关于社会形态更替既有统一性又呈现多样性的基本原理。就人类总体历史

---

[1] 《马克思恩格斯文集》第 4 卷，人民出版社 2009 年版，第 464 页。
[2] 《马克思恩格斯文集》第 4 卷，人民出版社 2009 年版，第 466—467 页。

而言，五种社会形态的依次更替是社会发展的一般规律；就具体民族或国家的发展而言，不同的民族或国家在特定条件下可以超越某一种甚至几种社会形态而跳跃式地向前发展。同时，恩格斯在《〈论俄国的社会问题〉跋》中紧密联系不断发展变化的新情况对问题进行阐述和分析，体现了他在考察复杂社会问题时一贯坚持的辩证唯物主义的方法论原则。今天学习这篇著作，要努力掌握其中所运用和体现的马克思主义基本原理与基本观点，尤其要深入领会马克思主义经典作家如何运用基本原理、基本观点来分析问题，把握其方法。

（李海青）

无产阶级革命斗争的新策略

——读恩格斯《卡·马克思〈1848年至 1850年的法兰西阶级斗争〉一书导言》

一、写作背景

马克思于1850年1—11月在《新莱茵报·政治经济评论》上发表了一组文章，用唯物史观分析了1848年法国资产阶级民主革命的原因、性质、进程、阶级力量对比、失败原因等问题，阐明了一系列重要观点：无产阶级要获得自身解放就必须坚持战斗；革命是历史的火车头，暴力革命是无产阶级革命的重要形式；无产阶级革命必须建立工农联盟，实现无产阶级领导权；无产阶级必须打碎旧的国家机器，建立无产阶级专政；无产阶级夺取政权以后要实现生产资料社会占有；新的革命只有在新的危机之后才可能发生；等等。

19世纪50年代，欧美许多国家出现了革命高潮的新迹象，但革命并未发生。马克思在1859年写的《〈政治经济学批判〉序言》中提出了"两个决不会"的论断。19世纪70年代，巴黎公社革命失败，其他革命也不可能。1873年经济危机以后，西欧资产阶级调整了内外政策，统治相对稳定，资本主义出现了垄断、股份公司等新形式，世界各主要资本主义国家经济增长速度加快，议会制、普选制等民主制度发生了变化，资本主义世界进入了相对稳定的发展时期。当时，第二国际各党内部既有迷恋合法斗争、幻想和平过渡的改良主义和机会主义倾向，又有笼统地把参加选举和议会活动说成机会主义的倾向。资本主义的新变化和第二国际的状况促使恩格斯进一步思考无产阶级革命斗争的策略问题。

1895年1月30日，德国社会民主党《前进报》出版社经理理查·费舍写信给恩格斯，请求他同意把马克思在1850年《新莱茵报·政治经济评论》上发表的关于法国 1848 年革命的一组文章（共三篇）印成单行本出版，并为这个单行本写一篇导言。恩格斯在复信中基本同意了这一计划，还建议补充一篇文章，作为该书的第四章。他为各章拟定了新的标题，并建议将书名定为《1848 年至 1850 年的法兰西阶级斗争》。恩格斯为此书写了导言，阐明了无产阶级革命斗争的形势，阐明了把日常斗争与最终目的、当前的合法活动同将来的夺取政权的革命辩证地结合起来的革命策略。

恩格斯《卡·马克思〈1848 年至 1850 年的法兰西阶级斗争〉一书导言》（本文中简称《导言》）是为马克思《1848 年至 1850 年的法兰西阶级斗争》一书的单行本出版而写的，是恩格斯生前的最后一篇重要政治论文，是一篇重要的马克思主义文献。

二、主要内容

恩格斯在《导言》中根据历史经验和 19 世纪最后 20 多年资本主义国家的新现象，反思了马克思和他在 1848 年革命期间关于革命运动的条件、进程和形式的看法，阐明了新形势下无产阶级革命斗争的策略。《导言》共有 40 个自然段，可以分为三个部分。

（一）恩格斯评述了马克思《1848 年至 1850 年的法兰西阶级斗争》的分析方法和基本观点

恩格斯指出，马克思在《共产党宣言》《1848 年至 1850 年的法兰西阶级斗争》中都是运用唯物主义观点解释某段历史或政治事件，把导致政治事件的终极原因归结为经济状况。可是，人们在判断当前发生的各个事件时，总是不能追溯到最终的经济原因。这是因为经济发展的状况，特别是其中最重要的因素，大部分长期处于隐蔽作用的状态，而对某一时期经济史概观的清晰把握总是在事后。因此，在研究当前的事件时，往往不得不把经济因素看成固定的，把某一时期开始时的经济状况看成在整个时期内不变的。这样，唯物主义的方法就往往只限于把政治冲突归结为由经济发展所造成的现有各社会阶级以及各阶级集团的利益斗争，而把各个政党看成与这些阶级以及阶级集团大体对应的政治表现。经济状况是研究一切过程的基础，而经济状况中同时发生的种种变化难免会被忽略，这是产生错误的根源。

恩格斯指出，马克思关于1848—1850年法国革命原因和形势的叙述经实践检验是正确的。马克思准确地把握了法国在二月革命以前的经济状况和二月革命以后的政治事件，因而对当时事变的叙述及其内在联系的揭示超出了所有人的认识程度，并且两度经受住了检验。第一次检验是马克思通过研究当时最近10年的经济事实印证了他得出的结论：1847年世界贸易危机和1848年工业繁荣决定了法国1848年革命的形势。在1849—1850年工业普遍繁荣的情况下，即在资本主义社会的生产力正蓬勃发展、欧洲反动势力力量振奋的时候，不会有真正意义上的革命。马克思1850年3月10日以前在《新莱茵报》上发表的三篇文章中曾经"期待不久革命力量新高涨就会到来"，那里说"新的革命，只有在新的危机之后才可能发生。但新的革命正如新的危机一样肯定会来临"①。到他发表第四篇文章时"就已经永远抛弃了这种幻想"②。恩格斯说，这是他们"所必须作的唯一重大修改"③。第二次检验是马克思在路易·波拿巴的雾月政变后重新研究了1848年2月—1851年12月这段时期的法国历史，写出了《路易·波拿巴的雾月十八日》。参照这本书，马克思在《1848年至1850年的法兰西阶级斗争》中对政治事变的记述"只须作很少的改动"。

恩格斯强调，《1848年至1850年的法兰西阶级斗争》中"具有特别重大意义"的观点是生产资料归社会所有。马克思在该书第二章中第一次提出世界各国工人政党对经济改造的要求是：生产资料归社会所有。"这里第一次表述了一个使现代工人社会主义既与封建的、资产阶级的、小资产阶级的等形形色色的社会主义截然不同，又与空想的以及自发的工人共产主义所提出的模糊的财产公有截然不同的原理。"④ 马克思后来把这个观点扩展到占有交换手段上。马克思所说的生产资料和交换手段归社会占

---

① 《马克思恩格斯文集》第4卷，人民出版社2009年版，第536页。
② 《马克思恩格斯文集》第4卷，人民出版社2009年版，第536页。
③ 《马克思恩格斯文集》第4卷，人民出版社2009年版，第536页。
④ 《马克思恩格斯文集》第4卷，人民出版社2009年版，第537页。

有，与英国有些人所说的归现存国家或市镇所有是根本不同的。

（二）恩格斯反思了马克思和他在 1848 年革命期间
关于革命运动的条件和进程的看法

历史发展不仅改变了马克思恩格斯对革命运动形势的看法，而且完全改变了无产阶级借以进行斗争的条件和方法。恩格斯说：在 1848 年二月革命时，"在关于革命运动的条件和进程的看法上，我们大家都受过去的历史经验，特别是法国经验的影响"①。那时，马克思恩格斯根据无产阶级在革命中的积极作用，特别是巴黎工人的六月起义，曾经毫不怀疑"伟大的决战已经开始，这个决战将在一个很长的和充满变化的革命时期中进行到底，而结局只能是无产阶级的最终胜利"②。1849 年革命失败后，他们对革命形势高涨并没有抱幻想。他们估计到了铲除"压迫者"后"人民"内部对立成分之间的长期斗争，也曾宣布在新的世界危机爆发以前什么也等不到。即使如此，"历史表明我们也曾经错了，暴露出我们当时的看法只是一个幻想。历史走得更远：它不仅打破了我们当时的错误看法，并且还完全改变了无产阶级进行斗争的条件。1848 年的斗争方法，今天在一切方面都已经过时了，这一点值得在这里比较仔细地加以探讨"③。

无产阶级革命根本不同于以往的一切革命，在当时欧洲大陆的经济状况和阶级状况下，并不存在由少数人的革命变成多数人的革命的前景。以往一切革命的结果都是一个阶级的统治取代另一个阶级的统治，以往的一切统治阶级都是少数人的集团，以往一切革命的共同形式都是少数人的革命，一旦初次取得胜利，这个少数人又要发生分裂。这是从 17 世纪英国大革命开始的近代一切革命的共同特征。在巴黎无产阶级群众还不明白求得自己解放的方向和道路时，1848 年革命中无产阶级争取自己解放的斗争似乎也具有这些特征。但是，这次革命运动虽然是由少数人领导的，却是为了多数人的真正利益进行的革命。因为广大人民群众更容易接受的是

---

① 《马克思恩格斯文集》第 4 卷，人民出版社 2009 年版，第 537 页。
② 《马克思恩格斯文集》第 4 卷，人民出版社 2009 年版，第 538 页。
③ 《马克思恩格斯文集》第 4 卷，人民出版社 2009 年版，第 538 页。

那些最确切反映他们利益和要求的思想，而不是少数人的纯粹欺蒙。资产阶级如果要使革命运动不至于因为群众的革命情绪受到影响而失败，就必须实现大多数人的真正利益。马克思在第三篇文章中证明：1848 年革命中产生的资产阶级共和国发展到 1850 年春已经使大资产阶级成为统治阶级，而使所有其他社会阶级团结到无产阶级周围。这样，完全存在着少数人的革命变成多数人的革命的前景。但是，"历史表明，我们以及所有和我们有同样想法的人，都是不对的。历史清楚地表明，当时欧洲大陆经济发展的状况还远没有成熟到可以铲除资本主义生产的程度"①。从 1848 年起，经济革命席卷整个欧洲大陆，各国纷纷确立大工业。这表明资本主义经济基础"在 1848 年还具有很大的扩展能力"②。然而，正是工业革命造成了真正的资产阶级和真正的大工业无产阶级，并且在全欧洲发生了在 1848 年难以想象的两大阶级之间的激烈斗争。它有马克思的理论指导，有一支强大的无产阶级大军，但是，它没有达到目的。"既然它还远不能以一次重大的打击取得胜利，而不得不慢慢向前推进，在严酷顽强的斗争中夺取一个一个的阵地，那么这就彻底证明了，在 1848 年要以一次简单的突然袭击来实现社会改造，是多么不可能的事情。"③

1848 年革命后的法国历史发展表明，无产阶级革命以外的任何革命都不能解决无产阶级的统治权问题，而在当时的条件下无产阶级自身又不可能实现这种统治权。1848 年革命后的形势必然导致突发事件，1851 年路易·波拿巴发动雾月政变，结束了紧张局势。这以后，欧洲进入了从上面进行革命的时期。革命总的结果是，除波兰之外的各大民族都实现了独立自主和内部统一。法国社会中人数最多的小农阶级的代表路易·波拿巴，推翻了资产阶级共和国，恢复了帝制，又真正执行了二月革命宣布的对奥尔良派资产阶级的判决，完成了二月革命没有完成的目标。在他们的旁边，国际无产阶级令人生畏地站立起来。1870—1871 年的普法战争结束了波拿巴的统治，而巴黎公社结束了那个从上面进行革命的时期。巴黎

---

① 《马克思恩格斯文集》第 4 卷，人民出版社 2009 年版，第 540 页。
② 《马克思恩格斯文集》第 4 卷，人民出版社 2009 年版，第 540 页。
③ 《马克思恩格斯文集》第 4 卷，人民出版社 2009 年版，第 541 页。

公社革命表明，除了无产阶级革命以外，任何其他的革命都不可能了，无产阶级革命胜利以后，工人阶级自然要掌握统治权。同时也表明，在1848—1850 年的 20 年以后，工人阶级的统治还是多么不可能。但是，无产阶级并没有被彻底埋葬，而是从巴黎公社和普法战争开始得到了最强有力的发展。

（三）恩格斯阐明了新形势下无产阶级革命斗争的策略

恩格斯认为，利用普选权是无产阶级的一种崭新的斗争方式。巴黎公社和普法战争失败后，欧洲工人运动的重心从法国移到了德国。德国社会民主党迅猛地成长起来，获得的选票几乎年年上涨，以至于当局实行反社会党人法，但也没有遏制住选票上涨，选票甚至超过总票数的四分之一。德国工人阶级对世界工人阶级事业作出了重大贡献：一是自己作为最强有力、最守纪律并且增长最快的社会主义政党存在；二是给了世界各国的同志一件最锐利的新武器，即应该怎样利用普选权。选举权在欧洲一些国家早已存在，但不像在德国那样有成效。普选权可以提供"千百倍的好处"：它是一把能计量自己的力量和行动规模以及敌对党派力量的独一无二的尺子，是社会主义工人党广泛深入群众、宣传维护自己的观点、揭露对手的攻击诽谤的独一无二的手段，是比在集会、报刊上更权威、更自由得多地讲话的一个讲坛。它使我们能够正确估价自己，清醒认识形势，增强自信心，扩大影响力，并制定正确的行动路线。因此，必须改变过去那种认为普选权对工人来说只是"陷阱"和政府的"欺骗工具"的看法，而应当把它看作工人"解放的工具"。

在恩格斯看来，斗争条件的根本变化决定斗争方式的改变。"旧式的起义，在 1848 年以前到处都起过决定作用的筑垒巷战，现在大大过时了。"[①] 无产阶级斗争手段的改变，是因为斗争的历史条件发生了根本变化：一是国家间战争的条件发生了变化，旧式的起义和以前起过决定性作用的街垒巷战，已经过时了。自 1848 年以来，资产阶级国家的常备军数量增加了，军事技术先进了，武装改进了，而起义者的一切条件都变坏

---

① 《马克思恩格斯文集》第 4 卷，人民出版社 2009 年版，第 545—546 页。

了。在这种情况下，无产阶级不应贸然走到枪鸣剑啸的街头去当炮灰。二是阶级斗争的条件发生了变化，过去那种实行突然袭击、由自觉的少数人带领着不自觉的群众进行革命的时代已经过去了。为了让群众明白应该做什么，就必须进行长期而坚持不懈的斗争。

利用普选权不是放弃工人阶级的革命权。一些国家的社会主义政党开始逐渐改变旧策略，纷纷仿效德国党利用选举权夺取所能夺取的一切阵地的做法。甚至在法国，社会主义者也已经认识到，如果不能把广大人民群众争取过来，就不可能取得持久的胜利。他们认为，党的当前任务是耐心地开展宣传工作和议会活动。欧洲国家的社会主义者在条件许可的情况下利用普选权和合法斗争手段都取得了很大成功，但是，他们并没有放弃自己的革命权。必须懂得，革命权是唯一的真正"历史权利"，是所有现代国家无一例外都以它为基础建立起来的唯一权利，社会主义者当然不能放弃革命权。德国社会民主党负有特殊的任务，这就是利用合法手段保存和壮大国际无产阶级大军的"突击队"。德国社会民主党拥有更广泛的选民和其他拥护者，得票占总票数的四分之一以上，并且时刻都在增加。如果这样继续下去，就能在 19 世纪末赢得社会中等阶层的大部分以及小资产阶级和小农，发展成为德国的一个决定性力量。"我们的主要任务就是不停地促使这种力量增长到超出现行统治制度的控制能力，不让这支日益增强的突击队在前哨战中被消灭掉，而是要把它好好地保存到决战的那一天。"[1] 要警惕反动势力的挑衅，避免发动过早的、没有准备的起义。如果让"突击队"同政府军队发生大规模冲突或在前哨战中流血牺牲，就会阻碍革命的正常发展进程，就会推迟、延缓决定性的战斗。

恩格斯指出，在可能的条件下，"革命者""颠覆者"用合法手段要比用不合法手段和颠覆办法取得的成就多得多。这是世界历史的讽刺。社会民主党有可能用合法手段取得更大的成就。

三、学习意义

马克思恩格斯毕生致力于人类的解放事业，始终关注无产阶级解放的

---

① 《马克思恩格斯文集》第 4 卷，人民出版社 2009 年版，第 551 页。

条件和无产阶级斗争的策略。在无产阶级和全人类争取解放的进程中，会遇到如下这样的基本问题：无产阶级进行革命应当采取什么样的策略和手段？什么时候运用暴力革命的方式，什么时候用和平方式？什么时候应当利用合法的议会斗争形式，什么时候必须进行非法斗争？在《导言》中，恩格斯给出了一个原则性的答案：无产阶级争取解放的斗争，方法是多种多样的，一切都要从各国和各民族的具体情况出发；无产阶级政党要善于根据历史条件的变化而不断调整斗争的策略。

恩格斯反思了马克思和他在 1848 年革命期间关于革命运动的条件和进程的看法，反复说明他们当时的一些想法"错了""不对""不可能""只是一个幻想"，是"错误看法"，"已经过时"。这展示了马克思恩格斯的自我批判精神和马克思主义与时俱进的理论品质。实际上，这种精神和品质贯穿于整个马克思主义理论体系中。例如，在《共产党宣言》1872年德文版序言中，马克思恩格斯曾指出："不管最近 25 年来的情况发生了多大的变化，这个《宣言》中所阐述的一般原理整个说来直到现在还是完全正确的。某些地方本来可以作一些修改。这些原理的实际运用，正如《宣言》中所说的，随时随地都要以当时的历史条件为转移，所以第二章末尾提出的那些革命措施根本没有特别的意义。如果是在今天，这一段在许多方面都会有不同的写法了。"①

马克思恩格斯的这种自我批判精神根源于他们始终坚持科学的世界观和方法论即唯物辩证法和唯物史观。恩格斯在《导言》开头就评述了马克思分析问题的方法，这就是始终运用唯物主义观点解释某段历史或某个政治事件。马克思恩格斯曾反复强调要正确地对待唯物史观，"如果不把唯物主义方法当作研究历史的指南，而把它当作现成的公式，按照它来剪裁各种历史事实，那它就会转变为自己的对立物"②。他们关于人类争取解放的斗争方式和未来社会的特征的结论，都是从历史事实和发展过程中得出的。1886 年 1 月 27 日，恩格斯曾在给费边社领导人 E. 皮斯的回信中声明："我所在的党并没有任何一劳永逸的现成方案。我们对未来非资本

---

① 《马克思恩格斯选集》第 1 卷，人民出版社 1995 年版，第 249 页。
② 《马克思恩格斯选集》第 4 卷，人民出版社 1995 年版，第 688 页。

主义社会区别于现代社会的特征的看法，是从历史事实和发展过程中得出的确切结论；不结合这些事实和过程去加以阐明，就没有任何理论价值和实际价值。"①

　　马克思恩格斯的自我批判精神和马克思主义的理论品质昭示我们：要科学对待马克思主义，坚持唯物辩证法和唯物史观，真正实事求是，不断解放思想，始终与时俱进，以问题为导向，不断推进中国特色社会主义理论与实践。

（贾建芳）

---

① 《马克思恩格斯文集》第 10 卷，人民出版社 2009 年版，第 548 页。

奠定新型无产阶级政党的组织基础

——读列宁《进一步，退两步》

《进一步，退两步》一书，1904年5月出版于日内瓦，是列宁阐述马克思主义政党组织建设原理的经典名著，在马克思主义政党学说发展史中占有十分重要的地位。

一、写作背景

列宁之所以写作该书，是与当时俄国面临的环境分不开的。一方面，时代和无产阶级革命实践的发展给俄国社会民主工党提出了很高的要求；另一方面，作为革命领导核心的俄国社会民主工党在组织建设方面存在着一些亟待解决的问题。不解决这些问题，党就难以胜任领导无产阶级革命这一艰巨的历史任务。《进一步，退两步》一书就是解决这个问题的。

19世纪末20世纪初，资本主义发展到垄断资本主义阶段，各种社会矛盾迅速激化，世界进入列宁所说的"帝国主义和无产阶级革命的时代"。在俄国，无产阶级革命的实践已经直接提上议事日程，建立一个能够领导无产阶级革命取得胜利的马克思主义政党成为时代发展的迫切需要。从当时的国际环境看，20世纪初，自由资本主义发展到垄断资本主义阶段。这一时期，无产阶级和资产阶级之间、殖民地半殖民地与帝国主义之间、帝国主义国家之间的矛盾都达到了空前尖锐的程度。无产阶级革命形势有了新的发展，殖民地半殖民地的民族解放运动风起云涌，成为世界无产阶级革命的同盟军。帝国主义战争造成了资本主义链条上的薄弱环节，为无产阶级革命准备了有利条件。从俄国的国内环境看，社会矛盾特别突出和尖锐。无产阶级、农民群众与沙皇专制制度、封建地主阶级、资产阶级之间的矛盾，资本主义与农奴制残余之间的矛盾，民族矛盾，俄国人民与西方帝国主义之间的矛盾，交织在一起，十分激烈。20世纪初的俄国不仅已成为帝国主义时代各种矛盾的集中点，而且形成了用革命手段解决这些矛盾的社会力量，这就是日益增长和集中战斗的无产阶级以及迫切要求消灭农奴制残余而得到土地的农民。19世纪末20世纪初，俄国兴起了声势浩大的工人运动，担负起领导俄国革命胜利的责任，成为摆在俄国社会民主工党面前的一项光荣的任务。

面对上述革命背景和党担负的历史重任，如何建设一个能够领导无产阶级和最广大人民群众进行革命的马克思主义政党，成为当时一项亟须解决好的重大课题。但在这个问题上，俄国社会民主工党内存在着原则分歧。这种分歧集中体现在，一是要不要坚持无产阶级专政的原则；二是是否把加入党的一个组织并在组织领导下进行活动作为党员的条件。这个问题的实质就是在俄国的特殊背景下是建设一个进行社会改良的政党，还是建设一个彻底革命的政党。尽管俄国社会民主工党第二次全国代表大会最终通过了列宁提出的方案，但是并没有在思想上形成统一认识。在是否把加入党的一个组织并在组织领导下进行活动作为党员条件的问题上，以列宁为代表的一方认为，每一个党员都必须参加党的一个组织，这样才能使党组织起来，有利于建立一个集中统一的无产阶级政党。以马尔托夫为代表的一方则认为，任何一个承认党纲并在党的一个组织领导下经常亲自协助党的人都可以自行宣布自己为党员。按照这种观点，任何人只要其愿意都有自行列名入党的权利，由于党的组织对他们的加入没有任何要求，因此也无法用纪律对其进行有效约束，党的组织将失去明确的组织界限，变成一个成分复杂、组织涣散不定型的团体。但是俄国社会民主工党二大经过表决，最终采纳了马尔托夫的条文。

在建党原则上的上述分歧，反映在俄国社会民主工党组织建设的过程之中，就是党的组织的分化。在俄国社会民主工党二大上，围绕选举中央委员会和中央机关报编辑部产生了激烈的斗争。列宁针对当时党内领导核心中存在的问题和秘密活动的需要，主张成立党的机关报《火星报》编辑部和中央领导机构两个三人小组，以使领导机关更加精干和富有效率，并提议由列宁、普列汉诺夫、马尔托夫组成《火星报》编辑部，把坚定的革命者选进中央委员会。马尔托夫则坚持保留《火星报》原来的六个编委，并极力使机会主义分子在中央委员会中占优势。表决结果，列宁获胜。从此，拥护列宁的革命派，被称为布尔什维克（即多数派的意思）；反对列宁的机会主义派，被称为孟什维克（即少数派的意思）。二大以后，孟什维克加紧对俄国社会民主工党领导权的争夺。1903 年 11 月他们夺取了《火星报》编辑部的领导权，1904 年 7 月夺取了中央委员会的领导权，并以《火星报》为阵地反对列宁提出的党的集中制原则，反对建立集中统一的党组织。列宁在描述当时的情况时指出："混乱现象日益加剧，使新的冲突不断产生，党的各方面的正常工作受到极大的妨碍。党还很年轻，还没有来得及巩固，它的力量在极大的程度上白白浪费掉了。"① 回应孟什维克的攻击，捍卫列宁主义的建党原则，使广大党员了解斗争的真相，成为列宁需要完成的一项紧迫任务。

二、主要内容

《马克思恩格斯列宁著作选编》节选了《进一步，退两步》第九章即"党章第一条"。在这一章中，列宁通过批判孟什维克在组织问题上的错误观点，集中阐明了无产阶级政党的组织原则，回答了一个肩负着领导革命重任的马克思主义政党如何进行组织建设的问题。

（一）新型无产阶级政党应是在组织上胜任领导革命的政党

俄国社会民主工党二大在讨论党章时，列宁同马尔托夫在党章第一条条文的表述上发生了重大分歧。分歧的主要内容是，党员是否参加党的一个组织。列宁认为，党员必须参加党的组织，只有这样，党才能形成一个整体，党员才能在党领导下进行工作，党组织也便于监督检查自己的党员。

列宁认为，党章第一条条文是"原则问题"。这是因为，虽然关于党章第一条的意见分歧本身不是"决定党的生死存亡的重大分歧"②，但是，

---

① 《列宁全集》第 9 卷，人民出版社 1987 年版，第 10 页。
② 《列宁专题文集　论无产阶级政党》，人民出版社 2009 年版，第 100 页。

"任何一种小的意见分歧,如果有人坚持它,如果把它提到首位……那它就会变成大的意见分歧。任何一种小的意见分歧,如果成为转向某些错误见解的出发点,如果这些错误见解又由于新增加的分歧而同使党分裂的无政府主义行动结合起来,那么这种意见分歧就会有重大的意义了"①。俄国社会民主工党二大及二大以后所发生的一系列事件表明,关于党章第一条条文的分歧,因它受到与会代表们的关注,成为以马尔托夫为代表的少数派走向机会主义和无政府主义的转折点,是马尔托夫少数派和反火星派、中派结成联盟的开端,使党面临着分化的危机,因而确实成了一个重大原则问题。

列宁认为,这个问题的分歧,集中到一点上,就是在俄国建立一个什么性质的党的问题。如果按照马尔托夫的意见来建党,那么这个党必然是一个组织涣散、没有定型、成分复杂的党,这样的党不能适应领导无产阶级革命的要求。只有使党成为一个集中的、组织严密的、纪律严格的政党,其才能够胜任领导俄国革命的艰巨任务。因此,党章第一条条文争论的焦点问题为,是建立一个战斗的革命党,还是建立一个机会主义的改良党。

(二)新型无产阶级政党应是组织严密的有机整体

针对马尔托夫等人提出的党不是一个集中的、组织严密的、统一的整体的错误观点,列宁明确指出:"党应当是组织的总和(并且不是什么简单的算术式的总和,而是一个整体)"②。也就是说,党首先应当是一个组织严密的有机整体,必须有统一的意志、统一的纪律和统一的行动。为了做到这一点,每个党员必须参加党的一个组织并在其领导下工作。唯有如此,党组织才能对党员进行检查和监督,因此,参加组织应是一个党员最起码的条件。如果按照马尔托夫的观点去建党,势必"把有组织的分子和无组织的分子,接受领导的分子和不接受领导的分子,先进的分

---

① 《列宁专题文集　论无产阶级政党》,人民出版社 2009 年版,第 100 页。
② 《列宁专题文集　论无产阶级政党》,人民出版社 2009 年版,第 102 页。

子和不可救药的落后分子……混淆在党内。这样的混淆才真正是危险的"①。列宁还批驳有关一个人不加入任何一个党组织，而只是"以某种方式帮助党"，"并被认为是党员"的观点，是地地道道的无政府主义。至于所谓不参加党的一个组织的大学教授、中学生或工人，只要声明一下，就成为党员等，更是十分荒谬的。

（三）新型无产阶级政党应是工人阶级的先进组织

马尔托夫等人否定党的先进性，混淆党同一般阶级组织之间的区别，强调"我们既然是阶级的党，就应当想法不把那些也许并不十分积极然而却自觉靠近这个党的人抛在党外"②，认为"我们采纳列宁的条文，就会把虽然不能直接吸收到组织中，但终究还是党员的那一部分人抛弃掉"③。他们主张把党员称号散布得越广越好，声称："如果每一个罢工者，每一个示威者，在对自己行动负责的情况下，都能宣布自己是党员，那我们只会对此表示高兴。"④

列宁批驳了马尔托夫等人把党同整个阶级混淆起来的错误观点。他认为，党同阶级关系密切，但又有着重大区别。二者之间的联系在于党必须以阶级为其基础，区别在于党不是阶级中的一般部分，而是阶级中的先进部分。在列宁看来，同阶级相比，党无论是在觉悟程度方面还是在积极程度方面，都比阶级要高得多。列宁指出："我们是阶级的党，因此，几乎整个阶级（而在战争时期，在国内战争年代，甚至是整个阶级）都应当在我们党的领导下行动，都应当尽量紧密地靠近我们党，但是，如果以为在资本主义制度下，不论在什么时候，几乎整个阶级或者整个阶级都能把自己的觉悟程度和积极程度提高到自己的先进部队即自己的社会民主党的水平，那就是马尼洛夫精神和'尾巴主义'。"⑤ 同时，列宁认为，要把先进部队同倾向于党的阶级群众加以区别，把加入党的分子与靠近党的分子加

---

① 《列宁专题文集　论无产阶级政党》，人民出版社 2009 年版，第 102 页。
② 《列宁专题文集　论无产阶级政党》，人民出版社 2009 年版，第 104 页。
③ 《列宁专题文集　论无产阶级政党》，人民出版社 2009 年版，第 104 页。
④ 《列宁专题文集　论无产阶级政党》，人民出版社 2009 年版，第 106 页。
⑤ 《列宁专题文集　论无产阶级政党》，人民出版社 2009 年版，第 105 页。

以区别，把先进的党员同帮助党的人加以区别。否则，模糊了这些原则界限，就会把党降低到一般工人运动的水平，降低到一般群众的水平，不仅会使党的先进性质无从体现，而且会产生把党和阶级混淆起来这种瓦解组织的思想。

（四）新型无产阶级政党应同人民群众保持密切联系

列宁强调，党不是狭小的密谋组织，而是同广大人民群众保持密切联系的群众性的党，我们要把党的秘密组织同密谋组织区别开来。同俄罗斯近代历史上的民意党人靠少数人进行恐怖活动的密谋组织相比，俄国社会民主工党的秘密组织有着根本区别。俄国社会民主工党之所以建立党的秘密组织，是同当时的革命形势相联系的。在沙皇专制制度下，党的力量还十分薄弱，为了保存革命力量，需要建立一个稳定的领导核心，为此，党组织就必须处于秘密状态。为此，必须把中央领导权集中在少数职业革命家手中，唯有如此，才能保证党的组织的安全和有效运转。但这种状况不等同于同群众断绝联系，更不是建立少数人的密谋组织。列宁认为，即便在革命险恶的形势下保持党组织的秘密状态，也不是同广大人民群众脱离了联系的。社会民主党组织由两部分组成，除了职业革命家外，还有广泛的地方党组织网，以及为数众多的同广大群众密切联系的党员群众。在讨论党章第一条条文时，列宁就指出："不要以为党的组织只应当由职业革命家组成。我们需要有不同形式、类别和色彩的极其多种多样的组织，从极狭小极秘密的组织直到非常广泛自由的组织（松散的组织）。这本来是有目共睹、不言自明的真理"①。其实从实际情况来看，即使由少数职业革命家所组成的党组织中，这些少数职业革命家也并没有把自己局限在狭小的圈子里，他们也采取各种办法接触群众，保持同群众的沟通和联系。他们之所以能够胜任最切实最实际的政治任务，是因为他们热烈的宣传能够唤起群众的响应，能够得到革命阶级群众的支持。"正是并且只是因为他们的热烈的宣传能够获得自发觉醒起来的群众的响应，因为

---

① 《列宁专题文集　论无产阶级政党》，人民出版社 2009 年版，第 107 页。

他们的沸腾的毅力能够得到革命阶级的毅力的响应和支持。"①

（五）新型无产阶级政党应是工人阶级和其他一切组织的领导者

列宁认为，党和工会是有区别的。"说工会应当在社会民主党组织的'监督和领导下'进行工作，这在社会民主党人中间是不会产生异议的。"② 但是，如果根据这一点就给工会全体会员以宣布自己为社会民主工党党员的权利，那就十分荒谬了。列宁认为，这样做"势必有两个害处：一方面是缩小工会运动的规模并且削弱工人在工会运动基础上的团结，另一方面，这会把模糊不清和动摇不定的现象带进社会民主党内"③。党应当力求用自己的思想影响行业工会，使工会接受这种影响。为此，党就应当把工会中的党员和非党员区别开来，而不是把他们混为一谈。

列宁认为，党不仅应当领导工会，而且应当领导靠近党的工人组织，不靠近党但事实上服从党的监督和领导的工人组织，以及没有参加组织但服从党的领导的工人。党必须得到本阶级的支持从而领导整个阶级。列宁在批判马尔托夫把社会民主主义降低为罢工主义时说，如果社会民主党能够领导每一次罢工，我们当然对此表示高兴，因为社会民主党的直接的和责无旁贷的义务就是领导无产阶级的各种形式的阶级斗争。罢工斗争就是这种阶级斗争的表现形式之一，不能把这种初步的、按其实质来说不过是工联主义的斗争形式同自觉的社会民主主义的斗争等量齐观。如果给每一个罢工者以"宣布自己是党员"的权利，就是一种机会主义态度。由此可见，力求本着社会民主主义精神领导每一次罢工的革命意向，同把每一个罢工者宣布为党员的机会主义词句之间是有原则区别的。

三、学习意义

列宁《进一步，退两步》一书，在马克思主义建党学说发展的历史上，首次系统完整地阐述了马克思主义政党的组织原理。它对这一问题的

---

① 《列宁专题文集　论无产阶级政党》，人民出版社 2009 年版，第 107—108 页。
② 《列宁专题文集　论无产阶级政党》，人民出版社 2009 年版，第 108 页。
③ 《列宁专题文集　论无产阶级政党》，人民出版社 2009 年版，第 108 页。

详尽阐述，极大地丰富了马克思主义的建党理论。这部著作所阐述的重要思想，不仅对澄清当时关于组织建设的理论是非发挥了重要作用，而且为各国无产阶级政党的组织建设提供了重要思想武器。列宁在该书中阐述的马克思主义政党组织建设的基本原理，对今天中国共产党的组织建设仍具有十分重要的启示意义。

中国共产党是按照列宁建党思想建立起来的一个马克思主义政党。在领导中国新民主主义革命和社会主义革命的过程中，我们党始终坚持以列宁提出的建党原则为指导，这对建立一个能够领导革命的马克思主义政党，夺取革命胜利发挥了重大作用。随着事业的推进，新的历史时期，我们党的历史方位发生了新的重大变化。我们党已经从领导人民为夺取全国政权而奋斗的党，成为领导人民掌握全国政权并长期执政的党；已经从受到外部封锁和实行计划经济条件下领导国家建设的党，成为对外开放和发展社会主义市场经济条件下领导国家建设的党。和革命时期相比，党所处的地位和环境，党所肩负的历史任务，党的自身状况，都有了显著的不同。在新的历史条件下，对于怎样建设一个领导现代化建设的马克思主义执政党，怎样从组织上保持党的先进性，怎样发挥党组织的作用，怎样密切与人民群众的联系，怎样加强党的组织性等等，我们都要进行新的探索。带着这样一些问题学习列宁在《进一步，退两步》中提出的关于党的组织建设的立场、观点和方法，会得到有益的启示和借鉴。

（宋福范）

认识论的唯物主义基础

——读列宁《唯物主义和经验批判主义》

《唯物主义和经验批判主义》是列宁的一部重要哲学著作。在这部著作中,列宁以自然科学发展的最新成果和无产阶级革命的实践经验为基础,批判了以马赫主义为代表的唯心主义哲学思潮,集中阐述了马克思主义哲学认识论思想,在新的历史条件下捍卫和发展了辩证唯物主义和历史唯物主义,并对此后的国际共产主义运动产生了广泛而深刻的影响。

一、写作背景

这部著作写于 1908 年 2—10 月,次年 5 月在莫斯科环节出版社出版。在 1905 年俄国革命之后的繁忙岁月之中,列宁之所以特别重视马克思主义哲学认识论问题的研究,有着深刻的国际和国内、思想和政治背景。

(一) 自然科学的革命与旧唯物主义的危机

19 世纪末 20 世纪初,自然科学取得了一系列革命性进展。电子、伦琴射线、放射性元素的发现,突破了以牛顿经典力学为代表的古典物理学传统,以原子为物质始基的旧唯物主义遭遇了严峻挑战。一些科学家和哲学家在科学的新发现面前深感困惑,对物质的客观实在这个唯物主义和自然科学的根本前提产生了动摇和怀疑。他们从牛顿的绝对主义走向相对主义,认为"物质消失了",唯物主义被克服了。于是,喧嚣一时的"物理学危机"和"哲学危机"出现了。列宁高度关注科技革命,认为这一革命与哲学变革密切相关。在他看来,"从自然科学奔向社会科学的强大潮流,不仅在配第时代存在,在马克思时代也是存在的。到 20 世纪,这个潮流是同样强大，甚至可说更加强大了"①。面对因科技革命而产生的所谓"物理学危机"和"哲学危机"，列宁深感有必要进一步反思自然科学领域内的新发现的本质，在科技革命的基础上捍卫和推进马克思主义的认识论。

（二）马赫主义的流行与修正主义的泛滥

1886 年和 1905 年，奥地利著名物理学家、哲学家马赫分别出版了《感觉的分析》与《认识和谬误》等著作。1888—1890 年，德国哲学家阿芬那留斯出版了《纯粹经验批判》等著作。由此，国际哲学界形成了以集中研究"经验"或"要素"为特征的马赫主义流派，也叫"经验批判主义"。

作为一名科学家，马赫在声学、热力学、光学、生理学、心理学和科学史等方面有许多伟大的贡献，他的理论及其方法曾经深刻地影响了爱因斯坦和普朗克。科学研究增长了他的哲学认识论兴趣，他试图把心理学和物理学结合起来，从心理角度解释物理现象，企图创立一种自然科学的"最新哲学"。为此，他提出了"要素"理论。他认为物理和心理的东西都是由颜色、声音、压力、空间、时间等要素组成的复合体，用这种中立性的要素来描绘世界，就可以消去自我与世界、感觉与物体的对立，超越唯物主义和唯心主义，拒斥"形而上学"。与马赫相类似，阿芬那留斯提出，世界是由"纯粹经验"构成的。这种经验既不是物理的，也不是心理的，而是第三种东西，它包含"自我"（中心项）和"环境"（对立项），二者互相从属、不可分割，原则上是并立、等价或者说"同格"的。这就是他的"原则同格"论。

以马赫为代表的哲学思潮属于实证主义的第二代，它继承了第一代实证主义的传统，同时又赋予其新的内涵。它更加自觉地突出"超越性""中立性"的特征，要求超越哲学本体论，专注于认识论的研究；要求超越唯物主义和唯心主义的对立，抛弃"物质""意识"等，集中研究"经验""感觉"等问题。特别是它的相当多的支持者是著名科学家，这一身

---

① 《列宁全集》第 25 卷，人民出版社 2017 年版，第 43 页。

份及其科学贡献为他们的哲学增添了"科学性"的光环。

马赫主义登上哲学舞台后，便迅速在思想界流行开来，特别是在国际工人运动内部，开始出现了将马克思主义和马赫主义结合起来的修正主义思潮。在恩格斯去世后，一些国际工人运动领袖的哲学短板开始显露出来。伯恩施坦自称对哲学不怎么感兴趣，而考茨基也自嘲说对哲学不怎么在行。正因此，面对一些所谓的新哲学，例如新康德主义、新休谟主义、马赫主义等，他们失去了应有的分辨力和批判力。伯恩施坦对马克思恩格斯思想的修正，在哲学上就是把实证主义同马克思主义调和起来，考茨基也主张实现二者的"结合"，而奥地利社会民主党的领袖阿德勒等人更是在党的机关刊物上散布了大量的马赫主义思想。

这种鼓吹"结合"的修正思潮在俄国社会民主党内引起了巨大的反响，对此，列宁给予高度的关注。1903 年，党的领袖之一波格丹诺夫出版了《经验一元论》的第一卷。列宁读后感到其中流露出一种马赫主义的错误倾向，于是在通信中进行了批判。1906 年，《经验一元论》第三卷出版，这种倾向表现得更为明显。波格丹诺夫认为，马赫主义是"现代认识论"，是"20 世纪的自然科学哲学"，应该用马赫主义"补充"马克思的唯物主义。列宁读后忍无可忍，于是写了一封有三个笔记本厚度的关于哲学问题的信，并打算以"一个普通马克思主义者的哲学札记"为标题把它刊印出来（此信至今没有被发现）。1908 年上半年，这种修正主义的思潮在党内表现得更为突出，除波格丹诺夫继续从事马赫主义和马克思主义相调和的活动之外，卢那察尔斯基等人在马赫主义影响下，甚至提出了实现科学社会主义与宗教相结合的"无神的宗教"理论。国际国内、党内党外利用马赫主义的招牌大搞修正主义的现象，使列宁清醒地认识到了在哲学上批判马赫主义的极端必要性和重要性。

（三）革命经验的总结与指导思想的斗争

1861 年，俄国开始了农奴制的改革。改革一方面大量引进了西欧资本主义国家的技术、管理、科学、机器等，促进了俄国生产力的发展；另一方面瓦解了俄国传统农村公社体制，促使阶级分化趋于明朗，矛盾斗争变得尖锐。由此，俄国进入了政治上的狂飙主义突进时期，最终在各种因素的综合作用下，爆发了 1905 年的革命。革命失败后，俄国进入了斯托雷平反动时期，沙皇政府开始残酷镇压革命者和广大人民群众，整个社会陷入"白色恐怖"之中。

革命之后，各阶级从自己的立场出发，开始自觉地总结革命的经验教训，并在指导思想等问题上展开了激烈斗争。在统治阶级这一方面，为防止革命的再度爆发，他们千方百计地利用俄罗斯的东正教传统，鼓吹宗教迷信和形形色色的唯心主义，在全社会掀起批判、谴责马克思主义和"寻神"的思潮。在被剥削阶级这一方面，一些分属不同政治派别的学者和活动家集合在马赫主义的旗帜下，认为马克思主义已经"过时"，唯物主义已经"被驳倒"，而马赫主义的哲学对自觉地进行斗争的无产阶级而言，特别必要和有益。在 1908 年上半年，这些人就出版了《关于马克思主义哲学的论丛》《唯物主义和批判实在论》《从现代认识论来看辩证法》《马克思主义的哲学体系》四本著作。这些著作的作者虽然分属不同的政治派别，但在修正马克思主义、宣扬马赫主义这一点上结成了统一战线。他们主张用马赫主义来填补马克思主义在认识论方面的空缺，并将前者作为工人阶级运动的理论基础，由此导致了工人运动内部相当程度的思想混乱和信仰动摇。

对于当时的思想战线的斗争，列宁曾经这样描述说："反动年代（1907—1910 年）。沙皇制度胜利了。一切革命党和反对党都失败了。消沉、颓丧、分裂、涣散、叛卖和色情代替了政治。追求哲学唯心主义的倾向加强了；神秘主义成了掩盖反革命情绪的外衣。"[①]　"目前是反革命得势时期，是涣散时期，是造神说时期，是马赫主义、召回主义、取消主义时期"[②]。为了巩固布尔什维克党的理论基础，捍卫马克思主义的指导思想，列宁强烈地感到必须写几篇文章和几本专门的小册子，旗帜鲜明地开展批判马赫主义的斗争。

上述分析表明，这部著作的撰写以及列宁重心转向认识论问题研究，

[①]　《列宁全集》第 39 卷，人民出版社 2017 年版，第 8 页。
[②]　《列宁全集》第 19 卷，人民出版社 2017 年版，第 315—316 页。

是适应科技革命和时代发展的要求，是开展国际国内意识形态领域斗争的需要，是总结俄国工人运动的经验教训并用科学的世界观和方法论武装全党的呼唤。在当时，俄国思想战线上的严峻形势已经把哲学斗争提到了首位。正如列宁所说："在俄国，在革命以前，特别突出的是马克思的经济学说在我国实际中的运用；在革命时期，是马克思主义的政治；在革命以后，是马克思主义的哲学。"①

二、理论阐释

这部著作由两个序言、代绪论、六章正文以及一个简短的结论组成。这部著作作为一部论战性著作，列宁在其中主要是在批判的基础上展开自己的理论阐述。为帮助读者对全书有一个概要性的了解，下面先对该书框架及主要观点作一概述，接着重点阐释《马克思恩格斯列宁著作选编》节选的相关内容。

（一）逻辑框架及主要观点

在序言中，列宁简要介绍了该书的写作背景和主要目的，认为俄国马赫主义者完全背弃了辩证唯物主义，因此必须要"探索那些在马克思主义的幌子下发表一种非常混乱、含糊而又反动的言论的人是在什么地方失足的"②。在代绪论中，列宁揭露了 20 世纪初的俄国马赫主义者同 18 世纪初的英国唯心主义者贝克莱和休谟在反对唯物主义问题上的共同性。

第一章，列宁揭示了马赫的"要素"论和阿分那留斯的"原则同格"论的唯心主义实质，阐述了唯物主义的感觉论，提出了两条根本对立的哲学基本路线，即："从物到感觉和思想呢，还是从思想和感觉到物？恩格斯坚持第一条路线，即唯物主义的路线。马赫坚持第二条路线，即唯心主义的路线。"③ 列宁指出，马赫主义企图回避本体论而只谈认识论问题，以为这样就可以超越"唯物"和"唯心"，但最终仍然陷入了唯心主义。

---

① 《列宁全集》第 20 卷，人民出版社 2017 年版，第 129 页。
② 《列宁选集》第 2 卷，人民出版社 2012 年版，第 14 页。
③ 《列宁选集》第 2 卷，人民出版社 2012 年版，第 37 页。

第二章，针对俄国马赫主义者对恩格斯的驳斥，列宁提出了认识论的三个重要结论，并在恩格斯思想的基础上进一步阐述了马克思主义的真理观和实践观。第三章，通过批判马赫主义，阐述了马克思主义的物质观、因果观和时空观，认为电子的发现，标志关于物质构造、物质特性的旧理论被突破了，但并没有否认物质的客观实在性。列宁指出："物质是标志客观实在的哲学范畴，这种客观实在是人通过感觉感知的，它不依赖于我们的感觉而存在，为我们的感觉所复写、摄影、反映。"① 在此基础上他进一步揭示了自由和必然的辩证关系，强调人类不能是盲目的必然性的奴隶，必须要实现从必然到自由、从理论到实践的飞跃，把认识付诸实践以改造世界，成为世界的主人。第四章，从历史发展的层面揭示了马赫主义同其他哲学派别，特别是同康德、费希特、休谟等的唯心主义哲学的传承关系。第五章，分析了现代物理学危机的实质以及该危机对旧唯物主义的冲击，捍卫了马克思主义哲学的基本理论。第六章，揭示了马赫主义在历史观上的唯心主义实质，阐述了辩证唯物主义和历史唯物主义的有机联系，认为二者是由一整块钢铁铸成的，同时进一步强调了哲学的党性原则。

在结论中，列宁具体分析了评价马赫主义需要遵循的四条方法论原则。

（二）认识论的三个结论

该书的前三章，列宁使用的标题是"经验批判主义的认识论和辩证唯物主义的认识论"（第一、二章）和"辩证唯物主义的认识论和经验批判主义的认识论"（第三章）。通过强烈的对比，揭露、批判了马赫主义者的错误，阐述并发挥了辩证唯物主义反映论的基本观点。

第二章第一节，题名为"'自在之物'或维·切尔诺夫对弗·恩格斯的驳斥"。列宁首先分析指出，马赫主义者在"自在之物"问题上发表了许多议论，但批判对象各有不同。一些想当马克思主义者的马赫主义者攻击的是在俄国第一个系统传播马克思主义的普列汉诺夫，而马克思主义的死敌切尔诺夫直接攻击的是恩格斯。切尔诺夫认为，恩格斯反对康德的

---

① 《列宁选集》第2卷，人民出版社2012年版，第89页。

"自在之物"和休谟的哲学路线的种种议论,暴露出他是一个"素朴的独断的唯物主义"或"最粗陋的唯物的独断主义"。为揭露切尔诺夫对恩格斯思想的肆意歪曲,接下来列宁详细介绍了《路德维希·费尔巴哈和德国古典哲学的终结》中关于哲学基本问题的阐述。列宁指出,切尔诺夫对恩格斯关于从煤焦油里提炼出茜素的观点所作的概括和引申是完全错误的。根据切尔诺夫的理解,恩格斯在这里"提炼出对自在之物的驳斥",这完全是胡扯,因为恩格斯在这里要反对的恰恰是康德所主张的"自在之物"的不可捉摸或不可认识。在切尔诺夫看来,恩格斯在这里断言一切未被认识的东西都是"自在之物",这又是对恩格斯思想的歪曲。列宁分析指出,恩格斯在这里既反对康德,又反对休谟,是因为他们两人都将现象和本质、"自在之物"和为我之物根本分割开来,从而违背了现代自然科学和人们的日常实践。

在上述分析的基础上,列宁总结出了马克思主义认识论的三个重要结论。

"(1)物是不依赖于我们的意识,不依赖于我们的感觉而在我们之外存在着的。"[1]

这一结论,是对马克思主义认识论的前提即唯物主义基本立场的弘扬和阐发。列宁认为,马克思主义的认识论就是反映论,人的感觉、意识是对外部世界的反映。这就是说,认识的对象是物质世界,它是客观实在的。坚持认识对象的客观实在性,这是全部唯物主义者在认识论问题上的共同立场。马克思恩格斯的认识论继承了这一唯物论的传统,在不断变化的新的情况下,始终坚持了认识论的唯物主义前提。在他们看来,茜素始终存在于煤焦油之中,这是无可置疑的;同样,对于这一事实,在过去人们一无所知,这也是确定不疑的。列宁概括的这一重要结论,揭示了马克思主义认识论同一切唯心主义和不可知论的根本区别。

"(2)在现象和自在之物之间决没有而且也不可能有任何原则的差别。差别仅仅存在于已经认识的东西和尚未认识的东西之间。"[2]

---

① 《列宁专题文集 论辩证唯物主义和历史唯物主义》,人民出版社2009年版,第23页。
② 《列宁专题文集 论辩证唯物主义和历史唯物主义》,人民出版社2009年版,第23页。

　　这一结论，是对马克思主义认识论的本质的揭示。它告诉我们，认识的实质就是透过现象发现本质，这充分体现了马克思主义反映论的能动性。列宁认为，这一结论既坚持了世界的可知性，反对了不可知论；又弘扬了人的主观能动性，反对了旧唯物主义的直观性。在人类思想史上，怀疑主义、不可知论曾经以其深刻而片面的论点催人深思。但是列宁认为，无论休谟还是康德，作为著名的不可知论者，他们思想的本质就是不超出感觉，只是停留在现象的此岸。或者如休谟那样，用一种哲学屏障把人们同关于某一部分尚未被认识但存在于我们之外的世界的问题隔离开来；或者像康德那样，虽然坚持"自在之物"的存在，但又认为它在现象的彼岸，无法被认识。实际上，人的日常生活和科学史已经告诉我们千百万次，"自在之物"在不断转变为"为我之物"。

　　在阐述现象和本质、"自在之物"和"为我之物"的关系时，列宁继承了《关于费尔巴哈的提纲》《路德维希·费尔巴哈和德国古典哲学的终结》等论著中的实践思想，将实践的观点引入认识论，认为人的认识是在实践基础上对客观世界的能动反映。他指出："对象、物、物体是在我们之外、不依赖于我们而存在着的，我们的感觉是外部世界的映象。这个结论是由一切人在生动的人类实践中作出来的，唯物主义自觉地把这个结论作为自己认识论的基础。"① 人类的实践告诉我们，认识对象是客观存在的；人类的实践又告诉我们，人的感觉和意识是对外部世界的反映；人的实践还告诉我们，正是通过永不间断地实践，人类才实现着从必然王国向自由王国的飞跃，完成着从现象深入本质，从一级本质深入二级、三级和更高本质的历史重任。所以，马克思主义认识论区别于旧唯物主义的根本点，就在于它把实践引入认识过程，认为人的认识是在实践基础上对外部世界的能动反映。

　　"（3）在认识论上和在科学的其他一切领域中一样，我们应该辩证地思考，也就是说，不要以为我们的认识是一成不变的，而要去分析怎样从不知到知，怎样从不完全的不确切的知到比较完全比较确切的知。"②

---

① 《列宁专题文集　论辩证唯物主义和历史唯物主义》，人民出版社 2009 年版，第 24 页。
② 《列宁专题文集　论辩证唯物主义和历史唯物主义》，人民出版社 2009 年版，第 24 页。

这一结论，是对马克思主义认识论的过程性特点的揭示。它告诉我们，认识是一个由浅入深、由低级到高级、从不全面不确切不深刻到比较全面比较确切比较深刻的曲折前进的过程。列宁认为，马克思主义认识论区别于旧唯物主义机械反映论的一个重要特征，就是它把辩证法引入了认识论，实现了认识论和辩证法的有机结合，彻底贯彻了认识辩证法的观点。在它看来，任何认识都不是一成不变的，客观世界在不断变化，人的实践也在不断变化，建立在此基础上的人的感觉、意识、观念等也要随之而变。任何认识，一开始不可能就是全面、准确和深刻的，随着主体实践水平和认识能力的不断提升，原先不怎么深刻、全面和准确的认识会变得逐渐深刻、全面和准确起来。由浅入深、由低级到高级，从不全面不确切不深刻到比较全面比较确切比较深刻，这是一个永恒的过程。实践不终止，认识就不会结束。因此，作为一个马克思主义者，对认识的片面性要有高度的警觉，对认识的过程性要有清醒的把握，对不断地再认识要有自觉的坚持。

综上所述，在第二章第一节，列宁通过与马赫主义者切尔诺夫的斗争，彻底坚持了认识论的唯物主义前提，自觉地把实践和辩证法引入认识论，从而把唯物主义反映论进一步发展成为唯物辩证的能动反映论。

（三）认识论中的实践标准

第二章第六节，题名为"认识论中的实践标准"。这一节主要围绕马赫在实践标准问题上的两个核心观点，阐发了实践是检验真理的标准、实践的总和构成了认识的基础、实践标准具有确定性和不确定性、理论对实践的指导意义等问题，从而丰富和发展了马克思主义的实践观。

1. 马克思主义和马赫主义坚持两种根本对立的实践标准理论

在这一节的开篇，列宁列举了马克思写于 1845 年的《关于费尔巴哈的提纲》，恩格斯出版于 1888 年的《路德维希·费尔巴哈和德国古典哲学的终结》以及写于 1892 年的《〈社会主义从空想到科学的发展〉英文版导言》等著述，指出在其中马克思恩格斯已经把实践引入认识论，提出了实践是检验真理的标准、实践是认识的基础等思想。

与此相反，马赫在他的《感觉的分析》和《认识和谬误》中，围绕实践标准问题提出了如下两个主要观点。

第一，实践是一回事，认识又是另一回事，实践可以被排除在认识之外。马赫举出两个例子：第一个例子是空气中的铅笔和水杯中的铅笔。他认为，铅笔在空气中是直的，人们认为这是现实；铅笔在水杯中是弯的，人们认为这是错觉。这种关于现实和错觉的区分在实践中有意义，但是从科学的观点看来却毫无意义。第二个例子是，有人做梦和相信鬼神，又有人研究人为什么会做梦，为什么会相信鬼神。对于这二者，看来都是事实，两者都是真理。因为"就连最荒唐的梦也是一个事实，它同任何其他事实比较起来并不逊色"①。通过举例，马赫提出，在实践中分清错误和事实是有必要的，否则实践就会失去任何的确定性；但是这种区分在理论上没有任何意义，因为认识都把它们看作一种研究现象。

第二，"认识是生物学上有用的心理体验"，"只有成功才能把认识和谬误区别开来"。②

针对马赫的第一个观点，列宁分析指出，在实践和认识的关系问题上，马赫犯了诡辩论的错误。有些人相信鬼神，这的确是事实，而且科学也研究人们相信鬼神的原因和心理状态。但是，有人相信鬼神的存在不等于鬼神是真实的存在。马赫把事实的存在和对事实的真假判断混淆起来了，企图以真理和谬误都是事实来掩盖真理和谬误在认识论上的区别，这完全是一种偷换概念的诡辩。"马赫把每个人用来区别错觉和现实的实践标准置于科学的界限、认识论的界限之外，这正是这种生造的教授唯心主义。马克思和恩格斯都说过，人类的实践证明唯物主义认识论的正确性，并且把那些想离开实践来解决认识论的基本问题的尝试称为'经院哲学'和'哲学怪论'。但马赫认为，实践是一回事，而认识论完全是另外一回事；人们可以把它们并列在一起，不用前者来制约后者。"③

---

① 转引自《列宁专题文集　论辩证唯物主义和历史唯物主义》，人民出版社 2009 年版，第 45 页。

② 转引自《列宁专题文集　论辩证唯物主义和历史唯物主义》，人民出版社 2009 年版，第 46 页。

③ 《列宁专题文集　论辩证唯物主义和历史唯物主义》，人民出版社 2009 年版，第 46 页。

针对马赫的第二个观点，列宁分析指出，在表面上，马赫的思想似乎接近马克思的一些思想，他们都强调成功对人类的作用。但是，在实质上二人有根本的区别。在马克思看来，人类实践的成功证明着我们的认识同我们所感知的事物的客观本性相符合。然而，在马赫看来，成功是"我"在实践中所需要的一切，而实践是可以同认识论分开来考察的。只要有用，不管它是否反映了客观事物的本来面目，都是一种真理性认识。很显然，这是一种露骨的实用主义真理观。这表明，马克思主义和马赫主义坚持了两种根本不同的实践标准理论。

2. 实践的观点是认识论的首要的和基本的观点

列宁分析指出，马赫上述两个观点的实质就在于"竭力想把实践作为一种在认识论上不值得研究的东西加以排除"①，以便为不可知论和唯心主义扫清障碍。在这方面，德国怀疑论者舒尔采和主观唯心主义者费希特可以成为马赫的先驱。与此相反，马克思恩格斯则坚持把实践引入认识论，强调要"把实践标准作为认识的基础"，认为这样就必然得出唯物主义的结论。关于作为认识标准的实践，列宁认为它的形式是很多的。"我们用来作为认识论的标准的实践应当也包括天文学上的观察、发现等等的实践。"② 接下来，列宁较为详细地考察了费尔巴哈的实践观，认为他"把人类实践的总和当做认识论的基础"③。费尔巴哈在批判费希特主观唯心主义的时候谈到了他的实践思想。根据费希特的观点，人所能感觉到的只是自己的感觉而不是对象。对此，费尔巴哈批判道：费希特等人只是从理论的角度提出并解决世界的客观性或主观性、现实性或非现实性的问题。实际上，人类在实践中的关系已经证明世界不是我的感觉，人类实践已经解决了世界的客观性、现实性问题。

在上述分析的基础上，列宁进一步总结指出："整个活生生的人类实践是深入到认识论本身之中的，它提供真理的客观标准。"④ "生活、实践

---

①　《列宁专题文集　论辩证唯物主义和历史唯物主义》，人民出版社 2009 年版，第 47 页。
②　《列宁专题文集　论辩证唯物主义和历史唯物主义》，人民出版社 2009 年版，第 47 页。
③　《列宁专题文集　论辩证唯物主义和历史唯物主义》，人民出版社 2009 年版，第 49 页。
④　《列宁专题文集　论辩证唯物主义和历史唯物主义》，人民出版社 2009 年版，第 90 页。

的观点，应该是认识论的首要的和基本的观点。"① 在这里，通过分析实践标准在认识论中的基础地位，通过揭示费尔巴哈关于实践的总和构成了认识论的基础的思想，列宁在马克思主义发展史上第一次明确地提出了在认识论中实践是基本的、首要的也就是第一的观点。他认为，只有通过实践，主观对客观的正确反映才能实现；只有通过实践，人们对客观事物的认识才能逐渐深化，并在实践中不断得到检验和丰富；只有通过实践，人们才能在认识世界的基础上能动地改造世界，实现从理论到实践的飞跃。这样，就彻底驳倒了一切哲学怪论，从根本上贯彻了马克思主义的认识路线。

3. 实践标准具有确定性和不确定性

在实践标准问题上，列宁不仅批判了马赫等人的唯心主义观点，坚持了唯物主义的基本立场；而且彻底贯彻了辩证方法，认为实践作为检验真理的客观标准是绝对和相对、确定性和不确定性的统一。一方面，实践作为沟通主观和客观的桥梁，它是检验真理的唯一标准。经过实践检验，凡是与客观实际相符合的认识，就是颠扑不破的真理。任何被实践证明与客观实际不相符合的观点，不管说得多么头头是道，都只是谬误。所以，实践作为区别真理和谬误的唯一标准，是确定不移的、绝对的。另一方面，实践又是一个不断发展的过程，"在这里不要忘记：实践标准实质上决不能完全地证实或驳倒人类的任何表象"②。也就是说，实践在其发展的每一具体历史阶段上因历史条件的限制总是有局限性的，它不可能立即完全地证实或推翻任何一种观念。即使已为实践所证实的理论，它和客观实际的符合也只具有近似的性质。我们不能期望经过一次实践就可以肯定性地或否定性地判别一种认识的正确与否，而必须经过长期的多次的实践的反复检验，在不断发展的实践中检验认识的真理性，不能把实践标准绝对化。在这个意义上，实践标准又是相对的和不确定的。正确地理解和掌握实践标准的这种辩证性质，在实际生活中有重要意义。这个标准是"这样的'不确定'，以便不让人的知识变成'绝对'，同时它又是这样的确定，

以便同唯心主义和不可知论的一切变种进行无情的斗争"①。

4. 理论能够而且必须指导实践

列宁指出，无产阶级在艰巨的革命斗争中，必须高度重视理论的作用。实际上，透过马赫的论述可以发现，他已经不自觉地承认"人们在自己的实践中完全地唯一地以唯物主义的认识论为指导"②。马克思的理论是为社会的伟大实践所证实了的科学理论，是无产阶级的世界观和方法论。"坚持唯物主义观点的科学的道路是走向这种真理的唯一的道路。"③实践证明，"沿着马克思的理论的道路前进，我们将愈来愈接近客观真理（但决不会穷尽它）；而沿着任何其他的道路前进，除了混乱和谬误之外，我们什么也得不到"④。

三、当代意义

在《唯物主义和经验批判主义》中，列宁对马赫主义的主观唯心主义和不可知论的分析批判，他所揭示的认识论的三个重要结论、两条认识路线的根本对立、实践观、真理观、哲学的党性原则等理论，在今天仍然具有重要的理论和现实意义。它给我们如下启示。

（一）自觉坚持实事求是、一切从实际出发的唯物主义立场

在这部著作中，列宁在所有重大问题上都坚持了唯物主义的基本观点，强调必须确立认识的客观性原则，坚持从物到感觉和思想的唯物主义认识路线，反对从感觉和思想到物的唯心主义认识路线。列宁的这一重要论述，在理论上揭示了唯物主义和实事求是思想路线的内在统一性，阐述了解放思想、实事求是思想路线的哲学基础；在实践中要求我们无论何时何地务必坚持一切从实际出发、实事求是、具体问题具体分析的原则，反对主观主义和教条主义，力戒空谈和长官意志。要大力倡导调查研究的风

---

① 《列宁专题文集　论辩证唯物主义和历史唯物主义》，人民出版社 2009 年版，第 49 页。
② 《列宁专题文集　论辩证唯物主义和历史唯物主义》，人民出版社 2009 年版，第 47 页。
③ 《列宁专题文集　论辩证唯物主义和历史唯物主义》，人民出版社 2009 年版，第 50 页。
④ 《列宁专题文集　论辩证唯物主义和历史唯物主义》，人民出版社 2009 年版，第 50 页。

气，深入群众，深入实践，清醒地认识和准确地把握我们所面对的新任务、新矛盾、新问题，突出问题意识，善于立足全局抓重点，照顾一般抓具体，防止直线性、片面性，创造性地解决发展起来以后所面临的各种错综复杂的社会矛盾。

（二）始终坚持实践第一的观点，不断开展创新实践

在这部著作中，列宁继承了马克思主义的实践观，把实践引入认识论，认为实践的观点是马克思主义认识论的首要的和基本的观点。同时，他又把辩证法引入认识论，创造性地提出了实践标准的确定性和不确定性相统一的观点，强调既不能因为不确定性而否认实践的检验作用，也不能因为确定性而把认识变成绝对。在理论上，他丰富和发展了马克思主义的实践观，把唯物主义反映论建立在实践基础之上，使其发展成为能动的反映论。在具体实践中，这一理论要求我们，要尊重实践、尊重群众，拓宽实践的范围，从广大人民群众的主体实践出发，反对本位主义；要从不断发展的实践出发，反对故步自封，特别注意在长期的、反复的实践中探索复杂性，不断地再认识、再实践，开辟认识的新途径，追求认识的新境界；要在全部实践中检验我们原有的认识，克服盲目崇拜的陋习，消除几千年封建社会遗留下来的崇拜圣人、崇拜大人、崇拜本本、崇拜古人的传统；特别要开展创新实践，克服就大不就小、讲原则不讲具体、说方针不关心操作的缺陷，不断探索经济、政治、文化、社会和党的建设的新规律、新途径、新方法，全面推进马克思主义中国化、时代化、大众化的历史进程。

（三）坚持哲学的党性原则，不断丰富和发展马克思主义

在这部著作中，列宁提出并很好地贯彻了哲学的党性原则。他认为，哲学的党性原则，一是指哲学的派别性，即唯物主义和唯心主义两条基本路线、两个基本派别的斗争；二是指哲学的阶级性，即在阶级社会里，任何哲学都反映和代表着一定阶级的根本利益。列宁具体考察了马克思恩格斯的理论和实践活动，认为在近半个世纪的时间里，他们始终坚持了哲学

的党性原则。列宁继承并自觉地贯彻了这一原则。对于任何背弃、否定马克思主义的思潮、倾向和现象，他保持着高度的警惕性，开展了犀利的批判；对于自诩为"超越性""无党性"哲学的马赫主义，他从主题和结构、内容与形式、历史和现实等各个层面突出了它与唯物主义的对立性，揭露了它的唯心主义和信仰主义的实质。强烈的批判性、斗争性成为这部著作的一个突出特点。正是在尖锐的批判中，列宁捍卫并发展了马克思主义的哲学认识论。

在新的历史条件下，我们面临着坚持和发展马克思主义，不断推进马克思主义中国化、时代化、大众化的重任。我们应该清醒地看到，国际范围内始终存在着对马克思主义的怀疑、指责、批判、否定的各种声音，马克思主义始终面临着来自各个方面、各种思潮的严峻挑战。在坚持和发展马克思主义的过程中，一个重要的内容就是要旗帜鲜明地坚持和贯彻哲学的党性原则，坚决反对各种反马克思主义的错误思潮，坚持真理，批判错误，勇于和善于开展同各种错误思潮、错误倾向的斗争。通过科学与合理的斗争，创造性地推进马克思主义的不断发展，这是新时期坚持哲学党性原则的最好体现。

（何建华）

马克思主义是完备而严密的科学理论体系

——读列宁《马克思主义的三个来源和三个组成部分》

一、写作背景

《马克思主义的三个来源和三个组成部分》是列宁为纪念马克思逝世30周年而写的文章，发表于1913年《启蒙》杂志第三期，中译文收入《列宁全集》第二版第二十三卷。当时，马克思主义在世界各国革命运动中产生了巨大的影响，与此同时，也引起了资产阶级极大的仇视和憎恨，他们把马克思主义攻击为"有害的宗派"之类的东西。此外，一些修正主义者则打着马克思主义的旗号，歪曲马克思主义的基本原理。为了批驳资产阶级和修正主义的诬蔑和歪曲，列宁从原则高度，论述了马克思主义的三个来源和三个组成部分，对马克思主义基本原理正本清源，以教育、武装工人阶级和广大人民群众。

二、主要内容

总体说来，列宁在文中论述了马克思主义的理论渊源、科学体系和本质特征，强调马克思主义是对德国古典哲学、英国古典政治经济学和法国空想社会主义的批判继承与发展，扼要地阐述了马克思主义哲学、政治经济学和科学社会主义的基本观点，指出马克思主义具有无限的力量，它把伟大的认识工具给了人类，特别是给了工人阶级。具体说来，《马克思主义的三个来源和三个组成部分》的主要思想有如下几个方面。

第一，关于马克思主义的来源。资产阶级攻击马克思主义是离开世界文明发展大道而产生的"宗派主义"。针对这一点，列宁旗帜鲜明地指出，马克思主义不是一种故步自封、僵化不变的学说，而是人类在19世纪创造的优秀文明成果——德国的哲学、英国的政治经济学和法国的社会主义的当然继承者。

第二，关于马克思主义哲学。列宁指出："马克思主义的哲学就是唯物主义。"① 马克思继承了 18 世纪的唯物主义，并且用德国古典哲学的成果，尤其黑格尔哲学的成果（核心是辩证法）丰富了哲学，加深和发展了哲学唯物主义，把它对自然界的认识推广到了对人类社会的认识，创立了历史唯物主义，取代了过去认为历史和政治领域混乱无序、随意偶然的观点，揭示了社会发展的客观规律。列宁强调历史唯物主义是"科学思想中的最大成果"。总之，马克思主义哲学是完备的哲学唯物主义，是辩证唯物主义和历史唯物主义的统一体。

第三，关于马克思主义政治经济学。经济基础决定政治上层建筑。马克思特别注重研究这个经济基础、经济制度。马克思的主要著作《资本论》就是专门研究资本主义社会的经济制度的。在马克思之前，古典经济学是在英国形成的，亚当·斯密和大卫·李嘉图是最主要的代表人物，他们的研究奠定了劳动价值论的基础。在继承古典经济学的基础上，马克思严密地论证了并且彻底地发展了劳动价值论，建立了马克思主义政治经济学。马克思从研究商品入手，在物与物的关系的背后，揭示了人与人之间的关系。他发现了工人为资本家创造剩余价值这一利润来源的秘密，从而创立了剩余价值学说。"剩余价值学说是马克思经济理论的基石。"② 此外，列宁还指出，生产的社会化和资本主义私人占有之间的矛盾日益尖锐，生产的无政府状态愈来愈严重，危机日益加深，争夺市场的斗争愈来愈疯狂，人民群众的生活愈来愈没有保障，资本对劳动的压迫愈来愈严重，劳动对资本的反抗也愈来愈尖锐。但是，尽管如此，资本主义制度"创造着联合劳动的伟大力量"，其在历史进程中不断显示出灭亡的历史趋势。因为，"资本主义在全世界获得了胜利，但是这一胜利不过是劳动对资本的胜利的前阶"③。概言之，列宁论述了马克思主义关于资本主义的发展和灭亡的规律。

第四，关于科学社会主义。空想社会主义是社会主义发展史的"最初

---

① 《列宁全集》第 23 卷，人民出版社 1990 年版，第 42 页。
② 《列宁全集》第 23 卷，人民出版社 1990 年版，第 46 页。
③ 《列宁全集》第 23 卷，人民出版社 1990 年版，第 47 页。

版本"，这种社会主义批判资本主义社会，构思未来美好社会、理想制度，劝富人相信剥削是不道德的。列宁首先揭露了空想社会主义的局限，它既不能说明资本主义制度下奴役、冲突的本质，又不会发现资本主义发展的规律，更找不到创造新社会的社会力量。可见，空想社会主义不可能"指出真正的出路"。列宁指出，马克思从全世界历史尤其欧洲革命历史中发现，阶级斗争是整个人类社会发展进程的基础和动力，由此，创立了阶级斗争的学说。要推翻旧制度，只有一个办法，就是必须找出一种社会力量，教育和组织其去进行斗争，这种力量可以成为除旧立新的力量。推翻资本主义制度的这种力量就是无产阶级。阶级斗争学说构成了科学社会主义的核心内容，科学社会主义教育无产阶级如何锻炼自己的力量，进而去进行摧毁资本主义制度的阶级斗争。

三、学习意义

列宁写的《马克思主义的三个来源和三个组成部分》，对我们完整准确地理解马克思主义具有极其重要的意义。马克思主义由马克思主义哲学、马克思主义政治经济学和科学社会主义三大部分组成，是完备而严密的科学理论体系。这一科学理论体系是指导工人阶级和劳动人民实现自身解放的有力武器。

此外，列宁在文中对马克思主义本质特征等内容的阐述，对我们今天把握马克思主义基本原理、核心观点具有直接的提示作用。比如，对于如何把握马克思主义哲学，列宁告诫我们，马克思主义在哲学、世界观领域，实现的最伟大变革就是破除了历史和政治领域的唯心史观，创立了历史唯物主义。因此，我们不管从哪个角度、哪个领域学习、研究马克思主义哲学，离开了历史唯物主义，肯定就不得要领的。比如，对于如何把握政治经济学，列宁明确告诉我们，剩余价值学说是马克思经济理论的基石。对此，不管我们如何阅读《资本论》，也不管我们如何去论述《资本论》所揭示的一般经济发展规律，如果丢弃了劳动价值论和剩余价值论，这样的阅读、这样的经济研究肯定就背离了马克思主义立场观点方法，这样所阅读、阐释出来的"经济学理论"肯定不是"马克思主义政治经济学"。再比如，对于如何把握科学社会主义，列宁旗帜鲜明地指出，阶级斗争学说是马克思的社会主义思想的核心。针对一些人把阶级斗争学说从马克思主义基本原理中剔除出去的错误观点，我们学习领会列宁在这里的相关论述是十分必要的。

针对阶级斗争学说，我们可以多拓展一些。在致魏德迈的信中，马克思说道，阶级斗争理论并非自己的首创。但是，马克思对它进行了根本性发展，将阶级斗争理论奠定于社会发展规律之上。我们可以从三个方面把握马克思的阶级斗争学说。一是阶级斗争的根源与实质。阶级斗争是不以人的意志为转移的客观现象，对它的理解只能从客观的生产力发展和经济基础的角度去把握。阶级斗争的根源是由生产力以及生产资料所有制关系所决定的对立阶级之间的利益冲突。它指不同阶级由于根本利益的对立而展开的对抗和冲突。阶级斗争的实质是阶级之间的利益对抗，而不是个人之间的对抗，这样的阶级对抗是贯穿于整个历史的客观进程之中的。阶级斗争根本问题就是"革命"。革命指先进阶级推翻反动阶级统治，推翻旧的社会制度，促进社会生产力发展。阶级斗争最根本的标志就是围绕国家政权展开争夺，实现国家政权的更替和社会形态的变革。二是阶级斗争的表现形式和具体手段。阶级斗争包括了经济斗争、政治斗争和意识形态斗争等各种形式，但根本的形式还是政治斗争。无产阶级要进行以夺取政权为目的的政治斗争，直至建立无产阶级专政。在对资产阶级的斗争的手段上，马克思提出了革命的两手，即暴力的手段和和平的手段，但他更为强调的是前者。三是阶级斗争的作用。我们可以从实践和理论两个层面上论述。实践层面上：阶级斗争是解决阶级社会基本矛盾的重要方式，是推动社会发展进步的直接动力和杠杆。在阶级社会，生产力与生产关系的矛盾，表现为阶级之间的矛盾，通过阶级斗争可以打破旧的生产关系，建立新的生产关系，从而为生产力发展开辟道路。阶级斗争还是被压迫阶级、被剥削阶级实现自身解放的手段。理论层面上：阶级斗争是把握社会发展规律的重要线索。正如列宁在其他著作中指出：马克思主义提供了一条指导性的线索，使我们能在这种看来扑朔迷离、一团混乱的状态中发现规律性。这条线索就是阶级斗争的理论。

（唐爱军）

东方国家革命的兴起

——读列宁《亚洲的觉醒》

1911 年 10 月中国爆发了辛亥革命，推翻了清政府的统治，结束了两千多年的封建专制制度，建立了民主共和国。辛亥革命既是 1840 年鸦片战争之后中国的反帝反封建斗争的延续，同时也是这一斗争的一个高潮。同一时期，亚洲的其他国家，如土耳其、波斯（今伊朗）、印度、荷属印度（今印度尼西亚）等，都陆续爆发了资产阶级革命，展开了反对帝国主义和殖民主义的斗争。亚洲这一系列的民族民主运动在世界范围内引起了极大的震动，也引起了列宁的关注。在这一时期，列宁写作了 20 多篇有关被压迫民族革命的著作。1913 年 5 月，他连续撰写了《亚洲的觉醒》和《落后的欧洲和先进的亚洲》两篇文章，他将亚洲正在掀起的民族民主运动浪潮称为"亚洲的觉醒"。

列宁认为，在亚洲兴起的革命，是亚洲人民"为争取人的起码权利、为争取民主而斗争"[1]。亚洲革命的兴起，在很大程度上是西方对东方剥削压迫的结果。但在革命的形式和目的上，又受到西方近代文明的深刻影响。可以说，亚洲的觉醒是东方各国在西方国家的侵略和炮火中被迫向西方学习、实现独立自强的一个痛苦的过程。20 世纪之初，西方各资本主义国家逐渐进入帝国主义阶段，其剥削和掠夺的对象开始从本国的工人阶级转移到落后国家的无产阶级头上。在这一阶段，资本主义表现出明显的两面化：一方面，各帝国主义国家加紧了对殖民地和半殖民地的争夺、控制以及剥削和掠夺；另一方面，对殖民地剥削带来的丰厚利润，使这些国家的资产阶级得以缓和本国内部的阶级斗争，从而在一定程度上抑制了国内的阶级矛盾。就亚洲各国而言，一方面，由于帝国主义国家的侵略和殖民，其经济长期处于落后状态；另一方面，随着资本主义生产方式的侵

---

[1] 《列宁专题文集　论资本主义》，人民出版社 2009 年版，第 80 页。

入，传统的自然经济模式加速解体，这为民族资本主义的兴起创造了条件，民族资产阶级随之成长和壮大。这也为亚洲各国的反封建反殖民斗争作了客观上的准备。1905 年，俄国爆发了反对沙皇专制制度的革命，这是俄国历史上第一次资产阶级革命。这一革命对整个亚洲产生了深刻的影响。正如列宁所言："世界资本主义和俄国 1905 年的运动终于唤醒了亚洲。"①

在这样一种背景下，从 1905 年至第一次世界大战爆发前夕，亚洲各国相继爆发了反对帝国主义和殖民主义，争取民族解放和自由的斗争。其中包括印度 1905—1908 年的反对英国殖民的民族运动，伊朗 1905—1911 年的资产阶级革命，土耳其 1908—1909 年的资产阶级革命，中国 1911—1912 年的辛亥革命，印度尼西亚 1912—1913 年的反对荷兰殖民的民族运动等。列宁对中国的辛亥革命给予了极大的关注和极高的评价，将其视为中国从长期的停滞中开始谋求自救与发展的标志。

这一系列斗争，是由亚洲各国新兴的民族资产阶级领导的、广大人民群众积极参与的、反对帝国主义和封建专制主义、争取民族自由与民族独立的运动，并有了许多不同于以往的新特征。从斗争的形式来看，这些斗争往往是由最初的近代意义上的政党或其前身领导的，如中国的同盟会、印度尼西亚的"印度党"。其斗争的目的，也不再是用一个新的封建专制政权取代已经腐朽的旧政权，而是争取民族自由解放，建立民主国家。虽然在 19 世纪资本主义兴盛的时期就已经存在着资产阶级和无产阶级之间以及宗主国与殖民地半殖民地之间的矛盾冲突，然而当时东方被压迫民族的斗争还处在比较低的水平上，基本以农民和手工业者为主，有时甚至带有宗教迷信色彩，与西方国家的无产阶级革命无论在理论上还是在实践上都缺乏联系。进入 20 世纪以后，随着本国民族资产阶级的成长和世界无产阶级革命的影响以及民族忧患意识和民族改革意识的觉醒，这时的亚洲革命已经具有了新的阶级基础和思想基础，斗争也因此具有了自觉性、主动性、组织性。当时亚洲的革命，大都属于资产阶级革命的范畴。列宁之所以对这些斗争给予了很高的评价，是因为在他看来，殖民地半殖民地国家

---

① 《列宁专题文集　论资本主义》，人民出版社 2009 年版，第 80 页。

的民族资产阶级不同于帝国主义国家的资产阶级。"在'先进的'欧洲……资产阶级甘愿干一切野蛮、残暴和罪恶的勾当，以维护垂死的资本主义奴隶制。……在亚洲……那里的资产阶级还在同人民一起反对反动势力。"[①]而且亚洲各殖民地半殖民地国家和欧洲无产阶级的斗争对象是一致的，都是帝国主义。列宁认为，被压迫民族争取解放的每一次斗争都将对帝国主义的统治基础造成打击和削弱，在解放本国广大的无产阶级和劳苦大众的同时，还将与欧洲无产阶级的斗争相互照应，在世界范围内推动无产阶级革命的发展。所以，他指出："亚洲的觉醒和欧洲先进无产阶级夺取政权斗争的开始，标志着 20 世纪初所开创的全世界历史的一个新阶段。"[②]

　　列宁所说的"亚洲觉醒"，实际上表明亚洲革命的兴起已成了世界无产阶级革命的新的热点和动力，同时也表明备受侵略和压迫的各殖民地半殖民地国家开始主动自觉地迈向了强国之路。列宁认为，在发达资本主义国家的无产阶级革命处在暂趋缓和的时期，亚洲各国的觉醒及其革命的高涨将对世界历史进程产生深远的影响。也就是说，它将成为世界革命的发动机，反过来影响和推动欧洲的无产阶级革命。在革命问题上，"欧洲中心论"长期左右着人们的思想观念，列宁的独到认识和看法，使人们有了新的视野和启示。

（刘莹珠）

---

① 《列宁专题文集　论资本主义》，人民出版社 2009 年版，第 81—82 页。
② 《列宁专题文集　论资本主义》，人民出版社 2009 年版，第 80 页。

新社会的发展进程与无产阶级国家的演变

——读列宁《国家与革命》

《国家与革命》写于 1917 年 8—9 月，是列宁在领导俄国无产阶级革命过程中写下的一部重要著作。该书的副标题"马克思主义关于国家的学说与无产阶级在革命中的任务"，集中表达了这本书的核心思想和基本内容。

一、写作背景及篇章结构

19 世纪末 20 世纪初，资本主义发展到帝国主义阶段，使其固有的矛盾更加尖锐激化。第一次世界大战的爆发，给世界无产阶级革命造成了有利的形势。革命的根本问题是国家政权问题。为了给即将来临的无产阶级革命作好理论准备，从 1916 年下半年开始，列宁系统地研究和思考了国家问题，写出了"马克思主义论国家"的读书笔记。列宁的读书笔记因本子封面为蓝色，也被称为"蓝色笔记"。他摘录了马克思和恩格斯关于国家问题的大量论述，对第二国际的一些理论家如伯恩施坦、考茨基等人的著作也进行了摘录，并作出了相应的评论和判断。这些材料就成为列宁后来写成《国家与革命》一书的基础。

1917 年 3 月，俄国爆发了推翻沙皇专制政府的二月革命，形成了工农兵代表苏维埃和资产阶级临时政府两个政权并存的局面。同年 4 月，列宁从瑞士回到俄国，领导布尔什维克党积极争取革命的和平发展。但资产阶级临时政府发动了七月事变，使俄国革命形势发生急剧变化，结束了两个政权并存的局面，布尔什维克党和列宁被迫重新转入地下。由于革命和平发展的可能性已经不复存在，布尔什维克党把武装夺取政权提上了日程。为了从思想上武装无产阶级和劳动群众，向他们说明在即将到来的革命中应当做些什么，列宁在其匿居的拉兹里夫湖畔的草棚中完成了《国家与革命》一书。

　　全书共有六章。在第一章中，列宁根据恩格斯的著作，阐述了马克思主义关于国家问题的基本观点，说明了国家的起源和本质、国家的基本特征和职能、国家的消亡与暴力革命的关系等问题。在第二章至第四章中，列宁叙述了 1847—1894 年马克思和恩格斯国家学说的发展过程，总结了1848—1917 年的革命实践经验，阐明了无产阶级革命的历史任务，并揭示了无产阶级民主和资产阶级民主的根本区别。1919 年该书再版时，在第二章中又增加了"1852 年马克思对问题的提法"一节。在第五章中，列宁联系未来社会的发展进程，探讨无产阶级国家的职能及发展变化。在第六章中，列宁对考茨基和普列汉诺夫等在国家问题上的错误观点进行了深刻的分析和批判。按照原来的写作计划，该书还有第七章即"1905 年和 1917 年俄国革命的任务"，因十月革命的到来没有写完，保存下来的只有这一章的详细提纲。《马克思恩格斯列宁著作选编》节选了该书第五章的第二、三、四节。

二、节选部分的主要内容

　　在第五章的第二、三、四节中，列宁根据过渡时期、共产主义第一阶段和高级阶段的发展过程和特点，对国家问题进行了深入探讨，提出了一些新的认识和观点，丰富和发展了马克思主义的国家学说。

　　第一，无产阶级专政是过渡性质的国家。过渡时期的国家只能是无产阶级专政，这是马克思在《哥达纲领批判》中提出的一个重要论断。列宁认为，马克思这个论断的基本根据，来自对无产阶级在现代资本主义社会中的作用以及无产阶级反对资产阶级斗争特点的深刻分析。他指出，从资本主义社会向新社会过渡，必须经过无产阶级专政，不可能走别的道路。无产阶级专政作为"过渡性质的国家"，一方面，"把民主制度大规模地扩大，使它第一次成为穷人的、人民的而不是富人的民主制度"；另一方面，"还要对压迫者、剥削者、资本家采取一系列剥夺自由的措施"。[①] 也就是说，无产阶级专政的一个重要作用，就是促使国家性质和民主形态发生根

---

　　① 《列宁专题文集　论社会主义》，人民出版社 2009 年版，第 29 页。

本性的改变。

第二，社会主义社会还需要有国家的存在。列宁明确地把马克思提出的共产主义第一阶段界定为社会主义。他认为，社会主义社会即马克思说的共产主义第一阶段，其最显著特征就是"生产资料已经不是个人的私有财产"，"它们已归全社会所有"。① 生产资料变为公有财产以后，"不劳动者不得食"这个社会主义原则已经实现了，"对等量劳动给予等量产品"这个社会主义原则也已经实现了。② 但是，在"平等的权利"背后还存在着事实上的不平等。也就是说，实现了按劳分配，还不能立即消除基于个人能力大小和赡养人口多少而形成的实际生活水平的差异，还不可能完全摆脱资本主义的传统或痕迹。所以，在社会主义社会，"还需要有国家在保卫生产资料公有制的同时来保卫劳动的平等和产品分配的平等"③。"因为如果没有一个能够强制人们遵守权利准则的机构，权利也就等于零。"④但这时的国家已经是没有剥削阶级的国家，也不再是实行阶级专政的工具。

第三，国家消亡的经济基础是共产主义的高度发展。国家是一个历史范畴，必然有其产生、发展和最终消亡的历史过程。列宁认为，我们没有必要也没有可能去解决国家消亡的时间或具体形式等问题，我们只能探讨国家消亡的必然性，同时着重指出这个过程是长期的，它的长短将取决于共产主义高级阶段的发展速度。列宁的结论是，"国家完全消亡的经济基础就是共产主义的高度发展"⑤。在列宁分析看来，生产资料公有制的建立，只是给生产力的蓬勃发展提供了可能，还不能立即消除现代社会不平等的根源。只有社会生产力有了高度发展，社会财富极其丰富，脑力劳动和体力劳动的对立已经消失，大多数社会成员学会了管理国家，人们已经十分习惯于遵守公共生活的基本规则，能够自愿地尽其所能来劳动，"到那时候，从共产主义社会的第一阶段过渡到它的高级阶段的大门就会敞

---

① 《列宁专题文集　论社会主义》，人民出版社 2009 年版，第 32 页。
② 《列宁专题文集　论社会主义》，人民出版社 2009 年版，第 34 页。
③ 《列宁专题文集　论社会主义》，人民出版社 2009 年版，第 35 页。
④ 《列宁专题文集　论社会主义》，人民出版社 2009 年版，第 38—39 页。
⑤ 《列宁专题文集　论社会主义》，人民出版社 2009 年版，第 36 页。

开，国家也就随之完全消亡"①。由此可以看出，列宁所说的共产主义的高度发展，包括生产力的高度发展、民主的高度发展以及人们思想觉悟的极大提高等多方面的内容。

三、理论价值和学习启示

《国家与革命》是马克思主义关于国家学说的一部重要著作。它在俄国十月革命和苏维埃政权建设过程中发挥了重要指导作用，对中国革命和中国社会主义建设也产生过重要影响。我们今天阅读这部著作，尤其是精读《马克思恩格斯列宁著作选编》中的节选部分，依然会获得很多启示。

在这本书中，列宁始终用发展的眼光去认识国家问题，把国家及其职能的发展变化与人类社会的进步相联系。从列宁的论述中，我们可以更加明确地认识到，无产阶级专政的建立，是国家发生质的变化的开始。它在对少数剥削者进行剥夺和防止剥削者反抗的同时，把民主扩大到多数人的身上，使其成为人民享有的民主。随着剥削阶级的消灭，无产阶级专政国家的镇压职能也就失去了作用，无产阶级专政性质的国家也就更多地体现为人民民主的国家。高度民主的产生和发展，由此也就成为新社会的重要特征。列宁在分析和阐述马克思关于未来社会发展阶段问题时，把马克思提出的共产主义第一阶段明确地界定为社会主义社会，把公有制的确立、按劳分配的实现看作社会主义的基本特征，并强调了在社会主义社会依然需要有国家的存在，这是他对马克思有关思想的一个新的发展，也是对社会主义的一个新的认识。在列宁看来，在社会主义条件下，国家的存在及其主要作用，是维护社会主义的基本经济制度，组织和监督社会生产及分配，创造更高的劳动生产率。因此，推进社会主义民主法制建设，扩大社会主义民主，健全社会主义法制，理应成为无产阶级专政的社会主义国家的历史任务。

（秦刚）

---

① 《列宁专题文集　论社会主义》，人民出版社 2009 年版，第 42 页。

关于执政党建设的新认识

——读列宁《关于党的建设的当前任务的决议草案》
《俄共（布）第九次代表大会闭幕词》
《论"双重"领导和法制》

列宁晚年围绕执政党如何实现中央的统一和权力的有效运行，如何能够调动党内和国内的积极因素，如何集中力量实现向社会主义的过渡等重大问题进行了多方面思考。他在《关于党的建设的当前任务的决议草案》《俄共（布）第九次代表大会闭幕词》《论"双重"领导和法制》等著述中，集中回答了如何推进党内民主建设、完善党内监督，如何更好组织和教育党员以发挥作用，如何统一社会主义法制等重大问题。研读列宁的上述著作，对改进党的领导方式和执政方式，加强执政党自身建设，具有跨越时空的启示意义。

一、《关于党的建设的当前任务的决议草案》 主要内容解读

《关于党的建设的当前任务的决议草案》，是列宁关于如何更好发挥党员代表大会作用、推进党内民主建设、完善党内监督等问题具有建设性的设想和建议。他所阐述的内容主要有如下几个方面。

第一，和平建设时期，应当更多发挥代表会议和规章制度的作用。列宁认为在革命战争时期和建国初期，由于应对国家危急的需要，一些决议来不及认真讨论，权力集中在几个部门等等，都是便宜之举。对于在苏维埃建设的和平年代，如何保证党的领导的正确和有效，列宁认为应当提高党和军队的民主化水平，应当通过代表大会选举那些工作能力强的人，应当通过建立规章制度而不是建立特别的机构来解决实际问题。

第二，党员代表大会的经常和广泛召开是发挥党员主动精神的基础。

列宁认为党员民主建设的措施很多，而党员代表大会是党内最高权力机构，应当经常、广泛地召开，这是尊重党员、发挥党员主动精神的基础。

第三，在党内刊物上开展党内批评，防止错误发生。列宁建议，要创办党内的刊物，这样就便于公开地批评党内的错误，也便于开展党内的批评，防止发生错误。

第四，用制度保障党员权利的真正公平。列宁要求打破实际存在的党内领导人和党员群众之间的不平等，还列举了诸如生活条件、工资数额等方面存在的不平等，指出这些不平等是违反民主制的，这种事实上存在的不平等是会瓦解和降低党的威信的。

第五，设立监察委员会，监督中央委员。为了有效约束中央委员会的权力，需要建立一个由党员代表大会选出的、和中央委员会并列的机构即监察委员会，委员会有权接受一切申诉、审理一切申诉，其职责是专门监督中央委员，只对党代表大会负责。这是党内监督的最高要求。1921 年俄共（布）第十次代表大会专门作出《关于监察委员会》的决定，1922 年俄共（布）第十一次代表大会制定了《监察委员会条例》，俄共（布）第十二次全国代表会议通过的新党章第一次写进了有关监督委员会的条文。按照当时规定，监督委员会分中央、区域和省三级，各自监督同级党委成员，同侵入党内的官僚主义和升官发财思想、各种滥用权力和蜕化变质现象等等作斗争，接受并审理控告和申诉。此项举措引发了无产阶级政党的长期关注和学者们的长期热议。

阅读这篇文章，我们还应注意到，列宁解决上述问题的方式是向大会提出建议，而不是发号施令；建议正式地通过召开党员代表大会予以讨论，而不是以最高领袖的身份进行临时动议，此举本身就是党内民主的化身和典范。

二、《俄共（布）第九次代表大会闭幕词》主要内容解读

《俄共（布）第九次代表大会闭幕词》，是列宁结合执政党的中心任务的实现进而对党员组织工作提出的建议和要求。他要求有关部门宣传和

动员群众为完成任务而进行努力，以党员的忠诚保证党的中心任务的完成。

第一，明确阐述了向社会主义过渡时期的中心任务是经济问题。列宁分析了帝国主义武力压垮新生的苏维埃共和国失败后给国家发展带来的喘息之机，指出一定要注重建设任务，要求全党把全部力量、纪律性和干劲都用于恢复经济。解决经济问题和建设问题，既是保护苏维埃这个新生事物发展的举措，也是防止投机倒把者得益而群众饿肚子的举措。进一步而言，列宁认为，向社会主义过渡时期的最重要的问题是粮食问题、劳动问题，这是全社会的问题，也是决定人民群众真正享有自由的基础，也是和资产阶级的虚伪经济相区别的基础。

第二，为了完成过渡时期的任务，必须宣传和教育群众。革命战争时期的宣传工作是鼓动群众战胜敌人，在社会主义建设时期，报刊和文章则要把宣传鼓动的"全部力量和全部注意力集中在最平常的经济任务上"①，宣传工作就是要引导全体工人以最大的自我牺牲精神和忠诚投向党的决议。

第三，加强党的组织和纪律工作，以党员的忠诚保证党的中心任务的完成。党的经济任务需要共产党员带头完成，党员要像完成军事任务一样完成经济建设任务。对于在执政条件下，加入党内的党员是否有战争时期的忠诚，列宁认为至少在近期不可能有。他认为在党员数量急剧发展的同时，教育党员的任务显得更为急迫。当前向社会主义过渡的最重要的问题即经济问题，这就需要全体党员像完成军事任务一样胜利完成经济任务。为此，列宁强调，与其"扩大党"不如"提高我们全党"②，这项工作就是组织工作，就是自我纪律的工作，而党员的忠诚是纪律建设的基础。因此，既要焕发党员精神和激情，同时要防止各种有害的渣滓钻进党内和混入执政党内，这样才能保证党的中心任务的完成。

---

① 《列宁专题文集　论无产阶级政党》，人民出版社 2009 年版，第 242 页。
② 《列宁专题文集　论无产阶级政党》，人民出版社 2009 年版，第 239 页。

三、《论"双重"领导和法制》主要内容解读

《论"双重"领导和法制》这封信是在第九届全俄中央执行委员会第三次常会讨论检察机关条例草案期间写成的，是列宁对执政党在如何有效约束权力和实行对机关的领导上的执政方式的思考，充分体现了列宁对法制统一以及法制监督的极端重视。

信的开头就谈到了委员们对检察机关的"意见分歧"——不同意列宁的"地方检察人员只能由中央机关任命，只受中央机关领导"的意见，而是"多数委员要求对所有地方工作人员都实行所谓'双重'领导，即一方面受中央机关即相应的人民委员部的领导；另一方面又受地方的省执行委员会领导"①。这些分歧恰好反映了当时苏俄法制建设以及人们思想认识的基本状况。十月革命胜利后，为了巩固党的执政地位，铲除苏维埃政权内部的腐败现象，保持党的无产阶级先锋队性质，苏维埃政权于 1918 年建立了中央监察委员部（同年 7 月改为国家监察人民委员部）。1919 年 5 月，在该部专门设立了中央控告检举局，接受审理群众对国家机关工作人员滥用职权、渎职和违法行为的控告和检举。1920 年 2 月，根据列宁和俄共（布）中央的指示精神，又成立了工农检查院，对国家机关工作人员和国家机关在各方面的活动实施全面的监督。为了防止党员干部滥用权力、腐化变质，1920 年 9 月列宁在俄共（布）第九次全国代表会议上提议"成立一个同中央委员会平行的监察委员会，由受党的培养最多、最有经验、最大公无私并最能严格执行党的监督的同志组成"②。1921 年 3 月举行的俄共（布）第十次代表大会又通过了《关于监察委员会》的决定，明确规定监察委员会的任务是：同侵入党内的官僚主义和升官发财思想，同党员滥用自己在党内和苏维埃中的职权的行为，同破坏党内的同志关系，散布毫无根据的侮辱党或个别党员的谣言以及其他诸如此类的破坏党的统一和威信的流言蜚语的现象作斗争。1921 年，苏俄根据列宁的倡议

① 《列宁全集》第 43 卷，人民出版社 2017 年版，第 198 页。
② 《列宁专题文集　论无产阶级政党》，人民出版社 2009 年版，第 276 页。

拟定了第一个检察机关条例草案。1922 年 5 月 13 日第九届全俄执行委员会第三次会议审核司法人民委员会提出的检察机关条例草案时，该草案引发了分歧，甚至受到了一些委员尖锐的批评。就是在这样的情况下，列宁虽然因病不能出席该次会议，但认为事关大局，建议由政治局来审查检察机关的定位和领导体制问题，并给政治局口述了《论"双重"领导和法制》一信，文中主要阐述了如下观点。

第一，从文明和社会稳定的角度，法制应当统一。在信中，列宁主张农业、工业、整个行政管理可以有地方特色，但全国的法制必须统一。在这里列宁全面阐发的法律监督思想所意欲指向的重点并非在于通过建立检察机关来进行法律监督，而在于通过建立检察机关并赋予其"最高监督权"来解决苏联当时所面临的严重的中央和地方关系紧张问题，进而在一个实行联邦制的国家建立一个相对集权的中央领导体制。此前列宁设想，"法制和文明至少应是统一的"，"否则既无文明，又无政治常识"。① 列宁在这封信中强调："检察长有权利和有义务做的只有一件事：注意使整个共和国对法制有真正一致的理解，不管任何地方差别，不受任何地方影响"，其目的在于"使整个共和国对法制有真正一致的理解"。②

第二，相对独立的中央机构，能够抵制地方的影响，实现对法制的监督；法制的监督不能依赖检察长个人，而要依靠统一的法制和制度。该信指出："毫无疑问，我们是生活在无法纪的海洋里，地方影响对于建立法制和文明即使不是最严重的障碍，也是最严重的障碍之一。……恐怕谁都不会否认，我们党要找十个受过充分的法学教育、能够抵制一切纯地方影响的可靠的共产党员还容易，可是要找几百个这样的人就困难了。说到检察机关受'双重'领导还是只受中央机关领导，问题也正是归结到这一点上。"③ 由此看来，解决当时严重的地方主义问题是苏联检察机关实行垂直领导体制最重要的原因之一。"中央监察委员会，只对党的代表大会负责，它的委员不得在任何人民委员部、任何一个主管机关以及任何苏维埃

---

① 《列宁全集》第 43 卷，人民出版社 2017 年版，第 426、425 页。
② 《列宁全集》第 43 卷，人民出版社 2017 年版，第 199 页。
③ 《列宁全集》第 43 卷，人民出版社 2017 年版，第 200 页。

政权机关中兼任任何职务。显然，在这种条件下，我们就有了迄今所设想过的一切保证中的最大保证，使党建立起一个不大的中央领导机构，能够实际地抵制地方影响，地方的和其他一切的官僚主义，使全共和国、全联邦真正统一地实行法制。……中央司法领导机构可能发生的错误，我们党为全共和国的党和苏维埃的全部工作定出一切基本概念和基本准则的那几个机关会立即就地加以纠正。"①

第三，列宁建议中央委员会否决"双重领导"，检察机关只接受中央机构的领导。在信中，列宁认为党对法制应当实行中央领导，不能出现地方主义，强调了党对法律工作的领导和监督，确定了苏维埃检察机关的领导体制。因为"主张对检察机关实行'双重'领导，取消它对地方政权机关的任何决定提出异议的权利，这就不仅在原则上是错误的，不仅妨碍我们坚决实行法制这一基本任务，而且反映了横在劳动者同地方的和中央的苏维埃政权以及俄共中央权力机关之间的最有害的障碍——地方官僚和地方影响的利益和偏见"②。

1923年，根据社会发展的需要以及工农检查院在人员配置、履行职能等方面表现出的明显不适应，列宁建议俄共（布）第十二次代表大会将工农检查院同中央监察委员会合并。合并以后，它就不再是人民委员会的下属机构，而是成为党和国家的最高权力机关的组成部分，可以有效地把国家最高行政机关人民委员会的工作纳入自己的监督范围之内。它不仅地位提高了，而且职权也扩大了。

《论"双重"领导和法制》所蕴含的法制统一思想、执政党对法制的领导和监督的思路，以及实现权力制约和监督的远见卓识，对我们今天改进和完善党的执政方式、建设社会主义民主法制国家，具有重要的启示和指导意义。

四、学习意义

列宁为进一步发扬党内民主、改进党的各级机关的工作、克服官僚主

---

① 《列宁全集》第 43 卷，人民出版社 2017 年版，第 201 页。
② 《列宁选集》第 43 卷，人民出版社 2017 年版，第 201 页。

义作出的一些努力、提出的具体措施，无论对国家政权建设还是执政党自身建设，都具有十分重要的借鉴意义。尤其值得关注的是，列宁就如何发挥党的代表会议的作用、加强对权力的有效监督、加强党的领导和改善党的领导方式等问题所形成的宝贵精神财富，需要我们结合时代特点和文化背景，继续发扬光大。

（李俊伟）

无产阶级政党的战略与策略

——读列宁《共产主义运动中的"左派"幼稚病》

一、写作背景

列宁的《共产主义运动中的"左派"幼稚病》一书写成于 1920 年 4 月，同年 5 月又增补了一部分，6 月首先用俄文出版，7 月又以法、英等文字出版。1920 年 7 月共产国际第二次代表大会召开时，该书曾发给全体代表，书中的论点和结论成为代表大会的决议基础。在这部著作中，列宁着重批评了国际共产主义运动中的"左"倾思潮，论述了无产阶级政党的战略和策略。

俄国十月革命后，在西方国家相继产生了一批共产党。这些新成立的共产党由于缺乏理论素养和实际斗争经验，不善于把马克思列宁主义的普遍原理、俄国十月革命的经验同本国的实际有机结合，在许多问题上从一个极端走向另一个极端：从反对第二国际机会主义思潮走向反对进行议会斗争；反对参加工会和在工会中做群众工作；排斥农民和小资产阶级；反对任何妥协；反对党的集中统一领导，反对组织纪律；甚至否定领袖和政党作用。列宁把这股思潮称作"左派"幼稚病，认为它是无产阶级革命队伍中小资产阶级革命性的表现。在他看来，虽然这股思潮刚刚产生，却不利于国际共产主义运动的发展，有导致新近建立的共产党脱离群众、脱离实际的危险。列宁写作《共产主义运动中的"左派"幼稚病》的目的，就是通过介绍俄国革命的经验，帮助各国年轻的共产党提高认识，克服错误思潮，推动国际共产主义运动的健康发展。

二、基本问题阐释

《共产主义运动中的"左派"幼稚病》共有十个部分：一是"在什么

意义上可以说俄国革命具有国际意义？"二是"布尔什维克成功的基本条件之一"。三是"布尔什维主义历史的几个主要阶段"。四是"布尔什维主义是在反对工人运动内部哪些敌人的斗争中成长、壮大和得到锻炼的？"五是"德国'左派'共产党人。领袖、政党、阶级、群众间的相互关系"。六是"革命家应当不应当在反动工会里做工作？"七是"参加不参加资产阶级议会？"八是"不作任何妥协吗？"九是"英国'左派'共产主义者"。十是"几点结论"。《马克思恩格斯列宁著作选编》节选了第十部分即"几点结论"，这一部分是对前九部分的总结。

　　"几点结论"所阐述的问题主要有这样几个方面。

（一）总结俄国革命的特点和经验，强调俄国革命及其创造的苏维埃具有国际意义

　　列宁首先以世界眼光并从世界历史发展的进程观察总结俄国革命的特点和经验。他指出，1905 年的俄国革命显示世界历史发生了独特的转变，即在资本主义不发达的俄国，工人运动达到空前未有的程度，被压迫群众在革命时主动精神飞跃增长，无产阶级的作用大大超过其人口比例，经济罢工与政治罢工相结合，而政治罢工又变成武装起义，并产生苏维埃这种群众斗争和群众组织新形式。1917 年的俄国二月革命和十月革命，使苏维埃在全国范围内得到了迅速发展，这种群众斗争和组织形式已经扩展到全世界工人运动中，并成为取代资产阶级议会制以及资产阶级民主的新型民主制度。

（二）各国共产党在反对机会主义的同时，必须反对"左倾"思想，要善于把共产党人的基本原则与各国具体实践相结合

　　列宁认为，在一切国家中，工人运动都必然经历一种斗争，首先是要反对机会主义和社会沙文主义，其次是反对共产主义运动内部"左倾"思想。他强调，这种反对"左倾"思想的斗争，"不仅在国际这个组织范围内存在，而且在全世界范围内都存在"①。

---

　　① 《列宁专题文集　论无产阶级政党》，人民出版社 2009 年版，第 255 页。

列宁还指出，根据无产阶级革命的需要，应当建立一个能够指导无产阶级的国际中心。他认为，这个领导中心在集中指导国际共产主义运动过程中，必须要考虑到各国的情况。"这样的领导中心无论如何不能建立在斗争策略准则的千篇一律、死板划一、彼此雷同之上。"① 也就是说，只要民族差别和国家差别还存在，各国共产主义运动国际策略的统一，就不是要求消除多样性，消灭民族差别，而是要求在"运用共产党人的基本原则"时，把这些原则正确地加以改变，"使之正确地适应于民族的和民族国家的差别，针对这些差别正确地加以运用"②。

（三）各国共产党不仅要善于领导自己的党，而且要善于领导整个阶级和广大群众

列宁指出，要取得无产阶级革命的胜利首先要有先锋队，但是单靠先锋队是不能胜利的。如果没有整个阶级和广大群众对先锋队的支持，单纯依靠先锋队去独自进行决战，是十分愚蠢的。要真正使整个阶级和广大劳动群众站到支持先锋队的立场上来，单靠宣传鼓动是不够的，还需要这些群众自身的政治经验。各国共产党要善于引导广大群众，使他们站到支持先锋队的立场上。无产阶级政党"不仅要善于领导自己的党，而且要善于在这些群众走向和转向新立场的过程中领导他们"③。他认为，只有得到广大群众的支持，广大群众已经展开了反对资产阶级的革命行动，我们的胜利才有保证。

（四）要把原则的坚定性和策略的灵活性结合起来，善于运用一切斗争形式

列宁认为，历史尤其是社会革命的历史，其内容比人们想象的要更加丰富，形式也会是多种多样的。所以，他提出了两个很重要的实际结论："第一，革命阶级为了实现自己的任务，必须善于毫无例外地掌握社会活

---

① 《列宁专题文集　论无产阶级政党》，人民出版社 2009 年版，第 256 页。
② 《列宁专题文集　论无产阶级政党》，人民出版社 2009 年版，第 256 页。
③ 《列宁专题文集　论无产阶级政党》，人民出版社 2009 年版，第 258 页。

动的一切形式或方面"；"第二，革命阶级必须准备最迅速最突然地用一种形式来代替另一种形式"。① 在列宁看来，掌握了一切斗争形式，才能适应革命形势的发展变化。他特别强调，不能以为合法斗争手段就是机会主义的，而不合法斗争才是革命的。他以英国及俄国为例，深入具体地阐述斗争策略问题，要求"一切国家的一切共产党人要普遍而彻底地认识到必须使自己的策略具有最大的灵活性"②。

（五）要在总结经验中吸取教训，争取迅速而彻底地治好国际共产主义运动中的"左派"幼稚病

列宁指出："不仅右倾学理主义是一种错误，左倾学理主义也是一种错误。"③ 对于刚刚在国际共产主义运动中产生的"左"倾错误，必须用最大努力去医治。他认为，共产党人要指导工人运动以及整个社会发展沿着最直最快的道路走向苏维埃在全世界的胜利，走向无产阶级专政，这是无可争议的至理。但不能认为只有一种道路，不容许有任何改变、变通和妥协。如果是这样，就会犯"左派"共产主义者的错误。"这种错误会使共产主义运动受到最严重的危害，而且共产主义运动部分地已经受到或正在受到这种危害。"④ 他认为，共产党人要学会以最快的速度用一种形式去补充另一种形式，用一种形式去代替另一种形式，并使自己的策略能够适应任何形式的变化和更替。

列宁最后指出，世界大战及其造成的困境，推动并加速了世界革命。这场革命在广度和深度上都有了迅猛发展，革命和替代的形式也更加丰富多样，在实践上能够迅速而彻底地治好国际共产主义运动中的"左派"幼稚病，也就有了更大的意义。

三、学习意义

列宁的这篇著作撰写于俄国实行"战时共产主义"政策时期，因此难

---

①　《列宁专题文集　论无产阶级政党》，人民出版社 2009 年版，第 260 页。
②　《列宁专题文集　论无产阶级政党》，人民出版社 2009 年版，第 266 页。
③　《列宁专题文集　论无产阶级政党》，人民出版社 2009 年版，第 266 页。
④　《列宁专题文集　论无产阶级政党》，人民出版社 2009 年版，第 267 页。

免打上了时代的烙印，有些观点也难免有一定的局限性。但是排除这些因素后，我们仍然可以看到其中闪光的思想。列宁强调的要反对和克服"左"的错误倾向；要把马克思主义的普遍原理同本国的实际相结合；要把原则的坚定性与策略的灵活性结合起来，不同的国家有不同的革命道路和革命方式；要发挥好党的先进性，密切同人民群众的联系，等等，对今天领导社会主义建设的执政党来说，仍然具有指导意义。

（王彦民）

无产阶级政党对待文化教育的态度

——读列宁《青年团的任务》

关于无产阶级政党对待文化教育的态度，列宁先后有一系列的论述。列宁在《青年团的任务》这篇演说中以"学习"为主题，通过阐释为什么学习、学习什么和怎样学习，从四个向度对应地阐述了无产阶级政党对待文化教育的态度——如何正确对待书本知识和实践经验，如何正确对待传统文化与现代文化，如何正确对待基本国情和世界先进科学技术，如何正确对待社会主义法纪约束和共产主义道德信仰。

一、从历史背景深刻理解《青年团的任务》的主题

"学习"的对应词就是"教育"。"学习"的主体是青年，特别是共青团员。教育的主体是无产阶级政党。这样，《青年团的任务》的主题实质上也就转化为无产阶级政党对待文化教育的态度。只有深入研究列宁关于文化教育思想形成和发展的时代背景和历史渊源，我们才能更好地理解《青年团的任务》这篇经典著作的主题。因为列宁关于社会主义文化教育的理论，是列宁依据马克思主义历史唯物辩证法，在探索苏俄社会主义建设的特殊性、揭示东方落后国家社会发展规律的过程中构建起来的。

列宁在《党的组织和党的出版物》这一著作中第一次提出，写作事业是无产阶级总的事业的一部分，文化工作必须坚持党性原则。列宁在《论国民教育的政策问题》这篇著作中，指出沙皇政府的本质是摧残一切进步的文化活动，不把沙皇制度推翻，就绝对不能有真正的文化高涨。列宁在1912—1913年所写的《论"民族文化"自治》《关于民族问题的批评意见》《论民族自决权》等一系列著作中，剖析了"民族文化"腐蚀工人的反动实质，揭露了沙皇政府强迫俄国各民族接受俄罗斯文化和剥夺各民族用本民族语言办学的权利。列宁强调各民族都享有用本民族语言开办学校

的权利，要求将这一权利列入俄共党纲，从而在原则上解决了多民族国家如何发展文化教育的问题。其中标志着列宁社会主义文化教育思想形成的著作《关于民族问题的批评意见》，在分析文化之阶级性与民族性的辩证关系基础上，着重阐述"两种文化"的思想，强调要把民族文化中进步的、民主主义的、真正人民的成分放在首位。列宁当时不是一般地提出反对"民族文化"的口号，而是具有特指的对象和特定的含义，即针对鲍威尔和伦纳之流提出的所谓"民族文化""民族文化自治"这些具有阶级欺骗性的口号而言的。列宁没有否认文化既有阶级性又有民族性的特点，也没有否认民族文化的客观存在，更没有无视文化发展史的事实。列宁在《四月提纲》中根据形势和任务的变化，修改和补充了1903年党纲中关于国民教育的条文，重新制定了无产阶级政党在国民教育方面的纲领。这为无产阶级夺取政权后的文化教育变革指明了方向。

在十月革命胜利后的头几年，不仅国内经济状况十分困难，而且阶级斗争十分激烈，反映到意识形态领域的斗争也十分尖锐。到1920年下半年，在布尔什维克党的领导下，苏维埃俄国击溃了外国武装干涉者和高尔察克、邓尼金等白匪的进攻。经受了两年饥饿、贫困的严重困难，苏维埃俄国面临着医治战争创伤、恢复国民经济、迅速发展生产的任务。在意识形态方面，俄国社会出现严重的伦理道德虚无主义思潮，其典型代表——"一杯水主义"理论①引起一些青年人的思想混乱，在实践中造成较大危害。当时以苏俄哲学家、社会学家波格丹诺夫为代表的一拨人自称为"无产阶级文化派"，对待历史上的文化遗产采取一笔抹杀、全盘否定的态度，在历史文化观上也鼓吹虚无主义，从极左的立场出发，打着创造无产阶级文化的旗号，倡言无产阶级必须"和旧文化完全决裂"等一系列谬论。极左思潮的泛滥误导着年青一代，使他们误以为革命就是要推翻一切。这对

---

① "一杯水主义"又称"杯水主义"，曾产生于俄国，是一种性道德理论。它认为在共产主义社会，满足性欲的需要就像喝一杯水那样简单和平常。"杯水主义"其实就是性放纵的代名词，它出自苏俄时代的现代女权主义对性的理解。它指摒弃传统道德观，追求性的享受，在生理需要的情况下，与人发生性关系，就如口渴了就应该喝水一样，是应该得以满足且很平常的一件事。列宁指出："我认为这个出名的杯水主义完全不是马克思主义，甚至是反社会的。"（转引自〔德〕蔡特金：《回忆列宁》，马清槐译，人民出版社1957年版，第21页。）

年青一代的学习和健康成长极为不利，也给苏俄文化教育事业发展带来了危害。

为了社会主义建设的伟大事业和最终建立共产主义社会的理想，为了实现党和国家工作重点的转移，更好地动员青年团员和广大青年积极投身于社会主义和共产主义建设，充分发挥年青一代的重要作用，列宁于1920年10月2日在俄国共产主义青年团第三次全国代表大会上发表了《青年团的任务》这篇著名演说，旨在阐明无产阶级政党从革命党向执政党转型，从战争向和平建设转型，以及应以怎样的视角认识文化教育，以什么样的态度对待文化教育，以什么样的思路推动社会主义文化教育发展等问题。

二、"一个主体和四个向度"的内容要点

"一个主体"指青年团以及年青一代。《青年团的任务》从"学习"这个视角来论述文化教育这个主题，那么就把无产阶级政党作为文化教育的主体转化为一个学习的主体——年青一代。

为什么青年团当前的任务是学习？列宁通过阐述共产主义青年团的历史使命、时代特征与基本要求来论定青年团当前的任务。列宁在《青年团的任务》的开头，就明确指出："真正建立共产主义社会的任务正是要由青年来担负。"[①] 要完成这样的历史使命，就要善于利用人类社会全部知识武装自己，吸收人类一切文明成果为社会主义文化建设所用。所以当前的任务就是学习。

列宁从五个方面论述了共产主义青年团的历史使命、时代特征和基本要求。第一，青年团是共产主义社会建设者的带头人。他指出，要建成共产主义社会，只依靠青年团还不够，青年团应该是千百万共产主义社会建设者的带头人，带领广大工农青年共同建设共产主义社会。第二，青年团的目标是把自己和广大青年培养成共产主义者。青年团要把自己的训练、培养和教育同参加全体劳动者摧毁剥削者的旧社会进而创立共产主义新社

---

① 《列宁专题文集　论无产阶级政党》，人民出版社 2009 年版，第 277 页。

会的斗争联系起来，把自己和广大青年培养成真正的共产主义者。第三，青年团是团结和守纪律的榜样。列宁指出，作为唯一的工人共和国，目前我们还较弱。要摧毁资产阶级旧社会，取得最后的胜利，所有无产阶级和劳动者必须团结起来，形成统一意志和强大力量，我们就会在斗争中取得胜利。所以，青年团应该成为团结和守纪律的榜样。第四，青年团应该把自己的训练、培养和教育同工农的劳动实践结合起来，成为各项工作中具有主动性和首创精神的突击队。第五，青年团应该把自己的全部工作和精力贡献给共产主义事业。

"四个向度"是指这篇演说的四个要点。列宁通过论述青年人该学习什么，该如何学习，该如何以和平方式"利用人类社会全部知识武装自己"，对应地从四个向度比较周全地阐述了无产阶级政党对待文化教育的态度。

（一）在学习中要正确对待书本知识和实践经验

学习共产主义不能仅限于把共产主义著作、书本、小册子里的东西背得烂熟，更不能只限于领会共产主义的口号，而要把共产主义知识融会贯通。同时，摒弃资本主义旧社会的理论与实践相脱离的做法，把书本知识与生活实践紧密结合起来，按照共产主义的真正要求去行动；否则，很容易造就一些共产主义书呆子和吹牛家，使共产主义遭受莫大的损失。列宁要求青年们在劳动实践中同工农打成一片，反对理论脱离实际的说教，积极倡导并亲自参加星期六义务劳动，提倡无报酬的共产主义劳动态度。倡导青年团员应利用自己的每一刻空闲时间去街道、去菜园、去农村帮助工农做事情。列宁认为，资本主义旧社会留给我们的最大祸害之一，就是书本与生活实践完全脱节。广大青年要成长为真正的共产主义者，要承担起建设共产主义的任务，不能"单从书本上来领会关于共产主义的论述"①，必须做到理论联系实际。列宁指出："训练、培养和教育要是只限于学校以内，而与沸腾的实际生活脱离，那我们是不会信赖的。"② 广大青年在

---

① 《列宁专题文集　论无产阶级政党》，人民出版社 2009 年版，第 279 页。
② 《列宁专题文集　论无产阶级政党》，人民出版社 2009 年版，第 289 页。

参与国家和社会建设中，要"善于把共产主义由背得烂熟的现成公式、意见、方案、指示和纲领变成能把你们的直接工作统一起来的活生生的东西，把共产主义变成你们实际工作的指针"①，只有这样才能完成建设的任务。否则，我们学习到的任何知识都会变得一文不值，"共产主义就会变成空中楼阁，就会成为一块空招牌"②。"共产主义青年团必须把自己的教育、训练和培养同工农的劳动结合起来，不要关在自己的学校里，不要只限于阅读共产主义书籍和小册子。只有在与工农的共同劳动中，才能成为真正的共产主义者。"③ 列宁的这一思想把学习书本知识与生活实践结合起来了。

（二）在学习中要正确对待传统文化与现代文化

列宁在理论与实践上注重文化的继承性和发展性，要求正确对待文化遗产。列宁指出，青年努力的结果是建立一个与旧社会完全不同的社会，即共产主义社会。青年团和所有向往共产主义的一般青年都应该学习共产主义。学习共产主义，落实到学习、训练和教育，就应该以旧社会遗留给我们的材料为出发点。我们应该把旧学校中的坏东西同对我们有益的东西区别开来。"因此在否定旧学校的时候，我们给自己提出的任务是：从这种学校中只吸取我们实行真正共产主义教育所必需的东西。"④ 因为如果"不掌握人类积累起来的知识就能成为共产主义者，那你们就犯了极大的错误。如果以为不必领会共产主义本身借以产生的全部知识，只要领会共产主义的口号，领会共产主义科学的结论就足够了，那是错误的。共产主义是从人类知识的总和中产生出来的，马克思主义就是这方面的典范"⑤。在这里，列宁教育广大青年要善于利用人类社会全部知识来武装自己。列宁通过对马克思主义学说的创立与以往人类创造的全部知识之间关系的论述，以及对"那些自命为无产阶级文化专家的人"的批判，阐述了共产主

① 《列宁专题文集　论无产阶级政党》，人民出版社 2009 年版，第 284 页。
② 《列宁专题文集　论无产阶级政党》，人民出版社 2009 年版，第 282 页。
③ 《列宁专题文集　论无产阶级政党》，人民出版社 2009 年版，第 292 页。
④ 《列宁专题文集　论无产阶级政党》，人民出版社 2009 年版，第 280 页。
⑤ 《列宁专题文集　论无产阶级政党》，人民出版社 2009 年版，第 280 页。

义者对待历史文化遗产的科学态度和原则。他指出，共产主义是从人类知识的总和中产生出来的，所以只领会共产主义的纲领和口号是远远不够的，对待历史文化遗产不能全盘否定，而要批判地继承。文化教育要注意民族和心理特点，不能急躁冒进，要进行辩证的扬弃。"只有了解人类创造的一切财富以丰富自己的头脑，才能成为共产主义者"①，才能建成共产主义社会。列宁的这一思想把学习共产主义知识与掌握人类创造的一切知识财富统一起来了。

（三）在学习中要正确发扬主动首创精神并吸取
世界先进科学技术与现代管理经验

列宁指出，要建成共产主义社会，不但要发扬主动首创精神，还"必须在现代最新科学成就的基础上恢复工业和农业"②。青年一代只有用共产主义作为指针，学习、掌握并运用现代科学技术和管理知识进行经济建设，才能完成振兴国家经济，建成共产主义社会的任务。列宁主张利用资本主义文化建设社会主义——主要是利用资本主义先进的生产组织系统、科学技术和管理经验，利用资产阶级专家参加生产管理以及利用资本主义文化教育机构等。列宁的这一思想坚持了社会主义与资本主义的辩证统一，坚持了制度跨越论与文明继承论的辩证统一。

（四）在学习中要正确对待社会主义法纪约束
和共产主义道德信仰

列宁提出了共产主义道德教育的基本任务和方法：一是批判资产阶级超人类、超阶级的道德观，指出俄罗斯僧侣、地主和资产阶级宣扬的超人类、超阶级道德具有欺骗性；二是克服旧社会遗留下来的、在群众中根深蒂固的私有者的习惯和风气；三是批判道德虚无主义的观点，详尽论述共产主义道德观，向广大群众和青年一代灌输共产主义道德意识，教育、引导广大青年要坚持和弘扬共产主义道德，树立起新的社会风气。列宁指

---

① 《列宁专题文集　论无产阶级政党》，人民出版社 2009 年版，第 281—282 页。
② 《列宁专题文集　论无产阶级政党》，人民出版社 2009 年版，第 283 页。

出，共产主义道德、共产主义品德"当然是有的"。青年团"应该使培养、教育和训练现代青年的全部事业，成为培养青年的共产主义道德的事业"①。列宁明确指出，共产主义者摈弃一切在资产阶级宣传意义上的、从上帝的意旨中引申出来的道德，而共产主义道德是从无产阶级斗争的利益中引申出来的，是完全服从无产阶级斗争利益的。共产主义的道德就是"为了把劳动者团结起来反对一切剥削和一切小私有制服务的道德"②。列宁教育广大青年在"同资产阶级做有纪律的残酷斗争中"成为自觉的人，为巩固和完成共产主义事业而斗争，建立共产主义道德基础，坚持和弘扬共产主义道德。列宁指出，共产主义道德是为无产阶级服务的，"在共产主义者看来，全部道德就在于这种团结一致的纪律和反对剥削者的自觉的群众斗争"③。无产阶级政党应把训练、培养和教育青年的全部事业，当成培养青年的共产主义道德的事业，最终为建成共产主义事业服务。列宁的这一思想把学习共产主义知识与培养共产主义道德统一起来了。

三、学习意义

社会主义革命在东方落后国家取得胜利后，共产党执政面临一系列难题，而由自身文化教育不足所造成的困扰或制约也会对执政能力产生重大影响。十月革命后，列宁从俄共（布）的执政实践中清楚地意识到这一点，"文化教育"由此构成他晚年思想的核心概念之一。列宁晚年还侧重从文化传统、民族心理习惯层面剖析俄国共产党执政所面临的文化教育困扰、文化教育制约现象，目的在于引起全党的重视。能否根据国家的文化教育现状自觉开创文化教育新局面，关系着共产党的执政地位稳固与否，关系着社会主义事业的兴衰成败。

在《青年团的任务》中，列宁强调的学习的内容和方式，把个体性价值、集体性价值与社会性价值有机结合于社会主义和共产主义建设，有利于培养青年积极向上、开拓进取的精神，增强青年的社会责任感，也有利

---

① 《列宁专题文集　论无产阶级政党》，人民出版社 2009 年版，第 285 页。
② 《列宁全集》第 31 卷，人民出版社 1958 年版，第 260 页。
③ 《列宁专题文集　论无产阶级政党》，人民出版社 2009 年版，第 288 页。

于决策者、教育者制定文化教育策略、培养全面发展的新人。虽然当时还没有"学习型组织"一说,但列宁阐述的思想,实质上也就是要求把党团组织建设成"学习型组织"。深刻领会列宁在这篇著作中所阐述的思想,对我们在全党营造崇尚学习的浓厚氛围,积极向书本学习、向实践学习、向群众学习,优化知识结构,提高综合素质有很大的教益。

20世纪实践证明,列宁晚年有关执政党文化教育的思考具有很强的现实针对性,是社会主义在落后国家实践过程中共产党执政规律的重要体现。我国正在致力于推动社会主义文化大发展大繁荣,实现中华民族伟大复兴。列宁这篇经典著作至今对我们建设中国特色社会主义仍然具有极其重要的现实指导意义。

(陈冬生)

向社会主义过渡的新探索

——读列宁《论粮食税》

一、写作背景

俄国十月革命胜利后不久，帝国主义国家联合绞杀新生的苏维埃政权，国内反动势力乘机叛乱。为保卫新生的政权，适应战争的需要，从1918年下半年开始，苏维埃政府开始实行"战时共产主义"政策。其主要内容包括实行余粮收集制、把所有工厂企业收归国有、限制市场、取消私人贸易、实行义务劳动制等。这一政策对巩固苏维埃政权，击退外国武装干涉和国内叛乱，起了非常重要的作用。经过3年浴血奋战取得胜利后，苏维埃政权依然继续推行这种政策，并试图把它作为向社会主义直接过渡的措施。结果引发了严重的政治、经济、社会危机，威胁到俄共（布）的执政地位。列宁认识到，"我们计划（说我们计划欠周地设想也许较确切）用无产阶级国家直接下命令的办法在一个小农国家里按共产主义原则来调整国家的产品生产和分配。现实生活说明我们错了"[1]。

经过深入调查和思考，列宁在1921年3月召开的俄共（布）第十次代表大会上作了关于以实物税代替余粮收集制的报告以及总结发言。大会根据列宁的报告通过了决议，决定废止余粮收集制，实行粮食税制。为了让人们更好地理解和接受这种新政策，列宁写了《论粮食税》一文，从理论上论证了新经济政策。该文的副标题"新政策的意义及其条件"，明确地表达了其主题思想。这篇文章于1921年4月21日完稿，同年5月初由国家出版社刊印成册。同年，这篇文章被译成德文、法文和英文，发表于《共产国际》杂志第十七期。

---

① 《列宁专题文集　论社会主义》，人民出版社2009年版，第247页。

俄共（布）第十次代表大会的召开和《论粮食税》的发表，是苏维埃政权由实行"战时共产主义"向实行新经济政策转变的标志，也是列宁探索向社会主义过渡新途径的开始。

二、节选部分的主要内容

《论粮食税》全文分为"代引言""关于俄国现时经济""论粮食税、贸易自由、租让制""政治总结和结论"和"结束语"五个部分。"代引言"交代了当时粮食税问题引起的注意、讨论、争论以及从一般原则来讨论俄国当时政策背景的打算。"关于俄国现时经济"主要介绍 1918 年春和 1921 年春俄国的经济政策和经济状况，论述了过渡时期的经济成分，提出了加强对产品的生产和分配实行全民计算和监督的必要性。"论粮食税、贸易自由、租让制"是文章的主体部分，系统论述了新经济政策思想。"政治总结和结论"分析了当时俄国所面临的经济、政治危机，强调实行新经济政策和国家资本主义策略的必要性。"结束语"对全文进行了总结。《马克思恩格斯列宁著作选编》选取"论粮食税、贸易自由、租让制"和"结束语"两部分，主要阐明了实行粮食税制度的重要性和紧迫性、实质及其后果，实行国家资本主义政策及其意义，发展农业和工业间流转的政治意义和政治保障。

（一）实行粮食税制度的重要性、紧迫性及其实质和后果

列宁首先指出了改善农民生活状况的紧迫性，强调"必须立刻采取迅速的、最坚决的、最紧急的办法来改善农民的生活状况和提高他们的生产力"[1]。因为"只有经过这种办法才能做到既改善工人生活状况，又巩固工农联盟，巩固无产阶级专政"[2]。要改善农民的生活状况，就"必须采取紧急的、认真的措施来提高农民的生产力"[3]。

列宁认为，要提高农民的生产力就要改变粮食政策。改变粮食政策，

---

[1]　《列宁专题文集　论社会主义》，人民出版社 2009 年版，第 215 页。
[2]　《列宁专题文集　论社会主义》，人民出版社 2009 年版，第 216 页。
[3]　《列宁专题文集　论社会主义》，人民出版社 2009 年版，第 216 页。

"就是用粮食税来代替余粮收集制，而这种代替是与交完粮食税之后的贸易自由，至少是与地方经济流转中的贸易自由相联系的"①。

列宁指出，实行粮食税制度，是从特殊的战时共产主义向正常的社会主义的产品交换过渡的一种形式。所谓特殊的"战时共产主义"，就是从农民手里拿走全部余粮，甚至有时不仅是余粮，还是农民的必需粮食，其中大部分是借的，付的都是纸币。当时不这样做就不能在一个经济遭到破坏的小农国家里战胜地主和资本家。战争的胜利表明，工人和农民在谋求自身解放的斗争中能创造出英勇的奇迹；实行"战时共产主义"是一种功劳。但是，这种功劳是有限度的。"'战时共产主义'是战争和经济破坏迫使我们实行的。它不是而且也不能是一项适应无产阶级经济任务的政策。它是一种临时的办法。"② 战争结束后，必须从"战时共产主义"转向粮食税。列宁说："在小农国家内实现本阶级专政的无产阶级，其正确政策是要用农民所必需的工业品去换取粮食。只有这样的粮食政策才能适应无产阶级的任务，只有这样的粮食政策才能巩固社会主义的基础，才能使社会主义取得完全的胜利。"③ "粮食税就是向这种粮食政策的过渡。"④ "实行粮食税，即把最必需（对军队和工人来说）的粮食作为税收征来，其余的粮食我们将用工业品去交换。"⑤

列宁认为，实行粮食税，小资产阶级和资本主义就会在一定的贸易自由基础上复活，"这是毫无疑问的"⑥。列宁分析了当时社会经济结构的各种经济成分，认为最理想的最"正确的"政策是从社会主义大工厂的生产中拿出小农所需要的全部产品来向小农交换粮食和原料。"但是，我们现在不可能，根本不可能拿出所需要的全部产品，而且也不可能很快就拿出来"⑦。办法只能是允许国家资本主义发展。

---

①　《列宁专题文集　论社会主义》，人民出版社 2009 年版，第 216 页。
②　《列宁专题文集　论社会主义》，人民出版社 2009 年版，第 217 页。
③　《列宁专题文集　论社会主义》，人民出版社 2009 年版，第 217 页。
④　《列宁专题文集　论社会主义》，人民出版社 2009 年版，第 217 页。
⑤　《列宁专题文集　论社会主义》，人民出版社 2009 年版，第 218 页。
⑥　《列宁专题文集　论社会主义》，人民出版社 2009 年版，第 218 页。
⑦　《列宁专题文集　论社会主义》，人民出版社 2009 年版，第 219 页。

（二）实行国家资本主义政策及其意义

列宁认为，苏维埃国家即无产阶级专政能够同国家资本主义结合、联合和并存。他指出："全部问题，无论是理论上的还是实践上的问题，在于找出正确的方法，即应当怎样把不可避免的（在一定程度上和在一定期限内不可避免的）资本主义的发展纳入国家资本主义的轨道"①。

列宁提出，苏维埃政权"培植"国家资本主义主要通过四种形式：第一，租让制，即苏维埃国家同国内外资本家订立书面合同，允许其进行租赁经营。列宁在《论合作社》中说："我国新经济政策的实际目的就是实行租让。"承租人即资本家获得利润，苏维埃政权获得的利益就是发展生产力。执行租让政策当然要付出代价。租让在什么程度上和什么条件下对我们有利而无害，这要取决于力量的对比，取决于斗争。第二，合作制，即鼓励城乡个人自愿成立小商品生产与销售合作社，允许其进行小商品的自由经营。但在苏维埃政权下，"合作制"资本主义比私人资本主义更有好处，合作社这一商业形式比私营商业有利，而且合作社便于把千百万居民以至全体居民联合起来、组织起来，这对于从国家资本主义进一步过渡到社会主义是一大优点。第三，代购代销制，即国家通过给付租金的方式鼓励本国资本家销售国有企业的产品和收购小生产者的产品。第四，租借制，即把国有企业或油田、林区、土地等租给本国资本家经营。租借合同与租让合同极为相似。

列宁指出，有些人认识不到这些国家资本主义形式，主要是没有认识到我们不是直接从资本主义向社会主义过渡。"为了使'我们'能顺利地完成我们直接向社会主义过渡的任务，就必须懂得，需要经过哪些中间的途径、方法、手段和辅助办法，才能使资本主义以前的各种关系过渡到社会主义。关键就在这里。"② 列宁要求看一下俄罗斯联邦的地图，了解俄国国情，就会懂得"资本主义以前的各种关系"在苏维埃俄国仍然占优势。在实现电气化之前，"必须善于考虑那些便于从宗法制度、从小生产

---

① 《列宁专题文集　论社会主义》，人民出版社 2009 年版，第 220 页。
② 《列宁专题文集　论社会主义》，人民出版社 2009 年版，第 224 页。

过渡到社会主义的中间环节"①。这个"中间环节"就是国家资本主义。国家资本主义就是无产阶级国家管理、监督、控制和调节的资本主义经济。发展国家资本主义，可以加强城乡商品流通，促进生产和市场的繁荣，改善人民群众的生活，保持社会的稳定，从而促进俄国大工业的发展，最终向社会主义过渡。

列宁指出："资本主义是祸害，社会主义是幸福"这种议论是不正确的，因为它忘记了现存的各种社会经济结构状况。他说："同社会主义比较，资本主义是祸害。但同中世纪制度、同小生产、同小生产者涣散性引起的官僚主义比较，资本主义则是幸福。既然我们还不能实现从小生产到社会主义的直接过渡，所以作为小生产和交换的自发产物的资本主义，在一定程度上是不可避免的，所以我们应该利用资本主义（特别是要把它纳入国家资本主义的轨道）作为小生产和社会主义之间的中间环节，作为提高生产力的手段、途径、方法和方式。"②

（三）发展农业和工业间流转的政治意义和政治保障

列宁认为，发展农业和工业间流转有利于克服官僚主义弊病，实施新经济政策也需要党和苏维埃机关的所有工作人员转变作风。列宁结合新经济政策剖析了官僚主义的根源，并提出了解决官僚主义的方法，这就是发展小工业，发展农工业间的流转，发展自由贸易。列宁指出，为了同官僚主义这个祸害作坚决的斗争，"我们应该致力于较容易做到的事情，即恢复小工业"③。"要用一切办法坚决发展流转，不要害怕资本主义，因为在我国（经济上剥夺了地主和资产阶级，政治上有工农政权）给予资本主义活动的范围，是相当狭小而'适度'的。这就是粮食税的基本精神，这就是粮食税的经济意义。"④

列宁号召"党和苏维埃机关的所有工作人员，必须全力以赴、全神贯注地培养和唤起各地方在经济建设事业中较大的主动性"①。他说："少争论些字眼吧。直到现在，我们在这方面的毛病还非常大。多积累一些各种各样的实际经验吧，多研究研究这些经验吧。常常有这样的情况：模范的地方工作，哪怕是很小范围内的地方工作，往往比中央许多部门的国家工作具有更重要的全国性意义。"② "因为官僚主义这一祸害，自然是集中在中央"③。因此，列宁要求党的中央机关工作人员下调或者深入到基层，做好基层在推动流转方面的领导工作，"想方设法活跃工业和农业间的流转。谁能在这方面取得最大的成绩，即使是用私人资本主义的办法，甚至没有经过合作社，没有把这种资本主义直接变为国家资本主义，那他给全俄社会主义建设事业带来的益处，也比那些只是'关心'共产主义纯洁性，只是为国家资本主义和合作社起草规章、条文、细则，而实际上却不去推动流转的人，要多得多"④。

列宁指出：私人资本主义能成为社会主义的帮手，这是经济上完全无可争辩的事实。列宁在结束语中总结指出，只要无产阶级牢牢掌握着政权，牢牢掌握着运输业和大工业，无产阶级政权在这方面就没有什么可以害怕的。他强调，要通过监督把在一定限度内是不可避免的并为我们所必需的资本主义纳入国家资本主义的轨道。在活跃农业和工业间的流转方面，应全面、大力、坚决地发挥地方的首创精神、创新精神和扩大它们的独立程度；要支援为农业服务并帮助农业发展的小工业。共产党员要向资产阶级专家"学习"，"学习"成绩只有靠实践经验来检查；要竭力帮助广大劳动者，接近他们，从他们中间提拔成百成千的非党工作人员来做经济工作。

三、学习意义

《论粮食税》是列宁最初论述新经济政策的代表作，也是探索经济文

---

① 《列宁专题文集　论社会主义》，人民出版社 2009 年版，第 227 页。
② 《列宁专题文集　论社会主义》，人民出版社 2009 年版，第 229 页。
③ 《列宁专题文集　论社会主义》，人民出版社 2009 年版，第 230 页。
④ 《列宁专题文集　论社会主义》，人民出版社 2009 年版，第 229 页。

化相对落后国家建设社会主义道路的重要著作。

列宁《论粮食税》中论述的新经济政策思路是初步的。由于主客观原因，新经济政策的思路也有历史局限性，没有得到系统论证。列宁认为允许商品交换、货币流通和一定限度的自由贸易必然导致资本主义的恢复和发展。同时，列宁把实行新经济政策看成"退却"，而没有把它作为落后国家建设社会主义的方式。这种看法会引起认识上的分歧，实际上也是新经济政策在当时难以取得共识而且很快被放弃的一个认识上的原因。列宁在揭示新经济政策的政治意义和政治保障时分析官僚主义问题，把党和政府机关中官僚主义的经济根源归结为"小生产者的分散性和涣散性"或者"混到共产党里来的旧官吏、地主、资产者以及其他败类滥用职权"等，显然囿于当时苏俄的情况。

列宁的探索是开创性的。新经济政策在社会主义发展史上具有重要意义，至今仍能给我们方法论和探索精神等方面的启示，如经济文化相对落后国家要从实际出发探索向社会主义过渡的方式，关键是"使资本主义以前的各种关系过渡到社会主义"。再如在无产阶级只占全体居民一小部分的国家要特别重视解决农民利益问题，通过利益关系，巩固工农联盟，引导农民走社会主义道路。邓小平曾在总结社会主义历史经验时说，可能列宁的思路比较好，搞了个新经济政策。

（贾建芳）

发展文化教育是社会主义的
特别重要的任务

——读列宁《日记摘录》

一、写作背景

俄国是一个经济文化比较落后的国家。先政治变革和社会变革，后经济建设和文化革命，这是俄国走上社会主义道路的特点。十月革命后，苏维埃俄国仍然是一个"半文明"的国家。列宁深感国家政权建设和经济建设都遇到了无产阶级文化落后带来的困难。加强文化建设，提高工农大众的文化水平，成为列宁晚年十分关注和特别关心的一个问题。

病床上的列宁从 1922 年莫斯科中央统计局国民教育统计处出版的《俄国识字状况》中，抄录了 1897—1920 年俄国居民的识字状况。统计显示，沙皇时代的 1897 年，每千人中识字人数为 223 人，1920 年为 319 人。在学龄儿童中，只有 1/4 能够上学，一些少数民族地区文化程度更低，文盲占了 90% 以上。在历史同期，德国、瑞士的文盲只占全国人口的 1%～2%，瑞典、丹麦已消灭文盲。列宁认为，在普及文化知识方面，"我们的进步太慢"。列宁强调，不仅要提出文化建设的这一重大历史任务，还要在这方面尽最大的努力。

1923 年 1 月 2 日，列宁分两次口授了关于文化教育方面的文稿。该文稿在 1923 年 1 月 4 日《真理报》第 2 号上发表时，加了《日记摘录》的标题。

二、主要内容

列宁针对当时苏维埃俄国的情况，明确提出了文化建设和文化革命的任务以及切实可行的措施。

（一）从最基本的扫盲工作做起

列宁分析了俄国居民的识字状况和文化水平，指出俄国在这方面与"西欧一个普通文明国家的水平"相差很远，所以，不能"沉湎于'无产阶级文化'的幻想之中"。[①]"当我们高谈无产阶级文化及其与资产阶级文化的关系时，事实提供的数据向我们表明，在我国就是资产阶级文化的状况也是很差的。"[②] 列宁在随后口授的《宁肯少些，但要好些》中说："对那些过多地、过于轻率地侈谈什么'无产阶级'文化的人，我们就不禁要抱这种态度，因为在开始的时候，我们能够有真正的资产阶级文化也就够了，在开始的时候，我们能够抛掉资产阶级制度以前的糟糕之极的文化，即官僚或农奴制等等的文化也就不错了。在文化问题上，急躁冒进是最有害的。我们许多年轻的著作家和共产党员应该牢牢记住这一点。"[③]

俄国是一个半文明的小农国家，这决定了苏维埃俄国的文化建设必须从最基本的扫盲工作做起。因为"在一个文盲的国家里是不能建成共产主义社会的"[④]。在《新经济政策和政治教育委员会的任务》中，列宁写道："文盲，我可以这样说：只要在我国还存在文盲现象，那就很难谈得上政治教育。这并不是政治任务，这是先决条件，没有这个条件就谈不上政治。文盲是处在政治之外的，必须先教他们识字。不识字就不可能有政治，不识字只能有流言蜚语、谎话偏见，而没有政治。"[⑤] 列宁一直重视扫盲，他在 1919 年 12 月 26 日就签署了《关于扫除文盲》的法令，规定苏俄全体居民从 8 岁至 50 岁，凡不能读不能写的，必须学习识字。但是，列宁对扫盲工作的进展情况不是很满意。他指出："我们距离普遍识字还远得很……这说明我们还要做多少非做不可的粗活，才能达到西欧一个普

---

① 《列宁专题文集　论社会主义》，人民出版社 2009 年版，第 344 页。
② 《列宁专题文集　论社会主义》，人民出版社 2009 年版，第 343 页。
③ 《列宁专题文集　论社会主义》，人民出版社 2009 年版，第 366 页。
④ 《列宁专题文集　论无产阶级政党》，人民出版社 2009 年版，第 290 页。
⑤ 《列宁专题文集　论无产阶级政党》，人民出版社 2009 年版，第 267—268 页。

通文明国家的水平。"①

（二）大力增加教育经费

列宁强调，要缩减其他部门的开支，把经费更多地用于发展教育。他要求"整个国家预算首先去满足初级国民教育的需要"②。他说："在无产阶级和农民的国家里，还有很多经费可以而且应当节省下来用以发展国民识字教育"③。他提出的一个办法，就是精简没有必要的机构，节约开支，把节约下来的经费用于发展教育。他指出，一些多余机构，包括一些文化教育管理部门，都是"由于从部门利益考虑而膨胀起来的，并不适应广泛的国民教育的需要"④。

（三）关心教师并提高教师的地位

发展文化教育，必须提高教师的地位。列宁指出："不做到这一点，就谈不上任何文化，既谈不上无产阶级文化，甚至也谈不上资产阶级文化。"⑤ 他认为，在社会主义国家，提高教师的地位，发挥教师作用，这是一个无需论证的问题，是用不着证明的真理。所以，"我们必须经常不断地坚持不懈地工作，既要振奋他们的精神，也要使他们具有真正符合他们的崇高称号的全面修养，而最最重要的是提高他们的物质生活水平"⑥。列宁强调，应当不断地加强组织国民教师的工作，以便使他们从资产阶级制度的支柱"变成苏维埃制度的支柱，以便通过他们去争取农民，使农民脱离同资产阶级的联盟而同无产阶级结成联盟"⑦。

（四）城市工人帮助农民学文化

加强城乡交往，组织城市工人帮助农村发展文化，传播先进思想观

---

① 《列宁专题文集　论无产阶级政党》，人民出版社 2009 年版，第 343—344 页。
② 《列宁专题文集　论社会主义》，人民出版社 2009 年版，第 345 页。
③ 《列宁专题文集　论社会主义》，人民出版社 2009 年版，第 345 页。
④ 《列宁专题文集　论社会主义》，人民出版社 2009 年版，第 345 页。
⑤ 《列宁专题文集　论社会主义》，人民出版社 2009 年版，第 344 页。
⑥ 《列宁专题文集　论社会主义》，人民出版社 2009 年版，第 345 页。
⑦ 《列宁专题文集　论社会主义》，人民出版社 2009 年版，第 345—346 页。

念，这是列宁提出的解决农村文化落后、农民文盲多这一问题的具体措施。列宁说："在城市工人与农村雇工之间建立交往，在他们之间建立一种他们之间可以很容易建立起来的友好互助形式，这是我们的责任，这是执政的工人阶级的基本任务之一。"① 他认为，城市对农村的文化影响是自然而然的，有自发性的一面。如果使这个工作带有自觉性、计划性和系统性，就会使其产生更有效、更有意义的作用。他建议，在城市工人中要组成以帮助农村发展文化为宗旨的各种团体，并发挥好这些团体在政治、经济和道德等方面对农村的带动作用。

三、学习意义

学习列宁的《日记摘录》，我们可以更加深刻地认识到，在经济文化比较落后的国家进行社会主义建设，首先面临的一个突出问题，就是人们的文化素质普遍低下。努力提高社会成员的文化素质，尤其是提高广大农民的文化素质，对巩固、建设和发展社会主义具有十分重要的意义。同时，文化建设也是社会主义建设中的一个长期的、繁重的历史任务。列宁晚年把发展国民教育、开展文化建设称为"文化革命"，看成"划时代的主要任务"。列宁从落后国家社会主义建设的高度和角度突出强调文化建设的重要性和紧迫性，他针对文化建设方面的问题提出的重要观点，对我们今天开展文化建设，尤其是发展农村文化教育，仍然具有启示作用。

（贾建芳）

---

① 《列宁专题文集　论社会主义》，人民出版社 2009 年版，第 346 页。

引导农民走上社会主义道路的新途径

——读列宁《论合作社》

一、写作背景

十月革命前，俄国农村已有合作社组织。1917年初，有合作社 2.3 万个，社员近 700 万人。这是一种以经商为主的经济组织。社员以家庭为单位进行生产劳动，劳动成果为劳动者个人及家庭所有。社员可以向合作社出售自己的产品，从合作社购回自己所需的物品，可以得到价格上的优惠。十月革命后，农村的合作社组织依然存在。在国内战争时期，俄国曾利用它对居民进行粮食和其他消费品的分配。1921年苏维埃俄国开始由"战时共产主义"转向新经济政策，用粮食税代替余粮收集制，允许农民纳税后的农产品自由销售、自由支配。因此，农村的"资本主义自发势力"开始活跃。当时，俄共（布）党内一些人对合作社的性质认识不清，怀疑俄国是否能建成社会主义，导致许多农业公社和农业劳动组合被解散。

通过什么途径来吸引农民走向社会主义？这是实行新经济政策以后列宁着重思考的一个问题。在《论粮食税》中，列宁曾把合作社看成国家资本主义的主要形式之一，主张通过合作社实现劳动者之间和城乡之间的商品交换，认为国家可以通过合作社掌握商品交换的情况，并监督商品交换的过程。到1923年初，列宁认识到，合作社具有一定程度的集体化趋向，即社员将在合作社的交换活动中逐渐养成集体生活的意识和习惯，苏维埃俄国应在相当长的时期内通过流通领域的各种合作社把农民吸引到社会主义建设事业中来，在生产力进一步发展的基础上逐步建立生产领域的各种合作社，最终过渡到社会主义大农业。列宁抱病在1923年1月4日和6日分两次口授了《论合作社》一文。同年5月26日和27日，该文发表在《真理报》上。

二、主要内容

《论合作社》提出了合作社的计划并且高度估计了实行合作化的意义，论述了引导农民走合作化道路的基本原则，提出了文化革命的任务，揭示了合作社的性质，还据此作出了一个重大判断。

（一）合作社计划及其重大意义

苏维埃俄国经过 5 年实践尤其是新经济政策的实践后，面临的一个重大任务就是引导农民建设社会主义。列宁指出："在我国，既然国家政权操在工人阶级手中，既然全部生产资料又属于这个国家政权，我们要解决的任务的确就只剩下实现居民合作化了。"① 合作化是能让所有小农都来学会实际地建设社会主义的"台阶"。

合作社是使农民的个人利益同国家利益相结合、使农民感到简便易行和容易接受的形式，也是私人买卖的利益与国家对这种利益的检查监督相结合的形式。列宁认为，我们发现了这种形式，就解决了过去许许多多社会主义者解决不了的难题。

合作社是有效地向社会主义过渡的好形式。列宁认为，在无产阶级专政和工农联盟的条件下，在保证无产阶级对农民实行领导的条件下，在社会主义工业存在的条件下，无产阶级完全能够通过合作社把千百万农民引向社会主义道路。"要是完全实现了合作化，我们也就在社会主义基地上站稳了脚跟。"② 列宁强调，合作化对俄国的社会主义发展有着不可限量的意义。他说："国家支配着一切大的生产资料，无产阶级掌握着国家政权，这种无产阶级和千百万小农及极小农结成了联盟，这种无产阶级对农民的领导得到了保证，如此等等……这还不是建成社会主义社会，但这已是建成社会主义社会所必需而且足够的一切。"③

---

① 《列宁专题文集　论社会主义》，人民出版社 2009 年版，第 349 页。
② 《列宁专题文集　论社会主义》，人民出版社 2009 年版，第 355 页。
③ 《列宁专题文集　论社会主义》，人民出版社 2009 年版，第 349 页。

（二）引导农民走合作化道路的基本原则

第一，考虑农民参加合作社的意愿，在政策、措施上应尽可能使农民感到简便易行和容易接受。列宁指出：引导农民参加合作社，要采用农民容易接受的方法，从流通开始，奖励参加合作社流转的农民，通过合作社这种买卖机关使农民过渡到新制度。

第二，国家资助合作社的发展。列宁认为，既然合作社在社会主义建设中有了特别的意义，它就应该得到国家财政支持。他强调："在经济、财政、银行方面给合作社以种种优惠，这就是我们社会主义国家对组织居民的新原则应该给予的支持。"① 列宁要求，贷给合作社的国家资金，应该比贷给私人企业的多些，即使稍微多一点也好，甚至和给重工业等部门的一样多。

第三，参加合作社的居民要成为文明的商人。列宁提出，要能够使广大农民积极有为地参加合作社，要努力提高他们的文化素质。列宁把提高农民素质看成是一场需要一个长期过程的社会变革。"为了通过新经济政策使全体居民人人参加合作社，这就需要整整一个历史时代。在最好的情况下，我们度过这个时代也要一二十年。但这终究是一个特殊的历史时代，如果不经过这一历史时代，不做到人人识字，没有足够的见识，没有充分教会居民读书看报，没有做到这一点的物质基础，没有一定的保障……我们就达不到自己的目的。"② 列宁反复强调提高农民文化素质对实现合作化的重要意义，也充分认识到了建立和完善合作社制度的复杂性和长期性。

（三）文化革命的任务

列宁认为，文化革命是实现合作化的必要条件。列宁指出，"没有一场文化革命，要完全合作化是不可能的"③。他提出了无产阶级政党面临的两个划时代的主要任务，这主要是指党和国家工作重心转移以后无产阶

---

① 《列宁专题文集　论社会主义》，人民出版社 2009 年版，第 352 页。
② 《列宁专题文集　论社会主义》，人民出版社 2009 年版，第 351 页。
③ 《列宁专题文集　论社会主义》，人民出版社 2009 年版，第 355 页。

级政党所要着力解决的两个问题。一是改造从旧时代接收过来的国家机关。二是在农民中进行文化工作。列宁指出，文化工作的经济目的是合作化，但它的更深远的意义在于它是经济文化相对落后的国家实现社会主义的重要前提。在无产阶级革命胜利以后，"只要实现了这个文化革命，我们的国家就能成为完全社会主义的国家了。但是这个文化革命，无论在纯粹文化方面（因为我们是文盲）或物质方面（因为要成为有文化的人，就要有相当发达的物质生产资料的生产，要有相当的物质基础），对于我们说来，都是异常困难的"①。

（四）合作社的性质

列宁论述了不同社会条件下合作社的性质。列宁指出，合作社的性质取决于它所依存的、占统治地位的经济关系和国家政权的性质。"合作社在资本主义国家条件下是集体的资本主义机构"，"而在生产资料公有制的条件下，在无产阶级对资产阶级取得了阶级胜利的条件下，文明的合作社工作者的制度就是社会主义的制度"。②

（五）对社会主义看法的改变

合作社是实行新经济政策、过渡到社会主义的重要的中间环节。列宁在《论粮食税》中认为合作社的性质是国家资本主义，到《论合作社》时已进一步认识到它是社会主义性质的，认为合作社的发展就等于社会主义的发展。由此，他作出了"我们对社会主义的整个看法根本改变了"的重大判断。他认为，这种根本的改变主要表现在：从前是把重心放在而且也应该放在政治斗争、革命、夺取政权等等方面，而现在转到和平的建设工作上去了。这里所说的"从前"不仅指十月革命以前，而且指十月革命胜利后实行"战时共产主义"政策的几年。列宁所说的"根本改变"，包括实现党和国家工作重心的转移，用间接的、迂回的途径通过商品货币关系活跃市场、促进城乡间工农间交流的恢复和经济的发展，为社会主义过渡

---

①　《列宁专题文集　论社会主义》，人民出版社 2009 年版，第 355 页。
②　《列宁专题文集　论社会主义》，人民出版社 2009 年版，第 353、352 页。

奠定坚实的物质基础，等等。

三、学习意义

列宁在《论合作社》中肯定了合作社是引导农民走上社会主义道路并且学会建设社会主义的好形式，阐明了合作社的性质、地位、作用以及引导农民走合作化道路的基本原则等问题。这些思想在当时具有现实针对性，今天对我们解决"三农"问题、促进"三农"现代化仍然具有指导意义。列宁从落后国家建设和建成社会主义的政治高度认识农民问题，着眼于农民利益解决农民问题，尤其值得我们重视。

列宁在阐述合作社问题时得出了一个重大判断，即"我们不得不承认我们对社会主义的整个看法根本改变了"①。这个结论揭示了落后国家"先夺权后建设"而且是在单独一个国家进行社会主义建设的特点，体现了列宁在十月革命后不久提出的建设社会主义的方法论原则，是我们不断地开拓创新的思想动力。如果说列宁当时的"改变"，主要是改变了工作重心、过渡方式、经济成分、商业和市场的作用、合作社的性质等几个方面的看法的话，那么，我们党在十一届三中全会以后开拓的中国特色社会主义道路和创立的中国特色社会主义理论体系，则真正是"对社会主义的整个看法根本改变了"。这种"改变"，无疑是列宁揭示的相对落后国家建设社会主义的特点和规律在当代中国合乎逻辑的延续和发展。

（贾建芳）

---

① 《列宁专题文集　论社会主义》，人民出版社 2009 年版，第 354 页。

俄国社会主义革命道路的合理性

——读列宁《论我国革命》

一、写作背景

俄国是一个经济文化比较落后的国家。在这样一个资本主义未得到充分发展的国家进行社会主义革命是否符合历史发展规律？是否符合马克思主义？有没有必要性、合理性？当时俄国和第二国际的一些颇有影响的所谓马克思主义理论家认为，俄国还没有发展到可以实行社会主义的高度，在不够发达的国家里推行社会主义是冒失行为，注定要失败。在十月革命前，普列汉诺夫等人就提出，俄国生产力落后，无产阶级不成熟，在总人口中只占少数，不具备进行社会主义革命的条件。十月革命胜利后，仍有人质疑这场革命，如 1918 年考茨基在《无产阶级专政》一文中攻击苏俄社会主义是个"早产儿"。列宁发表了《无产阶级革命与叛徒考茨基》一文捍卫十月革命道路。

在 1918—1921 年，尼·苏汉诺夫撰写了七卷本的《革命札记》（1922 年在俄国外出版），记述了俄国从二月革命到十月革命的历史，批评十月革命。他指责列宁"缺乏对俄国社会主义的'客观前提'的分析、对社会经济条件的分析"，认为"俄国生产力还没有发展到足以实现社会主义的水平"，俄国的社会主义革命和建设是违背历史发展规律的。列宁在重病期间阅读了苏汉诺夫的《革命札记》第三、四卷，于 1923 年 1 月 16 日和 17 日分两次口授了《论我国革命》一文，反击苏汉诺夫的论调。文章由列宁夫人娜·康·克鲁普斯卡娅转交《真理报》编辑部，标题是文章发表时由编辑部所加。

二、主要内容

《论我国革命》由两部分组成，主要阐明了以下四个观点。

（一）不懂马克思主义的辩证法就无法正确看待十月革命

　　列宁在文稿开头就批评苏汉诺夫等人机械、教条地对待马克思主义的错误倾向，指出了他们错误的根源在于形而上学的认识方法。列宁批评他们教条地对待马克思主义关于生产力决定作用的观点，根本不理解马克思主义中有决定意义的东西，即马克思主义的革命辩证法，只是一味强调"俄国生产力还没有发展到可以实行社会主义的高度""还没有成长到实行社会主义的地步""还没有实行社会主义的客观经济前提"，并把西方社会发展道路当成了"万古不变的金科玉律"，据此指责十月革命违背了世界历史发展的一般规律。① 列宁指出："他们都自称马克思主义者，但是对马克思主义的理解却迂腐到无以复加的程度。"②

（二）十月革命是在特殊环境下发生并取得了胜利的人民革命

　　列宁说："这是和第一次帝国主义世界大战相联系的革命。这样的革命势必表现出一些新的特征，或者说正是由于战争而有所改变的一些特征，因为世界上还从来没有过在这种情况下发生的这样的战争。"③ 就是说，十月革命是在第一次世界大战的特殊形势下发生的，当时，俄国统治阶级已经无法照常统治下去了，人民群众已经无法照旧生活下去了，工农毫无出路的处境增强了他们的力量和斗志，他们的革命热情高涨，而且"农民战争"同工人运动联合起来了。在这样的形势下，布尔什维克就应当不失时机地领导他们进行社会主义革命，夺取政权，而不应当坐失历史机遇。列宁说："'首先要投入真正的战斗，然后便见分晓。'我们也是首先在 1917 年 10 月投入了真正的战斗……我们基本上是胜利了。"④ 这样"使我们能够用与西欧其他一切国家不同的方法来创造发展文明的根本前提"⑤。

---

① 《列宁专题文集　论社会主义》，人民出版社 2009 年版，第 358 页。
② 《列宁专题文集　论社会主义》，人民出版社 2009 年版，第 357 页。
③ 《列宁专题文集　论社会主义》，人民出版社 2009 年版，第 357 页。
④ 《列宁专题文集　论社会主义》，人民出版社 2009 年版，第 359 页。
⑤ 《列宁专题文集　论社会主义》，人民出版社 2009 年版，第 358—359 页。

（三）十月革命道路的特点是先夺权后建设

苏汉诺夫等人认为，世界历史发展的一般规律是，资本主义经济文化发展到一定程度才有可能进行无产阶级革命。列宁辩证地理解社会发展过程，认为各国的情况千差万别，有些具体发展过程往往表现为跳跃性和特殊性。西欧国家能够在资本主义制度下发展生产力，提高文化水平，然后进行革命。像俄国这样经济文化落后的国家在具备一定革命条件时，可以改变发展顺序，即先夺权后建设，或者说先革命后发展。列宁称之为在坚持一般规律、共同路线条件下的个别发展阶段在发展的形式或顺序上的改变。列宁说："既然建立社会主义需要有一定的文化水平……我们为什么不能首先用革命手段取得达到这个一定水平的前提，然后在工农政权和苏维埃制度的基础上赶上别国人民呢？"①

列宁指出："俄国生产力还没有发展到可以实行社会主义的高度"，这是一个"无可争辩的论点"，但不能以此否定俄国社会主义革命。因为社会主义革命和实行社会主义是既有联系又有区别的两个问题。社会主义革命并不是单纯的经济发展的结果，而是历史发展中各种因素相互作用的结果。当时的俄国具备了社会主义革命的条件，而且取得了十月革命的胜利。革命胜利后，必须在工农政权和苏维埃制度的基础上大力发展文明，赶上先进国家，实现社会主义。

（四）十月革命道路并不违背世界历史发展的一般规律

历史发展的规律不会以"纯粹的一般"表现出来，历史发展也不是机械的单线条的进化，它总是在复杂的多样性的现实中展开。俄国没有经过资本主义的充分发展，但也是在具备了基本条件的情况下先革命后发展，这不仅没有违背历史发展的客观规律，而且充分显示了世界历史发展中一般与个别的辩证统一。列宁指出："世界历史发展的一般规律，不仅丝毫不排斥个别发展阶段在发展的形式或顺序上表现出特殊性，反而是以此为前提的。……俄国能够表现出而且势必表现出某些特殊性，这些特殊性当

---

① 《列宁专题文集　论社会主义》，人民出版社 2009 年版，第 359 页。

然符合世界发展的总的路线，但却使俄国革命有别于以前西欧各国的革命，而且这些特殊性到了东方国家又会产生某些局部的新东西。"①

列宁认为，俄国的社会主义革命具有特殊性，但它并不是社会革命和社会发展的特殊方式的个案，其他国家的革命也会有自己更特殊的国际国内背景和革命方式。他预言："在东方那些人口无比众多、社会情况无比复杂的国家里，今后的革命无疑会比俄国革命带有更多的特殊性。"②

三、学习意义

列宁的《论我国革命》论证了十月革命的必要性和合理性，揭示了经济文化较落后的国家进行社会主义革命和建设的特点，指明了经济文化较落后的国家建设社会主义的根本任务，为未经资本主义充分发展的国家在特定条件下走向社会主义提供了理论依据。

列宁运用辩证法和唯物史观分析问题而提出的创新观点，给我们留下了重要启示。列宁关于人类社会个别发展阶段和不同国家表现出的特殊性并不违背世界历史发展一般规律的观点，体现了社会主义发展道路的历史辩证法，为东方国家根据本国情况探索社会主义革命和建设道路提供了方法论指导，启示我们要正确对待世界历史发展的一般规律，解放思想，从实际出发大胆探索切合中国实际的道路。

列宁根据落后国家先夺权后发展的特点，强调在取得了工农政权的前提下一定要及时地把工作重心转移到经济文化建设上来，大力发展新的文明，赶上并且超过资本主义文明，这是新制度战胜旧制度的根本条件。这个思想没有在《论我国革命》中展开论述，但在列宁的许多著作尤其是十月革命前后的著作中充分地体现出来，明确了落后国家在夺取政权之后建设社会主义的根本任务。

列宁回答了十月革命以来一直受到质疑的问题，能够破解"早产论""宿命论""补课论""失败论"等错误认识，有助于我们理解未经资本主

---

① 《列宁专题文集　论社会主义》，人民出版社 2009 年版，第 357—358 页。
② 《列宁专题文集　论社会主义》，人民出版社 2009 年版，第 359—360 页。

义充分发展的国家能够率先走上社会主义道路并且建成社会主义的论断，从而避免思想理论上的困扰；有助于我们理解中国革命道路和中国社会主义建设道路的特殊性，从而既增强建设中国特色社会主义的信念和信心，又能更加自觉地探索中国特色社会主义道路。

（贾建芳）

国家机关的改革和建设

——读列宁《我们怎样改组工农检查院》《宁肯少些，但要好些》

一、写作背景

苏维埃政权建立后，面临着改善国家机关的新课题。俄国经济文化比较落后，小农人口占多数，缺乏有文化、懂管理的人才，新政权不得不接受和使用大量旧政权的工作人员，他们自然会把旧政权的官僚主义作风和不良习气带进苏维埃机关。从历史传统来看，俄国曾是一个军事封建帝国，专制主义影响深，民主法制传统少，这无疑会对新政权产生消极影响。从沙皇制度转到苏维埃制度只有短短的几年时间，也不可能完全消灭官吏旧习，官僚主义等旧的风气还在影响和危害着新的政权。列宁逝世前对国家机关的问题深感忧虑。他指出："我们的国家机关，除了外交人民委员部，在很大程度上是旧事物的残余，极少有重大的改变……仍然是一些最典型的旧式国家机关。"① "我们国家机关的情况，即使不令人厌恶，至少也非常可悲"，"这些缺点根源于过去"。② "我们的苏维埃共和国建立还不很久，却已积了这样一堆形形色色的渣滓"，"官僚不仅在苏维埃机关里有，而且在党的机关里也有"。③ "在改善我们的国家机关方面，我们已经瞎忙了五年，但只不过是瞎忙而已……这种瞎忙使我们看来像是在工作，实际上却搅乱了我们的机关和我们的头脑。"④ 列宁强调，俄国无产阶级要完成时代赋予的历史使命，就必须建立"名副其实是社会主义的、

---

① 《列宁专题文集　论社会主义》，人民出版社 2009 年版，第 361 页。
② 《列宁专题文集　论社会主义》，人民出版社 2009 年版，第 366、367 页。
③ 《列宁专题文集　论社会主义》，人民出版社 2009 年版，第 373 页。
④ 《列宁专题文集　论社会主义》，人民出版社 2009 年版，第 368 页。

苏维埃的机关"①。为此，列宁在逝世前明确提出了改革国家机关的任务和要求，并希望党和国家机关工作人员能够以极大的勇气来进行这样的改革。

列宁对改善国家机关的高度重视和深切焦虑，不仅因为国家机关自身的问题，也源于他对国内外形势的深刻认识。列宁担忧苏维埃俄国在严峻的国内外形势下能否坚持下去，他思考着保证苏维埃俄国坚持下去的战略策略。在列宁看来，工农政权和物质基础关系到社会主义的生死存亡。无论是巩固工农政权还是建设强大的社会主义物质基础，都有赖于国家机关特别是工农检查院的改善。列宁说："在我的思想上，我就是这样把我们的工作、我们的政策、我们的策略、我们的战略等等的总计划同改组后的工农检查院的任务联系起来的。"②"只有彻底清洗我们的机关，尽量削减机关非绝对必要的一切，我们才能够有十分把握地坚持下去。而且我们将能够不是在小农国家的水平上，不是在这种普遍的局限性的水平上坚持下去，而是在不断地前进、向着大机器工业前进的水平上坚持下去。"③可见，列宁是把国家机关尤其是工农检查院的改革放在一国社会主义能否坚持下去的大战略中考虑的。

1922年12月16日，列宁的病情加重。在此后的几天里，他的健康状况日益恶化，右半身不能活动。列宁清楚地意识到病情的危险，因而决定口授他认为"最重要的"一些想法。同年12月23日，列宁请求医生允许他口授5分钟时间，用速记记录。得到允许后，列宁断断续续地口授了第一个文稿，即《给代表大会的信》。1923年1月初，列宁口授了《我们对工农检查院怎么办？》一文提纲，接着于1月19日、20日、22日、23日口授了《我们怎样改组工农检查院》，于3月2日口授了《宁肯少些，但要好些》，进一步系统阐述了国家机关改革和建设的一些重要问题。

二、主要内容

《我们怎样改组工农检查院》，是向俄（共）布第十二次代表大会提出

---

① 《列宁专题文集　论社会主义》，人民出版社2009年版，第367页。
② 《列宁专题文集　论社会主义》，人民出版社2009年版，第379页。
③ 《列宁专题文集　论社会主义》，人民出版社2009年版，第380页。

的建议，提出了改革国家机关特别是改组工农检查院的计划。《宁肯少些，但要好些》，是列宁生前最后的文稿，进一步阐明了改善国家机关的设想，并通过分析国内外形势阐明了改革的重要性和紧迫性。列宁在这两篇文稿中具体谈论的是工农检查院的改革和建设问题，但基本精神体现着对整个国家机关改革和建设的思考。

（一）改革国家机关的焦点

改组工农检查院，是当时改革国家机关的焦点。列宁肯定了工农检查院的地位和作用，但是不满意它的工作。列宁提出："我们应当把作为改善我们机关的工具的工农检查院改造成真正的模范机关"，"应当真正给自己确定一个任务，用缓慢、艰难和非常的办法，经过多次检查，来建立一个真正模范的、不只是由于官衔和职位才受到大家尊敬的机关"。①

列宁还明确提出改组工农检查院的主要措施：一是选拔工人和农民党员，进入中央监察委员会。列宁认为，在党的中央机关中增加工人和农民党员，不仅有助于加强同广大的群众的联系，而且有助于加强对国家机关的改善和改造。二是把工农检查院同中央监察委员会结合起来，提高它的地位和权威。列宁认为，这样的结合对二者都有好处。"由于这种改革，我们中央委员会本身所得到的好处无疑不会少于工农检查院，这个好处就是，中央委员会能增进同群众的联系，使它的工作更有条理、更扎实。那时就能够（而且一定会）在准备政治局会议方面规定更严格更负责的制度。"②"还有一个好处，就是在我们中央委员会里纯粹个人因素和偶然情况的影响会减少，从而分裂的危险也会减少。"③

列宁设想，中央监察委员会的工作应当涉及党和国家机关的各个方面，而且要非常严格。他说："有一定的人数必须出席政治局每次会议的中央监察委员会的委员们，应该形成一个紧密的集体，这个集体应该'不顾情面'，应该注意不让任何人的威信，不管是总书记，还是某个其他中

① 《列宁专题文集　论社会主义》，人民出版社 2009 年版，第 368、370 页。
② 《列宁专题文集　论社会主义》，人民出版社 2009 年版，第 364 页。
③ 《列宁专题文集　论社会主义》，人民出版社 2009 年版，第 364 页。

央委员的威信，来妨碍他们提出质询，检查文件，以至做到绝对了解情况并使各项事务严格按照规定办事。"①

（二）改革国家机关的原则

列宁指出，在改善国家机关的问题上，不应当追求数量，也不应急于求成，而应着重考虑提高国家机关工作的质量。"提高工作质量对于工农政权和我们苏维埃制度是绝对必要的。"② 为此，列宁提出了"宁可数量少些，但要质量高些"的原则。他强调："在国家机关问题上，根据过去的经验我们现在也应当得出这样的结论：最好慢一些。"③ 列宁认为，在这个问题上急躁是有害的，建设新型的国家机关需要一个过程，用他的话说"应该花上许多许多年的时间"④。他还提出具体建议，应通过精简工农检查院的职员人数，以便提高工农检查院的工作质量和工作效率。

（三）改革国家机关的关键

列宁强调，改革国家机关的关键是选拔优秀人才。他提出要把先进分子和高素质的优秀人才充实到国家机关。对于进入国家机关的工作人员，"要经过专门考查，看他们是否认真负责，是否了解我们的国家机关，同时还要经过专门考验，看他们是否了解科学组织劳动特别是管理、办公等方面劳动的原理"⑤。列宁深感可以用来建立名副其实的社会主义国家机关的人才太少。在他看来，一心一意为社会主义奋斗的工人不具备必要的知识和文化，而有知识、受过教育和训练的人才又少得可怜。因此，列宁提出了学习的任务。他说："为了革新我们的国家机关，我们一定要给自己提出这样的任务：第一是学习，第二是学习，第三还是学习，然后是检查，使我们学到的东西真正深入血肉，真正地完全地成为生活的组成部分"⑥。

---

① 《列宁专题文集 论社会主义》，人民出版社 2009 年版，第 364—365 页。
② 《列宁专题文集 论社会主义》，人民出版社 2009 年版，第 363 页。
③ 《列宁专题文集 论社会主义》，人民出版社 2009 年版，第 366 页。
④ 《列宁专题文集 论社会主义》，人民出版社 2009 年版，第 367 页。
⑤ 《列宁专题文集 论社会主义》，人民出版社 2009 年版，第 362 页。
⑥ 《列宁专题文集 论社会主义》，人民出版社 2009 年版，第 368 页。

三、学习意义

布尔什维克领导建立的苏维埃政权是世界历史上第一个工农政权。苏维埃政权是十月革命的最大成果，也是苏维埃俄国建设和建成社会主义的前提条件和根本保障。列宁清醒地知道巩固和完善苏维埃政权的重要性和紧迫性，把巩固和完善苏维埃政权作为苏维埃俄国应该采取的首要的战略策略。这个思想警醒我们：在建立了工农政权后要十分重视巩固政权、改革和完善政权，永远保持人民政权的本色。

从这两篇文稿中可以看出，当时改革国家机关的焦点是改组工农检查院，而实质是强化对国家权力的监督制约。这表明，即使是无产阶级先锋队组织领导的工农政权，即使在它诞生之初，也会出现权力滥用和官僚主义等弊端，也需要监督制约。列宁不仅深刻而坦率地指出了新生政权的种种弊端，而且有针对性地提出了改革国家机关特别是工农检查院的基本思路，尤其是提出了党的中央监察委员会与中央委员会平位平权的设想，对我们探索和解决权力监督制约问题、推进政治体制改革仍然有启发。

列宁逝世前关于改革国家机关的探索主要是围绕巩固新生的苏维埃政权展开的，主要着眼于防止党的分裂尤其是党的最高层的分裂、克服官僚主义、厉行节约等。列宁的改革建议显然只是初步思考的成果，但是，列宁的清醒、务实精神和探索方法仍然是我们思想和力量的源泉。

（贾建芳）